RÉCIT ET RECONSTRUCTION

DANS LA MÊME COLLECTION

ÉTUDES

*Autour de l'*Esprit et le monde *de John McDowell*, sous la direction de A. LE GOFF et Ch. AL-SALEH, 2013, 302 pages

BONICCO-DONATO (C.), *Une archéologie de l'interaction. De David Hume à Erving Goffman*, 2016, 250 pages

CHAPUIS-SCHMITZ (D.), *Le sens à l'épreuve de l'expérience*, 2010, 246 pages

CHAUVIER (S.), *Dire "Je". Essai sur la subjectivité*, 2001, 256 pages

– *Le sens du possible*, 2010, 272 pages

Conscience et représentation. Introduction aux théories représentationnelles de l'esprit, sous la direction de A. DEWALQUE et Ch. GAUVRY, 2016, 320 pages

Croit-on comme on veut ? Histoire d'une controverse, sous la direction de L. JAFFRO, 2014, 248 pages

DEBAISE (D.), *Un empirisme spéculatif. Lecture de* Procès et réalité *de Whitehead*, 2006, 192 pages

Herbert Feigl. De la physique au mental, sous la direction de B. ANDRIEU, 2006, 224 pages

La philosophie en Pologne (1918-1939), sous la direction de R. POUIVET et M. REBUSCHI, 2006, 256 pages

La philosophie naturelle de Robert Boyle, sous la direction de M. DENNEHY et Ch. RAMOND, avant-propos de M. Malherbe, 2009, 416 pages

LE JALLÉ (É.), *Hume et la philosophie contemporaine*, 2014, 320 pages

LEMAIRE (S.), *Les désirs et les raisons. De la délibération à l'action*, 2008, 256 pages

Le philosophe et le langage. Études offertes à Jean-Claude Pariente, sous la direction de M. PÉCHARMAN et Ph. de ROUILHAN, 2017, 368 pages

LOTH (F.), *Le corps et l'esprit. Essai sur la causalité mentale*, 2013, 248 pages

HALIMI (B.), *Le Nécessaire et l'universel. Analyse et critique de leur corrélation*, 2013, 256 pages

PERRIN (D.), *Le flux et l'instant. Wittgenstein aux prises avec le mythe du présent*, 2007, 256 pages

Philosophie française et philosophie écossaise (1750-1850), sous la direction de E. AROSIO et M. MALHERBE, 2007, 224 pages

RABACHOU (J.), *L'individu reconstitué*, 2017, 248 pages

SAINT-SERNIN (B.), *Whitehead. Un univers en essai*, 2000, 208 pages

SCHMITZ (F.), *Le Cercle de Vienne*, 2009, 432 pages

SÉGUY-DUCLOT (A.), *Recherches sur le langage*, 2011, 304 pages

SOUTIF (L.), *Wittgenstein et le problème de l'espace visuel*, 2011, 256 pages

THOMAS-FOGIEL (I.), *Référence et autoréférence. Étude sur le thème de la mort en philosophie dans la pensée contemporaine*, 2005, 336 pages

VERNANT (D.), *Discours et vérité. Analyses pragmatique, dialogique et praxéologique de la véridicité*, 2009, 272 pages

ANALYSE ET PHILOSOPHIE

Fondateur : Michel MALHERBE — Directeur : Laurent JAFFRO

CLAUDE PANACCIO

RÉCIT ET RECONSTRUCTION

LES FONDEMENTS DE LA MÉTHODE EN HISTOIRE DE LA PHILOSOPHIE

Ouvrage publié avec le concours
du Centre national du livre

PARIS
LIBRAIRIE PHILOSOPHIQUE J. VRIN
6 place de la Sorbonne, V^{e}

2019

Imprimé en France

ISSN 1624-2459
ISBN 978-2-7116-2875-9

www.vrin.fr

INTRODUCTION

L'histoire de la philosophie – en un sens de l'expression – est la succession des discours philosophiques, depuis l'époque de Thalès environ jusqu'à nos jours. Il en reste surtout des traces écrites, bien entendu, mais elle s'est constituée aussi de prestations orales, dans l'enseignement ou dans les innombrables discussions que les questions philosophiques ont alimentées au fil des siècles. Des mots, des phrases, donc, des actes de langage plus exactement, voilà ce dont est faite au premier chef l'histoire de la philosophie, prise en ce sens. Si l'on y inclut d'ordinaire des personnes humaines – Socrate ou Descartes, par exemple – et des institutions – le Lycée d'Aristote ou l'Université de Paris au XIIIe siècle –, c'est dans la mesure où elles ont produit, encadré ou orienté ces discours qui se qualifient à nos yeux comme philosophiques. L'histoire de la philosophie, en ce sens, n'est rien d'autre que la philosophie elle-même telle qu'elle s'est réalisée à travers les âges.

Mais il y a un autre sens, tout aussi courant sinon plus, de l'expression « histoire de la philosophie ». Elle désigne alors le travail qu'accomplissent les historiens de la discipline. Il s'agit encore de productions discursives certes, mais celles-ci ont un objet bien à elles : le passé de la philosophie. Elles peuvent prendre des formes très diversifiées et concerner une longue période, une école, un thème donné, un auteur en particulier, un ouvrage à l'occasion, ou même un argument bien précis ; ce sont dans tous les cas des métadiscours, des discours *sur* des discours. Socrate ou Descartes, quelle qu'ait été leur importance, n'ont guère fait d'histoire de la philosophie en ce sens (ou très peu), mais leurs idées, dans la mesure où l'on peut encore en prendre connaissance, sont pour elle des objets paradigmatiques, comme le sont les thèses et les arguments d'Aristote, d'Avicenne ou de Kant, les enseignements du stoïcisme ou du marxisme et, de façon générale, les développements passés de la logique, de la métaphysique, de l'épistémologie ou de l'éthique. C'est en ce second sens que l'histoire de la philosophie nous intéressera dans ce livre. La « méthode » dont il est question dans le sous-titre est celle de l'enquête rétrospective qui conduit un chercheur d'aujourd'hui à présenter, interpréter, expliquer ou commenter des doctrines philosophiques du passé, ce que l'on appelle souvent « l'historiographie de la philosophie ». On s'interrogera ici sur les présuppositions les plus fondamentales sans lesquelles ce genre d'entreprise serait impossible.

L'usage du mot « méthode » au singulier ne doit pas nous abuser. Il n'y a pas une façon unique de conduire la recherche en histoire de la philosophie et d'en exposer les résultats. Il faut consentir d'emblée à la multiplicité des projets et des perspectives en pareille matière. De nombreux exemples d'entreprises célèbres, fort différentes les unes des autres, viennent à l'esprit. Étienne Gilson dans *La philosophie au Moyen Âge* entendait « raconter une histoire », étalée sur une dizaine de siècles[1]. Martial Gueroult dans *Descartes selon l'ordre des raisons* voulait présenter l'architectonique d'un système philosophique précis produit par un auteur singulier[2]. Jean Hyppolite a longuement commenté un livre en particulier, *La phénoménologie de l'esprit* de Hegel[3]. Alain de Libera, plus récemment, a retracé l'évolution d'un débat majeur, la « querelle des universaux », depuis Platon jusqu'à la fin du Moyen Âge[4]. Tel autre s'est concentré sur telle ou telle notion chez tel auteur, sur la diffusion d'une œuvre dans un milieu donné ou sur l'ancrage institutionnel de telles ou telles productions philosophiques. Et les façons de faire de l'un à l'autre ont grandement varié. Rien là que de très légitime. Ce sera même l'un des leitmotivs de ce livre que de reconnaître cette pluralité.

La variété des approches, cependant, n'empêche pas qu'elles se rencontrent en certaines opérations (comme lire des textes anciens, les traduire, les commenter, les mettre en contexte) ni qu'elles partagent en dernière analyse certains présupposés importants. La « méthode », selon un sens répandu, est l'ensemble des procédés habituels dans un champ de connaissance donné. En parler au singulier dans un contexte comme celui-ci n'implique pas que ces procédés doivent être rigoureusement les mêmes

1. É. Gilson, *La philosophie au Moyen Âge* [1944], Paris, Payot, 1962 (2e éd.), p. 7.

2. M. Gueroult, *Descartes selon l'ordre des raisons*, Paris, Aubier Montaigne, 1953.

3. J. Hyppolite, *Genèse et structure de la* Phénoménologie de l'esprit *de Hegel*, Paris, Aubier Montaigne, 1946.

4. A. de Libera, *La querelle des universaux. De Platon à la fin du Moyen Âge*, Paris, Seuil, 1996.

pour tous les chercheurs, mais seulement que leur multiplicité ne soit pas aléatoire et que l'éventail des perspectives puisse être rapporté à quelque chose comme une base commune. Quelles sont, me demanderai-je, les conditions de possibilité des pratiques les plus habituelles en histoire de la philosophie

Cela suppose que l'on ait cerné, de manière au moins approximative, le champ même de la philosophie, on y reviendra. J'admettrai seulement au départ que l'on puisse en général, sans que la chose soit trop litigieuse, distinguer l'histoire de la philosophie de celle d'autres productions discursives comme les sciences, la littérature ou la théologie. Cette démarcation, inévitable de toute façon, repose en principe, il est important de le noter, sur la façon dont ces différents champs intellectuels sont *aujourd'hui* distingués les uns des autres. L'histoire de la philosophie (au deuxième sens) n'est pas l'histoire du mot « philosophie » ou de certains autres morphèmes qui lui sont apparentés en grec, en latin, en allemand ou en anglais. On a nommé ainsi toutes sortes de choses assez disparates au fil des siècles : les *Principes de philosophie naturelle* de Newton relèvent davantage de l'histoire des sciences, et l'anonyme *Turba philosophorum*, d'origine arabe, est un traité d'alchimie[1]. Quand nous parlons d'histoire de la philosophie, comme d'histoire des sciences ou de la littérature, nous le faisons en utilisant *nos* mots, que ce soit « philosophie », « science » ou « littérature », et nous délimitons ainsi, rétrospectivement, dans la production discursive de nos ancêtres de larges pans qui correspondent, par certains de leurs aspects les plus saillants, à ce que nous appelons aujourd'hui de la philosophie, de la science ou de la littérature.

Le fait est que de nombreux textes du passé sont couramment reconnus, dans l'enseignement, dans l'édition et dans les réunions savantes, comme paradigmatiquement philosophiques : les dialogues de Platon, la plupart des œuvres d'Aristote, certains écrits d'Abélard, de Thomas d'Aquin ou de Guillaume d'Ockham, ceux de Descartes, Locke, Kant, Hegel, Husserl, Russell et ainsi de suite ; la liste est longue. Il y a là pour la culture occidentale d'aujourd'hui (c'est le lieu d'où je parle) un corpus reconnaissable, qui constitue à nos yeux le noyau de ce que nous tenons pour le passé de la philosophie. L'histoire de la philosophie (au deuxième sens) est l'ensemble des travaux spécialisés qui, d'une manière ou d'une autre, s'intéressent à ces textes et à ceux, moins connus, qui leur sont apparentés

1. Voir D. Kahn, « The *Turba Philosophorum* and its French Version (XVth c.) », dans M. Lopez Pérez, D. Kahn et M. Rey Bueno (éd.), *Chymia. Science and Nature in Medieval and Early Modern Europe*, Cambridge, Cambridge Scholars Publishing, 2010, p. 71-115.

par le contenu. C'est un ensemble flou, à n'en pas douter, mais suffisamment bien circonscrit pour servir de point d'ancrage à la réflexion que je veux mener ici.

Rien de cela n'oblige à considérer comme supérieures la division du travail qui a cours aujourd'hui dans le monde académique ni *a fortiori* les conceptions que nous nous faisons de ce que c'est que philosopher. Et il n'y a nul besoin non plus d'exclure la pertinence d'autres découpages ni d'interdire que l'histoire de la philosophie puisse être intégrée ou combinée à d'autres approches : l'histoire politique, l'histoire littéraire, l'histoire des sciences, l'histoire des religions, etc. Il s'agit seulement d'assumer au départ le fait inéluctable que nous appartenons nous-mêmes à un certain milieu et que nous parlons une certaine langue. Le point de vue ainsi adopté n'a rien d'absolu et peut être remis en question si besoin est, mais il nous suffira pour l'instant de reconnaître l'histoire de la philosophie comme un champ d'étude relativement bien identifié dans l'univers institutionnel qui est le nôtre.

Or la particularité la plus frappante de l'histoire de la philosophie dans ce contexte est qu'elle est étroitement associée, très souvent, à la pratique de la philosophie elle-même. L'histoire de leurs disciplines n'occupe en général qu'un espace très limité dans la formation professionnelle des physiciens, des médecins ou même des sociologues ; et les chimistes, les mathématiciens ou les biologistes ne ressentent pas à tout moment le besoin de situer leurs thèses ou leurs argumentations par rapport à celles des siècles antérieurs. Il en va autrement en philosophie. Les programmes universitaires en ce domaine consacrent une place importante à l'étude détaillée des penseurs du passé ou de certaines de leurs œuvres, les collections et les revues regorgent de monographies ou d'articles à caractère historique, les congrès de philosophie réservent des sections entières à l'histoire de la discipline. Même les philosophes les plus originaux prennent régulièrement soin de confronter leur pensée à celle de leurs devanciers, parfois lointains. Cela est vrai à large échelle des philosophes dits « continentaux » : Heidegger disait que la philosophie « parle grec » ; Gadamer, Habermas ou Ricœur se réfèrent continuellement à Platon, à Kant ou à Hegel ; Deleuze a consacré un livre à David Hume[1], et ainsi de suite. La chose est moins nette chez les philosophes « analytiques », qui ont souvent eu la réputation de méconnaître l'histoire, mais la situation a beaucoup changé depuis quelques décennies et les discussions en

1. G. Deleuze, *Empirisme et subjectivité. Essai sur la nature humaine selon Hume*, Paris, P.U.F., 1953.

philosophie de l'esprit, en métaphysique ou en éthique analytiques évoquent maintenant fréquemment les thèses d'Aristote, de Thomas d'Aquin, de Descartes, de Locke, de Hume ou de Kant, entre autres. Robert Brandom, par exemple, a consacré tout un recueil à réunir ses dialogues métaphysiques avec ceux qu'il appelle les «*mighty dead*»[1]; Alvin Goldman, l'un des maîtres de l'épistémologie des dernières décennies, cite régulièrement Descartes, Locke ou Kant[2]; et même Jerry Fodor, pourtant peu suspect d'historicisme, a lui aussi voué un de ses derniers livres à la discussion de Hume[3].

Cette complicité remarquable de la philosophie contemporaine avec son histoire suscite une question théorique : comment des écrits vieux de plusieurs siècles peuvent-ils être pertinents pour la discussion philosophique actuelle ? Est-ce par un simple effet de contraste ou de repoussoir ? S'agit-il plutôt de comprendre la généalogie des débats récents pour en mieux saisir la portée ? Ou y a-t-il quelque chose comme une *philosophia perennis*, un éventail restreint de réponses possibles à un petit nombre de problèmes philosophiques, toujours les mêmes ? Prise isolément, chacune de ces suggestions, à bien y penser, est trop simple. Il faut regarder de près les diverses façons dont les historiens de la philosophie – et les philosophes eux-mêmes quand ils se font historiens – abordent dans leurs propres écrits les œuvres du passé, à quelles exigences ils se soumettent alors et ce qu'ils entendent accomplir ce faisant. C'est à quoi vise la réflexion que l'on conduira ici sur la méthode en histoire de la philosophie.

Au cœur de nos préoccupations se trouve l'opposition de principe entre continuisme et discontinuisme : les uns insistent sur l'actualité des œuvres du passé pour la philosophie contemporaine et sur l'intérêt d'évaluer la valeur de vérité des thèses de nos devanciers et la validité de leurs arguments, tandis que les autres sont frappés par la différence des contextes, des vocabulaires et des questionnements, et parlent plus volontiers de ruptures, d'incommensurabilité et de changements d'*épistémè*. Pour l'histoire de la discipline, cette opposition prend la figure d'un dilemme, que j'appellerai le *dilemme de MacIntyre* parce qu'il a été explicitement identifié comme tel par le philosophe américain Alasdair

1. R. B. Brandom, *Tales of the Mighty Dead. Historical Essays in the Metaphysics of Intentionality*, Cambridge (Mass.), Harvard University Press, 2002.

2. Ces trois auteurs sont parmi ceux qui comptent le plus de mentions dans l'index des noms propres du principal ouvrage de Goldman, *Epistemology and Cognition*, Cambridge (Mass.), Harvard University Press, 1986.

3. J. A. Fodor, *Hume Variations*, Oxford, Oxford University Press, 2003.

MacIntyre[1] : soit on lit les philosophies du passé en fonction des discussions d'aujourd'hui et l'on sombre alors dans l'anachronisme en les reformulant et en les amputant de ce qu'elles ont d'étrange à nos yeux ; soit on s'efforce d'en préserver les caractères distinctifs jusque dans le détail et d'en replacer chaque aspect dans le contexte social et intellectuel qui l'a vu naître, et l'on en fait alors des pièces de musée, dont le seul intérêt tient à leur exotisme. Ce dilemme, à mon avis – comme à celui de MacIntyre – est régulièrement surmonté en pratique dans le travail même des historiens de la philosophie. Ce sera l'objectif de ce livre que de comprendre pourquoi et comment. Les erreurs de perspective en cette matière sont dommageables, aussi bien pour la philosophie que pour l'histoire, et il vaut la peine d'examiner de près ce qui se joue au juste dans l'entreprise d'expliquer aujourd'hui une doctrine du passé ou l'un ou l'autre de ses aspects. Je joindrai ainsi ma voix à celles de plusieurs autres qui ont plaidé ces dernières années, et de diverses façons, pour le dépassement en histoire de la philosophie d'une opposition tranchée entre une approche philosophique qui ferait fi de la mise en contexte et une approche strictement historique qui prétendrait se passer de toute évaluation théorique[2].

1. Voir A. MacIntyre, « The Relationship of Philosophy to Its Past », dans R. Rorty, J. B. Schneewind et Q. Skinner (éd.), *Philosophy in History*, Cambridge, Cambridge University Press, 1984, p. 31.

2. Mentionnons notamment : P. Aubenque, « L'histoire de la philosophie est-elle ou non philosophique ? Oui et non », dans B. Cassin (éd.), *Nos Grecs et leurs modernes*, Paris, Seuil, 1992, p. 17-36 ; J. Brunschwig, « L'histoire de la philosophie est-elle ou non philosophique ? Non et oui », dans B. Cassin (éd.), *Nos Grecs et leurs modernes*, *op. cit.*, p. 37-66 ; C. Coutel, « Histoire des idées ou histoire de la philosophie : les enjeux d'une controverse », dans Y. C. Zarka (éd.), *Comment écrire l'histoire de la philosophie ?*, Paris, P.U.F., 2001, p. 79-94 ; Y. C. Zarka, « Que nous importe l'histoire de la philosophie ? », dans *id.* (éd.), *Comment écrire l'histoire de la philosophie ?*, *op. cit.*, p. 19-32 ; Y. C. Zarka, « The Ideology of Context : Uses and Abuses of Context in the Historiography of Philosophy », dans T. Sorell et G. A. J. Rogers (éd.), *Analytic Philosophy and History of Philosophy*, Oxford, Oxford University Press, 2005, p. 147-159 ; A. Kenny, « The Philosopher's History and the History of Philosophy », dans T. Sorell et G. A. J. Rogers (éd.), *Analytic Philosophy and History of Philosophy*, *op. cit.*, p. 13-24 ; G. Hatfield, « The History of Philosophy as Philosophy », dans T. Sorell et G. A. J. Rogers (éd.), *Analytic Philosophy and History of Philosophy*, *op. cit.*, p. 83-128 ; E. H. Reck, « Introduction : Analytic Philosophy and Philosophical History », dans *id.* (éd.), *The Historical Turn in Analytic Philosophy*, New York, Palgrave Macmillan, 2013, p. 1-36 ; F. C. Beiser, « History of Ideas : a Defense », dans H. Cappelen, T. S. Gandler et J. Hawthorne (éd.), *The Oxford Handbook of Philosophical Methodology*, Oxford, Oxford University Press, 2016, p. 505-524.

L'ouvrage comporte cinq chapitres. Le premier cherche à préciser mieux qu'on ne le fait d'habitude le statut même de ce à quoi se rapporte en dernière analyse le travail des historiens de la philosophie. Ceux-ci, on l'a dit, produisent en général un métadiscours, qui porte sur d'autres discours, ceux de la philosophie des siècles passés. Mais il y a beaucoup de confusion quant aux objets dont il est ainsi question : on parle de doctrines, de pensées, de croyances, de systèmes, de thèses, d'arguments, de courants, d'écoles, de traditions, etc. De quoi s'agit-il au juste ? Ne sont-ce pas là des entités abstraites ? Et comment penser, dès lors, qu'elles ont pu s'incarner dans l'histoire réelle, peuplée d'êtres humains concrets en interaction les uns avec les autres ? Pour élucider les présuppositions les plus profondes de la méthode en histoire de la philosophie, il faut d'abord être au clair sur ce point. Ma perspective à ce propos est nominaliste, au moins méthodologiquement. Je pars de ceci que les réalités passées dont traite l'histoire de la philosophie sont, en dernière instance, des événements singuliers de production discursive : des êtres humains faits de chair et d'os ont aligné des mots à certains moments et en certains lieux précis. La philosophie n'a pas eu d'autre existence dans l'histoire que celle de tels échanges oraux ou écrits, spatiotemporellement situés. À défaut de reconnaître ce point, on ne saurait saisir en quoi consiste le métadiscours de l'historien de la philosophie.

Le deuxième chapitre passe en revue les principales modalités du travail en histoire de la philosophie : la lecture, l'édition de texte, la traduction, la présentation des doctrines (que j'appelle aussi la « reconstruction ») et l'explication historique. On veut alors comprendre à quoi tiennent, dans leurs grandes lignes, ces diverses opérations et à quelles exigences elles sont soumises. J'y explique en particulier deux sortes de contraintes qui s'appliquent à chacune d'entre elles : la fidélité et la pertinence ; et j'examine les rapports de principe qui les unissent l'une à l'autre.

Le chapitre III aborde de plain pied la question centrale, celle de la continuité ou de la discontinuité de la philosophie à travers les siècles. Il faut récuser, de toute évidence, l'image simpliste d'une évolution collective marquée au coin du progrès, au cours de laquelle des théories erronées auraient été successivement réfutées ou rectifiées pour laisser place, sur les mêmes sujets, à des conceptions de plus en plus plausibles. L'approche nominaliste adoptée au premier chapitre nous sera ici utile : à voir la philosophie dans l'histoire comme une suite d'interventions individuelles, on est mieux préparé à en reconnaître la dispersion, la contingence et les fluctuations. Mais la thèse principale que je veux défendre est la suivante : l'histoire de la philosophie, telle qu'elle est généralement pratiquée, et même par les champions de la mise en contexte, présuppose certaines continuités entre les discours philosophiques de nos devanciers et ceux d'aujourd'hui. L'incommensurabilité ne peut pas être radicale et l'on ne saurait tenir, en un sens littéral, que les penseurs de l'Antiquité, les médiévaux ou les modernes ne vivaient pas dans le même monde que nous. Je distinguerai alors diverses formes de continuité qui sont ainsi requises et j'expliquerai en particulier la plus cruciale d'entre elles, la continuité *sémantique* : qu'il le reconnaisse ou non, l'historien suppose toujours que certains des termes employés par les auteurs dont il parle réfèrent, d'une manière ou d'une autre, à des objets réels auxquels il est lui-même en mesure de faire référence; on essaiera de jauger la portée de cette présupposition capitale. Et l'on s'emploiera, du même souffle, à préciser en quel sens au juste les *problèmes* philosophiques du passé peuvent être vus comme apparentés à ceux d'aujourd'hui.

Les deux derniers chapitres, enfin, étudient plus en détail, à la lumière des résultats précédents, les deux opérations principales qu'accomplissent les historiens de la philosophie lorsqu'ils ne se contentent pas d'établir, de reproduire ou de traduire les textes du passé, mais produisent à leur sujet un discours nouveau à l'intention des lecteurs de leur propre époque : le récit explicatif et la reconstruction doctrinale. La première d'entre elles prend des figures variées selon l'objet précis que se donne l'historien. On replace une œuvre, par exemple, dans son contexte social ou institutionnel, ou dans la vie de son auteur, ou par rapport à ses prédécesseurs et à ses interlocuteurs, ou l'on retrace l'évolution d'un thème ou d'un problème sur la longue ou la moyenne durée, ou la formation d'une école, la poursuite d'un débat, le déploiement d'un réseau d'échanges argumentatifs, et ainsi de suite. Dans tous ces cas, l'historien met en place une certaine narration et prétend dévoiler des rapports de causalité. Notre chapitre IV porte sur cet aspect du travail en histoire de la philosophie, sur l'éventail des types d'explications auxquelles on recourt alors et sur certains des principaux concepts qui y sont régulièrement employés. On montrera que les récits en question requièrent *toujours* une certaine reconstruction doctrinale, qui ne soit pas simple répétition des textes étudiés, et qu'ils supposent, par delà les démarcations, les ruptures et les interruptions de toutes sortes, que l'on puisse aujourd'hui comprendre certains écrits du passé comme des réponses rationnelles à des interrogations philosophiques dignes d'intérêt.

D'où il ressort que la reconstruction doctrinale est centrale dans ce que fait l'historien de la philosophie, quelles qu'en soient les allégeances et si relativiste soit-il. Le cinquième chapitre de ce livre en scrute les tenants et aboutissants. On distinguera, ici encore, entre divers types de reconstructions, depuis celles qui cherchent à se maintenir au plus près de l'original jusqu'à celles qui s'aventurent loin dans le remodelage et que n'effraie pas la transposition en des termes d'aujourd'hui d'une doctrine ou d'un argument du passé. L'éventail des approches possibles, entre les deux extrêmes, forme un *continuum* aux multiples nuances, mais on insistera sur ce qu'elles ont en commun : l'emploi du discours indirect. Les historiens, il est vrai, citent fréquemment les textes dont ils parlent, en langue originale ou en traduction, mais beaucoup plus souvent encore, ils en reformulent le contenu, le résument ou le recomposent. C'est ce phénomène, omniprésent dans le travail historique, qui m'a fait adopter le terme de « reconstruction » pour désigner l'opération qui nous intéressera ici. Quelle qu'en soit la forme exacte, ces reconstructions, dans tous les cas, ont pour objet d'attribuer à des auteurs ou des groupes d'auteurs quelque chose comme des *contenus* de pensée, que l'historien exprime tant bien que mal dans son propre discours. Ce sera l'aboutissement de notre démarche que d'examiner les conditions de telles attributions dans le champ de la philosophie et de tirer les conséquences de cette enquête pour la résolution du dilemme de MacIntyre[1].

1. La recherche qui a conduit à la rédaction de ce livre a reçu l'appui financier du Conseil de recherches en sciences humaines du Canada, du Programme des chaires de recherche du Canada et de l'Université du Québec à Montréal. Je les en remercie très vivement.

CHAPITRE PREMIER

LA PHILOSOPHIE DANS L'HISTOIRE

DE QUOI L'HISTORIEN PARLE-T-IL ? L'ÉNIGME DES CONTENUS DOCTRINAUX

Considérons, pour engager notre réflexion, deux exemples typiques de ce que l'on rencontre régulièrement dans les travaux d'histoire de la philosophie, deux courts passages, tirés l'un de l'*Histoire de la philosophie* d'Émile Bréhier et l'autre du *Descartes selon l'ordre des raisons* de Martial Gueroult, des classiques du domaine en langue française. Bréhier, d'abord, conclut ainsi le développement consacré au XIIIe siècle dans son panorama de la philosophie médiévale :

> N'est-il pas vrai d'ailleurs que les éléments que les penseurs du XIIIe siècle avaient reçus dans leur construction travaillaient sourdement à la miner ? Platonisme, aristotélisme, expérience, mathématiques, traditions antiques, toutes ces forces qui nous ont apparu momentanément participant à la construction d'un système de pensée chrétienne, vont se faire voir maintenant sous leur véritable jour comme des forces complètement indépendantes de la croyance chrétienne à une destinée surnaturelle [1].

Il est question là d'une *construction* unique, réalisée collectivement par les penseurs d'une époque donnée à partir d'*éléments* reçus par eux et qui sont en même temps des *forces* travaillant à miner le *système* ainsi obtenu. Le passage est traversé par une métaphore architecturale, où des composantes à caractère doctrinal ou disciplinaire (l'aristotélisme, les

1. É. Bréhier, *Histoire de la philosophie*, t. 1, vol. 3 : *Moyen Âge et Renaissance*, Paris, P.U.F., 1931, 7e éd., 1967, p. 625.

mathématiques, les traditions antiques…) sont présentées comme jouant, au fil du temps, un rôle dynamique et décisif dans l'élaboration, puis l'ébranlement, d'un édifice théorique. Par delà la métaphore, cependant, on peut se demander ce que furent dans le monde réel les unités ainsi évoquées.

Mon deuxième exemple, très différent à bien des égards, soulève le même genre de question. Ce sont les toutes premières lignes du premier chapitre de l'ouvrage de Gueroult :

> Il y a chez Descartes une idée séminale qui inspire toute son entreprise et qu'expriment, dès 1628, les *Regulae ad directionem ingenii*, c'est que le savoir a des limites infranchissables, fondées sur celles de notre intelligence, mais qu'à l'intérieur de ces limites la certitude est entière. D'où une double exigence : philosophique, d'une part : il faut chercher à déterminer les limites de notre intelligence ; méthodologique, d'autre part : il est nécessaire de douter préalablement de tout, mais de ne point douter de notre intelligence[1].

Le facteur dynamique, cette fois, est une *idée*, qui « inspire » l'entreprise entière d'un auteur en particulier (plutôt que d'un groupe ou d'une époque) et d'où découlent des « exigences » philosophiques et méthodologiques. Comparativement à l'extrait précédent, on se sent d'emblée plus proche de la démarche vivante d'une personne en chair et en os, d'autant plus que l' « idée » en question est dite avoir été « exprimée » dans un texte précisément daté. Mais quelle est cette entité que l'on appelle ici une « idée » ? Est-ce quelque trait psychologique du philosophe, qui le travaillerait à long terme, tel un désir ou un complexe ? Ou s'agit-il plutôt, comme le suggère davantage la description de Gueroult, d'un pur *contenu* de pensée, capable d'orienter et de contraindre, de l'extérieur pour ainsi dire, la réflexion du penseur et son travail d'écriture ?

Ce ne sont que des exemples, mais ils sont représentatifs. D'autres historiens évoqueront à l'occasion des facteurs d'ordre social, politique, économique ou institutionnel, mais on nous reportera toujours, s'il s'agit bien d'histoire de la philosophie, à des unités doctrinales (comme l'aristotélisme ou le système de la philosophie chrétienne au XIIIe siècle) ou à des contenus théoriques (comme l' « idée » décrite par Gueroult), que l'on inscrira d'une façon ou d'une autre dans des rapports de causalité historique (repensons aux « forces » de Bréhier ou à l' « inspiration » dont parle Gueroult). Même les « externalistes » les plus résolus – des historiens marxistes par exemple – font apparemment référence à des thèses, des

1. M. Gueroult, *Descartes selon l'ordre des raisons*, *op. cit.*, p. 15-16.

pensées, des doctrines, des théories, des « idéologies » le cas échéant, qu'ils présentent à tout le moins comme des *effets* de surface d'une infrastructure plus déterminante, les insérant de la sorte, eux aussi, dans des connexions causales historiquement situées.

Or il y a là un problème que l'on peut qualifier d'*ontologique*. L'aristotélisme, les mathématiques, l'idée que le savoir a des limites et, de façon générale, tous ces « contenus » doctrinaux dont il est question en histoire de la philosophie sont *prima facie* des entités abstraites, susceptibles d'être « exprimées » ou « appréhendées » à différents moments et en différents lieux : l'aristotélisme, selon Bréhier, a dû traverser les siècles pour être « reçu » par les médiévaux et l'« idée » de Descartes, selon Gueroult, peut être pensée par l'historien d'aujourd'hui. Ces unités paraissent appartenir à ce « troisième monde » qu'évoquait Gottlob Frege, celui qui n'est ni matériel ni psychologique. Une « pensée », au sens où Frege l'entendait – une *Gedanke* – est présentée par lui comme une réalité intemporelle et indépendante des esprits singuliers qui de temps à autre la prennent pour objet; elle « n'appartient ni au monde intérieur en tant qu'elle serait ma représentation, ni au monde extérieur, le monde des choses perçues par les sens »[1]. Mais comment de telles choses pourraient-elles avoir quelque efficacité dans le cours de l'histoire, ou être affectées par lui ?

La réponse de Frege lui-même est révélatrice : cela n'est possible, admet-il, que par le biais des actes mentaux singuliers par lesquels des êtres humains prennent en considération certains contenus de pensée et y souscrivent le cas échéant :

> Comment agit une pensée ? Par cela même qu'elle est saisie et tenue pour vraie. C'est un événement dans le monde intérieur d'un être pensant, il peut avoir quelques effets dans ce monde intérieur, et ceux-ci, pénétrant la volonté, se manifesteront dans le monde extérieur[2].

Même si l'on admet comme réelles les pensées au sens de Frege, elles n'ont d'intérêt pour l'historien de la philosophie que dans la mesure où elles peuvent être associées à des épisodes mentaux – ou à des actes discursifs – spatio-temporellement situés. L'aristotélisme dont parle Bréhier n'a pu être une « force » dans la philosophie médiévale qu'en s'incarnant dans des esprits et des discours singuliers, et l'idée que le savoir a des limites n'a pu être séminale dans le système cartésien qu'en étant

1. G. Frege, « Recherches logiques », dans *id.*, *Écrits logiques et philosophiques*, trad. fr. C. Imbert, Paris, Seuil, 1971, p. 192.

2. *Ibid.*, p. 194.

présente, sous une forme ou sous une autre, dans l'esprit singulier de René Descartes et dans certains de ses écrits.

La question que je veux poser ici est la suivante : à quelle(s) sorte(s) de réalités les discours de l'historien de la philosophie se rapportent-ils en dernière instance ? Ou plus techniquement : dans quelles catégories ontologiques faut-il ranger les référents de ces discours, ceux qui les rendent vrais ou faux, adéquats ou inadéquats ? Notre réflexion jusqu'à présent nous propose à ce sujet deux ordres de candidats : des entités abstraites, d'une part, c'est-à-dire des contenus idéaux ou doctrinaux, parfois relativement simples (l'idée que le savoir a des limites), parfois extrêmement complexes (comme le système de la pensée chrétienne au XIIIe siècle); et des réalités concrètes, d'autre part, c'est-à-dire situées, chacune, dans une région déterminée de l'espace-temps, comme une personne humaine (ou un groupe de personnes), un état psychologique, une discussion publique, un événement d'écriture, etc. Quoi qu'on pense des premières, les secondes, certainement, sont indispensables. C'est la leçon de Frege lui-même : l'historien de la philosophie ne saurait évoquer de succession chronologique ni de connexions causales qu'entre des réalités singulières et concrètes, qu'elles soient matérielles ou psychologiques.

L'interrogation originale, donc, se subdivise en deux : Peut-on cerner de façon plus précise le genre d'entités concrètes auxquelles les historiens de la philosophie se réfèrent couramment ? Et faut-il vraiment admettre dans l'ontologie, d'autre part, des entités non spatio-temporelles, comme des contenus conceptuels ou doctrinaux ? On reviendra en détail à la première de ces questions dans les sections subséquentes du présent chapitre. Mais il faut d'abord dire quelques mots de la seconde.

La perspective que j'adopterai à ce propos est à la fois nominaliste et naturaliste. Je ne tiendrai pour réelles que les seules entités singulières (c'est le nominalisme) et spatio-temporellement situées (c'est le naturalisme). Si donc l'historien de la philosophie prétend se référer à quelque chose d'extérieur à son propre discours – et il faut bien qu'il le fasse, à défaut de quoi son entreprise n'aurait aucun sens –, ce ne pourra être, de ce point de vue, qu'à des réalités matérielles ou psychologiques, historiquement localisées. Je ne saurais, bien évidemment, justifier en détail cette prise de position dans le présent contexte – c'est l'objet d'un débat majeur en métaphysique [1] –, mais j'en indiquerai brièvement les principales motivations.

L'admission d'entités immatérielles et intemporelles, comme sont censés l'être les contenus de pensée dans l'optique de Frege, présente *prima facie* des inconvénients tels sur le plan théorique qu'il vaut mieux s'en passer si on le peut. Il y a d'abord un mystère épistémologique : comment entrons-nous en contact avec de tels objets s'ils existent ? Nous ne semblons rencontrer dans l'expérience que des entités concrètes, même si elles prennent à l'occasion la forme de paroles ou de textes. Il faudrait, dans l'hypothèse contraire, attribuer aux humains la capacité cognitive très spéciale de percevoir, sous certaines conditions, ces contenus intemporels, ce qui paraît difficile à expliquer d'un point de vue psychologique ou biologique.

Sur le plan métaphysique, ensuite, la reconnaissance de tels contenus abstraits comme réalités à part entière exige qu'on enrichisse l'ontologie d'un mode d'être complètement différent de celui des objets matériels ou psychologiques et que l'on y accueille des « choses » qui non seulement sont immatérielles et hors de l'espace-temps, mais qui en outre ne sauraient avoir d'elles-mêmes aucune incidence causale sur quoi que ce soit. Or la bonne vieille maxime d'économie que l'on a appelée le « rasoir d'Ockham » recommande de ne s'engager dans de telles complications ontologiques que si elles sont inévitables, ce qui – on y reviendra dans un instant – ne paraît pas être le cas ici.

Certains auteurs récents ont voulu donner droit de cité aux contenus propositionnels à la Frege en les identifiant à des entités qui, selon eux, sont de toute façon requises dans l'ontologie : des ensembles de mondes possibles en l'occurrence [2]. La proposition que les humains sont mortels, par exemple, serait alors identifiée à l'ensemble des mondes possibles où il est vrai que les humains sont mortels. Mais outre que cette solution suppose l'admission ontologique des ensembles d'une part, et des mondes possibles de l'autre, elle est insuffisante de toute manière pour différencier les contenus dont l'historien de la philosophie veut parler, puisqu'elle rabat les unes sur les autres toutes les propositions nécessairement vraies d'un côté, et toutes les propositions nécessairement fausses de l'autre.

1. On peut se reporter, par exemple, aux textes réunis dans C. Panaccio (éd.), *Le nominalisme. Ontologie, langage et connaissance*, Paris, Vrin, 2012, en part. à la section intitulée « Les entités abstraites », p. 149-260.

2. Voir notamment R. C. Stalnaker, *Context and Content*, Oxford, Oxford University Press, 1999.

Les premières, en effet, sont toutes identifiées dans cette approche à l'ensemble de *tous* les mondes possibles (une proposition nécessairement vraie étant une proposition qui est vraie dans tous les mondes possibles), et les secondes à l'ensemble vide (une proposition nécessairement fausse étant une proposition qui n'est vraie dans aucun monde possible). Mais cela ne convient guère aux besoins de l'historien de la philosophie, qui veut éviter de confondre le principe de non-contradiction, par exemple, et le truisme arithmétique que deux et deux font quatre, même si les deux sont nécessairement vrais, et distinguer les unes des autres, *a fortiori*, toutes les affirmations nécessairement fausses qui ont foisonné en philosophie.

Il y a, du reste, quelque chose d'étrange à se représenter que la doctrine cartésienne, par exemple, ou certaines de ses composantes comme l'argument du *cogito*, existaient de toute éternité dans un ciel des intelligibles indépendamment de l'activité intellectuelle de René Descartes lui-même, qui n'aurait fait que la découvrir ou la dévoiler, comme un explorateur découvre une rivière ou un continent. Dira-t-on que cette doctrine ou cet argument n'ont commencé à exister comme entités abstraites qu'à partir du moment où Descartes les a formulés ou pensés ? Ce serait renoncer à leur statut d'êtres intemporels et les inscrire, du coup, dans l'ordre causal des événements mondains. Leur rapport aux réalités matérielles et psychiques n'en deviendrait que plus mystérieux encore.

Aucune de ces considérations n'est décisive, certes. Prises ensemble, cependant, elles montrent que l'admission de ces contenus abstraits, quoiqu'elle paraisse toute naturelle dans les écrits des historiens de la philosophie, suscite des complications théoriques considérables. Leur pouvoir explicatif, en outre, paraît assez faible, puisqu'ils ne sauraient jouer de rôle historique que par le biais des êtres humains singuliers qui les pensent ou les expriment. Pourquoi donc le besoin se fait-il sentir de postuler de tels objets pour l'histoire de la philosophie ? Il y a à cela deux raisons. D'abord, on veut que les *mêmes* contenus puissent être pensés ou exprimés en des occasions diverses : Thomas d'Aquin a pu reprendre telle idée d'Aristote, Hegel a pu critiquer telle position de Kant et l'historien lui-même doit pouvoir penser à son tour les doctrines qu'il attribue aux auteurs dont il parle. Deuxièmement, l'historien de la philosophie prétend souvent scruter des rapports d'ordre logique entre des contenus conceptuels ou propositionnels : ceci implique cela, ceci est incompatible avec cela, et ainsi de suite. Et certainement ce sont là deux exigences qu'il faut pouvoir accommoder dans la conception que nous nous ferons de ce à quoi se rapporte le discours de l'historien de la philosophie. Mais requièrent-elles vraiment de complexifier l'ontologie au point d'y accueillir des entités intemporelles et causalement inertes ? Ne suffit-il pas que certains états ou événements singuliers, d'ordre psychique ou linguistique, puissent être tenus pour *équivalents* les uns avec les autres sur le plan sémantique ?

Considérons deux occurrences singulières du nom propre « Socrate », ce que les philosophes anglophones appellent des *tokens*. Chacune équivaut à l'autre sur le plan sémantique en ce qu'elles nomment toutes deux le même personnage historique. Point n'est besoin dans ce cas de supposer autre chose dans la réalité que ces deux occurrences elles-mêmes, leurs énonciateurs (des locuteurs singuliers de toute évidence) et leur référent commun, le philosophe grec nommé Socrate. L'équivalence sémantique entre ces deux productions sonores ou écrites n'exige pas d'être médiatisée par quelque chose comme un contenu abstrait qui s'ajouterait dans l'être aux réalités singulières que l'on vient d'énumérer. La théorie dite « causale » des noms propres, promue notamment par le philosophe américain Saul Kripke, rend compte de la référence de chaque occurrence de ce genre par sa connexion, *via* une chaîne de locuteurs intermédiaires, avec un acte original associant une occurrence semblable à un référent précis[1]. Un locuteur ou un groupe de locuteurs aura à un certain moment associé au philosophe grec en question une occurrence linguistique semblable à « Socrate » et d'autres locuteurs, par la suite, auront continué de produire des occurrences similaires avec l'intention de leur assigner la même portée référentielle. Deux occurrences nouvelles seront alors référentiellement équivalentes l'une à l'autre si elles s'inscrivent toutes deux dans des chaînes de ce genre remontant ultimement au même référent.

L'hypothèse nominaliste en sémantique est qu'une explication du même ordre, qui *prima facie* s'applique bien aux noms propres, peut être généralisée à toutes les représentations linguistiques et psychiques. Deux occurrences de telles représentations seront tenues pour sémantiquement équivalentes l'une à l'autre si, en vertu des conditions dans lesquelles elles sont produites, elles représentent de la même façon l'une que l'autre les mêmes objets du monde. Hilary Putnam a défendu à propos des termes d'espèce naturelle comme « eau », « orme » ou « aluminium » une approche référentialiste très semblable à celle de Kripke pour les noms propres[2].

1. Voir notamment S. Kripke, *La logique des noms propres*, trad. fr. P. Jacob et F. Recanati, Paris, Éditions de Minuit, 1982.

2. Voir notamment H. Putnam, « The meaning of "Meaning" », dans *Philosophical Papers*, vol. 2 : *Mind, Language and Reality*, Cambridge, Cambridge University Press, 1975, p. 215-271, et « Signification et référence », trad. fr. V. Aucouturier, dans B. Ambroise et S. Laugier (éd.), *Philosophie du langage I : Signification, vérité et réalité*, Paris, Vrin, 2009, p. 339-361.

Mais l'on peut aller encore plus loin en ce sens, me semble-t-il, en diversifiant les *modes de représentation* assignés à une même unité linguistique ou psychique. Telle est l'intuition centrale de la théorie de la *connotation* développée au XIVe siècle par le franciscain Guillaume d'Ockham[1] : un terme général comme « propriétaire » non seulement représente tous les êtres singuliers qui appartiennent à son extension (tous ceux qui possèdent quelque chose), mais il évoque en même temps, sous un autre mode, d'autres entités, les choses possédées en l'occurrence, qui le plus souvent n'appartiennent pas à son extension, mais qui n'en sont pas moins singulières pour autant.

Cela requiert une théorie des modes de représentation linguistiques et psychiques et, partant, des divers types d'équivalence qui peuvent unir entre elles les unités singulières de représentation. Ce n'est pas ici le lieu de développer plus avant la sémantique en question; on y reviendra – jusqu'à un certain point – au chapitre V. Mais les considérations précédentes, si sommaires soient-elles, permettent de comprendre à tout le moins comment il est loisible à l'historien de la philosophie de parler d'idées ou de contenus comme étant les *mêmes* d'un texte à l'autre ou d'un auteur à l'autre sans pour autant que l'on doive enrichir l'ontologie de telles entités abstraites et intemporelles : les pensées, les paroles ou les écrits en question, quoique distants dans le temps et l'espace, sont sémantiquement équivalents les uns aux autres à certains égards. Cela ne requiert pas l'intervention d'autres choses que des locuteurs concrets capables de produire dans le temps et l'espace des actes singuliers de pensée ou d'énonciation.

Les équivalences sémantiques une fois admises comme des rapports entre occurrences singulières, les autres connexions logiques susceptibles d'intéresser l'historien de la philosophie, comme les implications ou les incompatibilités, au nom desquelles on se pensait obligé de postuler dans l'être des contenus abstraits, peuvent être traitées de la même façon comme des relations sémantiques entre des réalités concrètes spatio-temporellement localisées.

1. J'ai moi-même consacré quelques travaux à la théorie ockhamiste de la connotation; voir notamment : C. Panaccio, *Les mots, les concepts et les choses. La sémantique de Guillaume d'Occam et le nominalisme d'aujourd'hui*, Montréal/Paris, Bellarmin/Vrin, 1992, p. 240-247; « Semantics and Mental Language », dans P. V. Spade (éd.), *The Cambridge Companion to Ockham*, Cambridge, Cambridge University Press, 1999, p. 53-75; *Ockham on Concepts*, Aldershot, Ashgate, 2004, p. 63-118.

Il faut convenir de toute façon, on y a insisté, que même ceux qui admettent les contenus abstraits dans leur ontologie doivent, pour leur attribuer une quelconque efficacité historique, les mettre en rapport avec des actes singuliers de pensée ou d'énonciation. Même dans un cadre théorique de type frégéen, deux de ces actes spatio-temporellement situés peuvent être considérés comme sémantiquement équivalents dans la mesure seulement où ils se rapportent aux mêmes entités abstraites intemporelles. La stratégie nominaliste n'est pas foncièrement différente en son principe : deux représentations singulières, qu'elles soient mentales ou linguistiques, y sont tenues pour sémantiquement équivalentes dans la mesure où elles représentent de la même façon l'une que l'autre les mêmes objets extramentaux. La différence est que ceux-ci, dans ce cas, sont réputés avoir le même statut ontologique que les réalités naturelles concrètes dont nous faisons quotidiennement l'expérience – et dont les métaphysiques frégéennes ne peuvent pas de toute manière faire l'économie. Si le programme d'une telle sémantique nominaliste peut être mené à bien, comme je le pense, il paraît *prima facie* préférable à l'approche rivale en ceci qu'il est à la fois plus éclairant sur le plan épistémologique et plus économique sur le plan ontologique.

À réifier les contenus, l'historien risque de se laisser abuser par de pseudo-explications, où les forces vives de l'histoire sont identifiées à des doctrines ou des idées, plutôt qu'à des humains concrets engagés dans des jeux de pouvoir, des échanges économiques et des réseaux complexes d'interaction discursive. Quelle que soit la solution que l'on adopte en définitive au problème métaphysique des entités abstraites, la perspective nominaliste présente au moins, pour l'entreprise qui nous occupe, l'avantage méthodologique de nous inciter à mieux circonscrire l'ordre de ces occurrences concrètes auxquelles le discours de l'historien de la philosophie fait toujours référence de toute façon. C'est à quoi l'on s'attachera dans les trois sections suivantes. On s'interrogera d'abord sur ces *événements* singuliers de production discursive dans lesquels s'incarne le travail philosophique à travers le temps. On se tournera ensuite vers les produits ainsi engendrés, et notamment les *textes* qu'étudie l'historien de la philosophie dans son activité la plus coutumière. Et l'on examinera enfin les principaux types de connexions qui unissent en *séquences* ces événements ou ces produits philosophiques, celles du moins qui sont les plus pertinentes pour l'histoire de la philosophie.

On ne s'interdira pas, au fil de cette démarche, d'évoquer à l'occasion des contenus doctrinaux, comme tout le monde. Le nominalisme ici ne vise pas à proposer une réforme en profondeur du discours de l'histoire de la philosophie tel qu'il est couramment pratiqué. Je n'entends pas récuser comme illégitimes les modes d'expression qu'illustraient les extraits de Bréhier et de Gueroult cités ci-dessus. Il s'agit plutôt d'attirer l'attention sur ceci que ces façons de parler n'ont d'intérêt pour l'explication historique que dans la mesure où elles peuvent être rapportées en dernière instance aux réalités plus concrètes dont il sera maintenant question.

LES ÉVÉNEMENTS DISCURSIFS

J'emprunte à Michel Foucault l'expression qui donne son titre à la présente section. Foucault, dans son livre de 1969, *L'archéologie du savoir*, s'interrogeait, d'une manière qui me paraît exemplaire, sur les enquêtes historiques qu'il avait menées dans ses ouvrages antérieurs, *Histoire de la folie*, *Naissance de la clinique* et *Les mots et les choses*. S'appuyant sur l'état de l'histoire comme discipline, axée dorénavant, note-t-il, sur l'étude de *séries* de toutes sortes qui se chevauchent et s'entrecroisent (économiques, culturelles, géopolitiques, par exemple), il insiste sur la nécessité qu'il y a aujourd'hui de remettre en question les catégories apparemment les plus familières avec lesquelles fonctionne habituellement l'histoire des idées, qu'il s'agisse de grandes divisions comme celles de science, de littérature ou de philosophie, ou d'unités plus locales comme le livre, l'œuvre (associée à un auteur unique), la « mentalité » ou la « tradition »[1]. Non qu'il faille y renoncer à jamais, mais il faut à tout le moins suspendre ces découpages, les mettre entre parenthèses, pour s'affranchir de leur évidence apparente. On se retrouvera ainsi, par-delà les formes courantes de la continuité historique, devant ce que Foucault appelle « une population d'événements dispersés »[2], des événements discursifs précisément :

1. M. Foucault, *L'archéologie du savoir*, Paris, Gallimard, 1969, chap. II. 1 : « Les unités du discours », p. 31-43.

2. *Ibid.*, p. 32.

> Avant d'avoir affaire, en toute certitude, à une science, ou à des romans, ou à des discours politiques, ou à l'œuvre d'un auteur ou même à un livre, le matériau qu'on a à traiter dans sa neutralité première, c'est une population d'événements dans l'espace du discours en général [1].

Notre propre démarche, certes, diffère à bien des égards de celle de Foucault. Alors qu'il cherche à cerner les unités les plus pertinentes pour son « archéologie » du savoir, l'optique adoptée dans le présent chapitre est plus nettement ontologique : nous voulons repérer dans l'être les référents ultimes du discours de l'historien de la philosophie. Mais la voie qu'il propose en ces pages doit être aussi la nôtre. Même si nous n'abandonnons pas pour notre part la catégorie générale de philosophie (ainsi qu'on l'a expliqué dans l'Introduction), il nous faut admettre au départ que celle-ci n'existe jamais dans l'histoire que par des événements singuliers de production discursive.

De quoi s'agit-il au juste ? Foucault, lui, identifie ce qu'il appelle l'« énoncé » comme étant l'objet de base de la description archéologique, le distinguant à la fois de la proposition, de la phrase et de l'acte illocutoire [2]. Son entreprise, pourtant, se heurte là à une aporie, qui pour nous est instructive. D'un côté, il insiste sur la nécessaire matérialité de l'énoncé : « pour qu'une séquence d'éléments linguistiques puisse être considérée et analysée comme un énoncé [...], elle doit avoir une existence matérielle » [3]. Mais il veut, d'un autre côté, détacher l'énoncé de l'acte d'énonciation singulier qui le produit et en faire une forme « indéfiniment répétable et qui peut donner lieu aux énonciations les plus dispersées » [4] : « l'énoncé lui-même », écrit-il, « ne peut être réduit à ce pur événement de l'énonciation, car malgré sa matérialité, il peut être répété » [5]. Foucault aboutit ainsi à l'idée d'une « matérialité répétable » [6]. Or c'est là, me semble-t-il, une contradiction dans les termes. Un objet matériel, au sens le plus habituel, ne peut exister que dans une région déterminée de l'espace-temps et la répétabilité est incompatible avec la singularité que l'on recherchait au départ. Quel que soit l'intérêt en définitive de l'idée d'« énoncé » pour l'archéologie foucaltienne, elle répond mal à ce projet qui nous avait intéressés et qui consistait à cerner les événements discursifs singuliers dans leur

1. *Ibid.*, p. 38.
2. *Ibid.*, chap. III-1 : « Définir l'énoncé », p. 105-115.
3. *Ibid.*, p. 131.
4. *Ibid.*, p. 134.
5. *Ibid.*
6. *Ibid.*

dispersion et leur matérialité originales. Dans la mesure où il est présumé répétable, l'« énoncé » de Foucault est encore un universel. Notre propre entreprise doit ici se montrer plus radicale et se concentrer résolument sur des événements singuliers d'énonciation localisés dans l'espace-temps.

La distinction qu'il faut avoir à l'esprit en ce point est celle du type et du « *token* », qui est si nécessaire, de toute façon, à la compréhension juste des phénomènes d'ordre linguistique. Considérons les deux inscriptions suivantes : « chat » et « chat ». Ce sont deux occurrences différentes d'un même mot. Les philosophes du langage diront qu'il y a là deux « *tokens* » d'un même type. Les types, dans ce vocabulaire, sont des universaux, susceptibles à l'instar des genres et des espèces, d'être exemplifiés par une pluralité d'individus différents. Les *tokens*, eux, se différencient matériellement les uns des autres et occupent chacun une portion distincte de l'espace-temps. Dans l'exemple ci-dessus, une des occurrences de « chat » a été produite avant l'autre et figure à sa gauche sur la page que vous avez sous les yeux. Si cette page a été reproduite à mille exemplaires au moment du tirage, les deux *tokens* originaux – ceux que j'ai moi-même inscrits sur le manuscrit de ce chapitre – auront été démultipliés en deux mille nouveaux *tokens*, dont chacun a commencé à exister en un moment précis (celui où l'exemplaire sur lequel il figure a été produit), occupe un lieu distinct (celui où se trouve l'exemplaire en question, sur une table de travail ou un rayon de bibliothèque) et cessera d'exister un jour ou l'autre (quand il sera effacé ou que l'exemplaire sera détruit, ou la page arrachée et brûlée). L'« énoncé » de Foucault, puisqu'il est répétable, n'est pas un *token*, mais un type. Or la position dite « inscriptionnaliste » que nous adoptons ici – et qui n'est rien d'autre qu'une application du nominalisme au cas particulier des unités linguistiques – veut que seuls les *tokens* existent réellement, les types n'étant que des classes ou des regroupements de *tokens*[1].

Cette « population » d'événements discursifs dispersés qu'est la philosophie dans l'histoire humaine doit être identifiée, en définitive, à la multiplicité des actes singuliers d'énonciation, par lesquels un locuteur (ou un groupe de locuteurs) produit des *tokens* de séquences signifiantes à caractère philosophique. Ces événements pour autant n'ont pas besoin d'être atomiques ou ponctuels. Il peut s'agir de l'émission d'une phrase, certes,

1. De telles approches inscriptionnalistes aux phénomènes d'ordre linguistique ont été esquissées par Nelson Goodman dans *La structure de l'apparence* (trad. fr. J.-B. Rauzy *et al.*, Paris, Vrin, 2004, p. 315 *sq.*) et par Israel Scheffler dans *Beyond the Letter. A Philosophical Inquiry into Ambiguity, Vagueness and Metaphor in Language* (London, Routledge and Kegan Paul, 1979).

ou de la rédaction d'un texte court, mais la production de séquences très longues (tout un corpus, par exemple) peut s'étaler dans le temps et dans l'espace, et plusieurs locuteurs peuvent y contribuer simultanément ou successivement; l'événement d'énonciation correspondant n'en demeure pas moins singulier dans la mesure où il occupe une portion déterminée de l'espace-temps, fût-elle large et discontinue, et dans la mesure surtout où il n'est pas répétable. L'écriture d'un livre, par exemple, peut être considérée comme un événement discursif singulier, même si elle s'étend sur plusieurs années, se morcelle en de multiples épisodes de rédaction et implique, le cas échéant, la collaboration de plusieurs auteurs. À une échelle encore plus grande, la production de l'ensemble des écrits philosophiques de toute une époque peut aussi être vue comme un événement unique, quoique long et complexe. Les événements discursifs singuliers, en d'autres mots, s'emboîtent les uns dans les autres comme n'importe quelles autres réalités matérielles: une table, une maison, une ville, un continent sont autant d'entités singulières, de plus en plus grosses et de plus en plus complexes; il en va de même des événements, et en particulier, pour ce qui nous concerne, des événements de production discursive. Ce qui les constitue en événements singuliers distincts n'est pas leur taille ni leur degré de simplicité, c'est qu'ils n'arrivent qu'une seule fois dans l'histoire.

Les référents que nous cherchons, bref, sont au premier chef des événements non répétables d'énonciation discursive, localisés dans le temps et dans l'espace. Pas n'importe lesquels, certes: puisque nous nous intéressons à l'histoire de la *philosophie*, les *tokens* signifiants produits par les énonciations en question doivent être à caractère philosophique. Je n'entends pas m'engager dans la délicate entreprise de définir avec précision l'activité philosophique, mais deux conditions nécessaires doivent être soulignées à ce stade-ci: 1) elle produit des séquences signifiantes d'ordre *linguistique*; et 2) les signes en questions sont *publiquement observables*. Ces conditions restreignent en conséquence le type d'événements discursifs auxquels se réfèrent les travaux des historiens de la philosophie.

En parlant de séquences linguistiques, d'abord, je prends l'expression en un sens limitatif: de telles séquences sont linéaires et composées d'unités discrètes – des mots ou des morphèmes –articulés entre eux selon une syntaxe combinatoire précise et justiciables d'une interprétation sémantique. Autrement dit: elles appartiennent à une langue comme le français, l'anglais, le grec ou le latin, ou même quelque langue artificielle construite pour les besoins de la cause, comme un langage formalisé.

Que les événements discursifs qui intéressent l'historien de la philosophie soient d'abord et avant tout linguistiques veut dire, notamment, que les *tokens* signifiants qui en résultent ne sont ni des représentations iconiques comme des tableaux ou des sculptures, ni des productions musicales. On ne saurait nier que les œuvres de ce genre soient souvent stimulantes pour la réflexion philosophique et parfois suscitées par elle, ni qu'elles puissent aider, le cas échéant, à mieux comprendre ou à mieux situer le sens ou la portée de telle ou telle doctrine, mais leur pertinence pour l'histoire de la philosophie n'est jamais que dérivée dans la mesure où celle-ci concerne des développements *théoriques*, qui requièrent l'usage de termes abstraits et leur insertion dans des phrases. Et s'il arrive que les textes ou les exposés philosophiques s'accompagnent de schémas ou d'illustrations (comme c'est de plus en plus souvent le cas dans les présentations sous forme de diaporama), cela reste, pour l'histoire de la philosophie telle qu'elle se pratique encore, un phénomène accessoire, qui ne vaut qu'en regard des séquences propositionnelles émises par le philosophe.

La deuxième condition proposée ci-dessus est plus litigieuse : les énonciations singulières auxquelles l'historien de la philosophie se réfère sont normalement *publiques*. Elles produisent, en d'autres mots, des séquences signifiantes perceptibles par les sens extérieurs. Cela exclut les événements privés d'énonciation mentale et l'on s'en étonnera peut-être. La philosophie, après tout, n'est-elle pas un travail de l'esprit et l'historien, en conséquence, n'entend-il pas se rapporter, en dernière instance, aux *pensées* des philosophes, plutôt qu'à ce qu'ils ont dit ou écrit ? La question est même d'autant plus pertinente pour ceux qui admettent, comme je suis porté à le faire, l'existence d'un langage mental, ou langage de la pensée, ainsi que le propose un Jerry Fodor notamment[1] : l'événement philosophique par excellence, dans cette optique, n'est-il pas la production par le penseur individuel, en son for intérieur, d'une séquence de phrases mentales que personne à part lui ne peut percevoir ?

1. Voir spécialement : J. A. Fodor, *The Language of Thought*, New York, Thomas Y. Crowell, 1975 ; *Psychosemantics*, Cambridge (Mass.), The MIT Press, 1987 ; *LOT2. The Language of Thought Revisited*, Oxford, Oxford University Press, 2008. J'ai, pour ma part, retracé l'histoire de l'idée de langage mental dans l'Antiquité et au Moyen Âge dans *Le discours intérieur. De Platon à Guillaume d'Ockham*, Paris, Seuil, 1999, et je l'ai exploitée pour une réflexion sur la notion de concept dans *Qu'est-ce qu'un concept ?*, Paris, Vrin, 2011.

Dans les faits, pourtant, le discours de l'historien de la philosophie porte le plus souvent sur des productions discursives externes, et il y a à cela de bonnes raisons. D'abord les phénomènes psychologiques pertinents sont trop fuyants et trop mal connus. Le problème n'est pas qu'ils soient inobservables ; on pourrait y référer, après tout, même sans les percevoir directement. Mais, quoi qu'il en soit de la théorie du langage mental – qui est en tout état de cause assez spéculative – il y a lieu de croire que les doctrines philosophiques ne sont pas véritablement réalisées dans l'esprit des penseurs sous la forme de séquences propositionnelles bien formées, relativement stables et arrangées en système. Et cette hypothèse, du reste, n'est en rien nécessaire au travail de l'historien. La philosophie ne trouve sa réalité propre que lorsqu'elle est exprimée. La contemplation muette, les intuitions les plus profondes, les images mentales les plus inspirantes, les inquiétudes, même métaphysiques, ne se constituent en pensées philosophiques que lorsqu'elles prennent corps dans un discours articulé et – en principe du moins – perceptible par autrui, sans lequel le philosophe n'arriverait pas à les fixer, même à ses propres yeux. C'est cette extériorisation verbale, qu'elle soit orale ou écrite, qui est le référent ultime du discours de l'historien de la philosophie.

Ce n'est pas à dire qu'il faille récuser pour autant la dimension psychique des énonciations en question. Bien au contraire, on ne pourrait pas parler d'événements proprement discursifs s'ils n'incorporaient d'une façon ou d'une autre des intentions signifiantes. La production par le vent d'une suite de marques sur le sable ne constitue pas un événement d'énonciation discursive, même si ces traces ressemblent à s'y méprendre à l'inscription d'une phrase du français. Les occurrences qui intéressent l'histoire de la philosophie sont ce que le philosophe britannique R. G. Collingwood a appelé des événements avec un « intérieur » [1]. Cela ne revient pas à cautionner le dualisme métaphysique, mais à reconnaître, tout simplement, que les événements singuliers qui inscrivent la philosophie dans l'être sont des *actes intentionnels*, sur la base desquels on peut correctement attribuer aux agents concernés des intentions et des croyances, comme le sont en général tous les actes de langage ou d'énonciation [2].

1. Voir par exemple R G. Collingwood, *The Idea of History*, Oxford, Clarendon Press, 1993, p. 215. Pour un commentaire éclairant sur cette idée de Collingwood, voir C. Kobayashi et M. Marion, « Gadamer and Collingwood on Temporal Distance and Understanding », *History and Theory* 50, 2011, p. 81-103.

2. Voir à ce sujet J. Searle, *Speech Acts*, Cambridge, Cambridge University Press, 1969 ; D. Vanderveken, *Les actes de discours*, Liège, Pierre Mardaga, 1988.

Quant à savoir jusqu'à quel point l'admission de phénomènes proprement intentionnels oblige à complexifier l'ontologie, c'est une question difficile que je n'ai pas besoin d'aborder ici. Il n'y a aucune raison de penser, en tout cas, qu'il faille, pour accommoder l'intentionnalité, renoncer aux exigences du nominalisme et du naturalisme : une fois éliminées les entités abstraites (comme on en a convenu à la section précédente), les actes intentionnels, quelle qu'en soit la nature profonde, sont aussi singuliers que n'importe quels autres événements et situés, eux aussi, dans le temps et dans l'espace.

Les actes d'énonciation linguistique par lesquels la philosophie se matérialise dans l'histoire, donc, sont à la fois intentionnels et publics. Il n'y a là aucune incompatibilité : qu'une action soit intentionnelle n'en fait pas un événement privé, dissimulé dans l'intériorité du sujet pensant. C'est la leçon de Wittgenstein, de Gilbert Ryle et d'Élizabeth Anscombe, entre autres[1]. J'ouvre une porte, disons; n'importe qui, à condition d'être bien placé, peut se rendre compte que je le fais exprès. Mes raisons, certes, peuvent ne pas être apparentes, mais l'action en tout cas est perceptible. Et s'il s'agit d'actes linguistiques, les auditeurs présents peuvent non seulement percevoir que je parle, mais ils peuvent aussi, s'ils connaissent ma langue, comprendre ce que je dis. Les événements qui nous intéressent ici sont de cet ordre.

Cela dit, ils peuvent prendre des formes diverses. On distinguera surtout les actes d'énonciation philosophique oraux et les actes d'écriture, selon que les émissions auxquelles ils donnent lieu sont perceptibles par l'ouïe ou par la vue. La distinction n'est pas exhaustive en principe, puisque les humains ont aussi d'autres sens, mais elle couvre en pratique la quasi-totalité des productions discursives à caractère philosophique. Y échappe peut-être, à strictement parler, la production de textes en braille, qui sont déchiffrables par le toucher, mais c'est là, on en conviendra, un phénomène marginal dans l'histoire de la philosophie et qui peut être ramené, en pratique, à une forme d'écriture. On imagine mal, par ailleurs, l'énonciation de phrases théoriques dans un langage olfactif ou gustatif; l'odorat humain n'est pas assez développé pour cela et si le goût peut être éduqué, on ne voit pas qu'il puisse l'être au point de rendre possibles toutes les différenciations nécessaires au discours en général, et au discours

1. Voir L. Wittgenstein, *Philosophical Investigations*, trad. angl. G. E. M. Anscombe, New York, Macmillan, 1953; G. Ryle, *La notion d'esprit*, trad. fr. S. Stern-Gillet, Paris, Payot, 1978; G. E. M. Anscombe, *L'intention*, trad. fr. M. Maurice et C. Michon, Paris, Gallimard, 2002.

philosophique en particulier (sans compter les inconvénients qu'il y aurait à avaler – ou risquer d'avaler – les séquences de signes cuisinées par nos interlocuteurs !).

La distinction de l'oral et de l'écrit, en revanche, est de première importance pour la classification des événements philosophiques. Jusqu'à l'apparition récente des moyens d'enregistrement sonore, les premiers ne laissaient de traces directes que dans la mémoire des auditeurs présents (et des locuteurs eux-mêmes, bien sûr). Mais cela ne les empêche pas d'avoir joué, très souvent, un rôle majeur dans le développement de la discipline et d'être, en conséquence, des référents pertinents pour le travail des historiens. Que l'on pense aux innombrables séances d'enseignement, aux conférences et aux discussions publiques ou privées, qui jalonnent l'histoire de la philosophie depuis ses tout débuts. Le cas de Socrate vient à l'esprit : bien qu'il n'ait laissé aucun écrit, les spécialistes de philosophie grecque évoquent souvent les discussions qu'il tenait sur la place publique et s'efforcent de reconstituer les doctrines qu'il proposait et celles qu'il critiquait. Si saillant soit-il, ce n'est là qu'un exemple parmi beaucoup d'autres. On fait souvent référence à l'enseignement oral de Platon, d'Aristote et des autres penseurs grecs, aux disputes médiévales, aux séances quodlibétales, aux cours de Kant ou de Hegel, aux séminaires de Heidegger, aux conférences de Husserl et ainsi de suite. Toutes ces prestations orales sont constitutives de l'histoire de la philosophie. On ne peut en dire quoi que ce soit, il est vrai, que grâce à des documents qui ont traversé le temps, comme les dialogues de Platon dans le cas de Socrate, ou des notes de cours, des statuts universitaires, des témoignages d'auditeurs, etc. Mais ces marques écrites ne jouent dans ce genre de cas qu'un rôle d'indice ou de relais : ils rendent possible à l'historien de se reporter, fût-ce indirectement, à des événements d'énonciation dont les produits immédiats – des discours oraux en l'occurrence – n'ont existé que le temps de leur profération.

La rédaction, au contraire, donne immédiatement lieu à une trace visible qui survit au geste concret d'écriture et qui peut être appréhendée en des lieux et des temps distincts. D'où le privilège que lui accorde l'historien de la philosophie. Quelle que soit l'importance quantitative des énonciations orales et leur rôle primordial dans la constitution historique de la discipline, c'est à des textes – et donc à des événements d'écriture – que renvoie, non pas toujours, mais le plus souvent (et de loin), l'historien de la philosophie. On reviendra à la section suivante sur la notion de *texte* ; arrêtons-nous pour l'instant aux événements qui les engendrent. Puisqu'on ne veut évoquer que des occurrences singulières, comme tout au long de ce chapitre, il nous faut distinguer en principe deux sortes d'actes producteurs de *tokens* écrits : les actes créateurs, d'une part, ceux par lesquels un ou plusieurs auteurs donnent corps à des séquences textuelles nouvelles (même si elles récupèrent, très souvent, des éléments préexistants), et les actes reproductifs, d'autre part, ceux par lesquels des copistes, des imprimeurs ou d'autres techniciens rendent disponibles des textes préexistants en en fabriquant des copies. Les événements du second genre sont dérivés par rapport aux premiers, mais doivent être comptés aussi parmi les référents du travail historique. Les médiévistes savent combien il est important de situer le lieu, le temps et le contexte de production d'un manuscrit donné, même, comme c'est presque toujours le cas, lorsqu'il n'est pas de la main de l'auteur original. Et l'équivalent vaut pour les époques ultérieures. Le travail des éditeurs, des imprimeurs, des directeurs de revue ou de collection, les processus de sélection en vertu desquels certains écrits sont reproduits plutôt que d'autres, les tirages, les rééditions, les traductions, tout cela fait partie intégrante de l'histoire de la discipline. Ce n'est pas seulement que ces interventions multiples assurent l'accès des chercheurs aux « véritables » objets d'étude que seraient les textes originaux, mais elles contribuent de façon décisive à la réalisation historique de la philosophie, aux formes qu'elle prend comme aux publics qu'elle atteint [1].

Cela dit, les actes de rédaction créatrice demeurent, bien évidemment, les événements les plus saillants dans la constitution historique de la philosophie. Encore faut-il se défaire de l'image d'un écrivain solitaire produisant d'un seul jet, et presque instantanément, un traité complet. Le travail d'écriture en philosophie est en général discontinu et toujours étalé dans le temps, avec les décalages, les oublis, les déplacements d'intérêt et les changements d'idée que cela suppose. Les éditeurs de l'*Ordinatio* de Guillaume d'Ockham, par exemple, ont repéré un grand nombre d'ajouts introduits par lui, postérieurement à la première rédaction, pour atténuer, nuancer ou relativiser certaines positions qu'il avait entre temps remises en question. Et l'on sait que la rédaction de l'*Essai sur l'entendement humain* de Locke s'est étirée sur une vingtaine d'années et que l'ouvrage, une fois publié (en 1690), a encore fait l'objet de quatre

1. L'étude de la réception d'une œuvre, par exemple, passe généralement par la prise en considération des copies et des éditions diverses auxquelles elle a donné lieu ; voir à ce propos J.-L. Vieillard-Baron, « Méthodologie pour l'étude des problèmes de réception en histoire de la philosophie », dans Y. C. Zarka (éd.), *Comment écrire l'histoire de la philosophie ?*, *op. cit.*, p. 95-109.

rééditions, supervisées par l'auteur, avec parfois des modifications substantielles. Ce sont là des exemples frappants, mais le phénomène qu'ils illustrent est constant : corrections, révisions, ratures, interruptions plus ou moins longues font toutes partie du processus normal d'écriture, particulièrement en philosophie, et sont constitutives de l'activité créatrice en ce domaine, donnant lieu pour chaque texte à une pluralité de versions plus ou moins éphémères. La chose va de soi dès qu'on la souligne, mais sa pertinence est régulièrement occultée quand on se représente le développement historique de la philosophie comme une suite de contenus doctrinaux sortis tout faits de l'esprit des penseurs comme Athéna du crâne de Zeus, plutôt que comme une multitude discontinue d'événements discursifs singuliers.

L'énonciation philosophique, au demeurant, n'est pas toujours le fait d'une seule personne. Il y a des entreprises collectives, comme l'*Encyclopédie* de Diderot et D'Alembert, il y a des textes à plusieurs voix où la contribution de chacune n'est pas nettement discernable, comme des articles conjoints, il y a même des corpus, parfois énormes, produits au fil des siècles par des générations d'auteurs, comme le stoïcisme. Chacune de ces productions textuelles est le résultat d'un événement discursif singulier, quoique complexe, et la complexité de l'événement, dans ce genre de cas, n'est pas foncièrement différente de celle qui est en cause dans la rédaction solitaire d'un livre, elle est seulement un peu plus grande.

Le domaine de référence du discours de l'historien de la philosophie, bref, est cette immense « population d'événements dispersés », pour reprendre l'expression de Foucault, dont chacun est une énonciation discursive, orale ou écrite, plus ou moins complexe. Il faut, pour saisir correctement le type de réalités concrètes dont parle l'histoire de la philosophie, se laisser imprégner au départ par le sentiment de cette multiplicité et de cette diversité, par l'irréductible singularité des événements en question et par leur discontinuité dans le temps et dans l'espace [1].

1. Je rejoins ainsi Quentin Skinner, selon qui l'historien de la philosophie ne parle jamais en dernière analyse que de « divers énoncés produits avec des mots par divers agents avec diverses intentions » (Q. Skinner, « Meaning and Understanding in the History of Ideas », *History and Theory* 8, 1969, p. 31 ; notre traduction). Frederick Beiser soutient même que ce qu'il appelle la « tradition historiciste allemande », celle de Herder, de Dilthey, de Windelband, de Humboldt, de Ranke et d'autres, se rattache, par une semblable attitude, à une tradition nominaliste qui remonte à Guillaume d'Ockham (F. C. Beiser, *The German Historicist Tradition*, Oxford, Oxford University Press, 2011, p. 5 ; voir aussi *id.*, « History of Ideas : a Defense », art. cit.).

LES TEXTES

Qu'il s'agisse de profération orale ou d'écriture, il y a toujours lieu de distinguer, dans un événement singulier d'énonciation, quelle qu'en soit la complexité, entre l'acte de production proprement dit et le produit ainsi engendré, qui est un discours signifiant, perceptible et interprétable par autrui. Dans l'oral, l'un et l'autre, d'ordinaire, sont concomitants et la parole prononcée, sauf à faire l'objet d'un enregistrement spécial, ne résonne que le temps de son énonciation. Même dans ce cas, pourtant, la dualité est repérable : il y a d'une part l'activité vocale du locuteur avec sa physiologie propre, et de l'autre la séquence sonore qui en est l'effet, celle qui peut être entendue par les auditeurs et enregistrée par un magnétophone. Dans l'écriture, *a fortiori*, la distinction est nette entre le geste de production et la trace visible qu'il laisse après que l'auteur ait cessé de déplacer sa plume sur le papier ou ses doigts sur le clavier. Reste que le produit immédiat, dans les deux cas, est un *token*, et non un type, et qu'il garde encore la marque de l'énonciation qui l'a fait naître, la qualité sonore de la voix, par exemple, et son accent, ou le graphisme particulier de l'écrivain, le caractère qu'il a choisi, et ainsi de suite. Les réalisations discursives concrètes, bref, sont en principe détachables de leurs locuteurs (le son peut être enregistré et le manuscrit, une fois écrit, a son destin propre), mais elles sont tout aussi singulières et tout aussi matérielles.

Or cela fait problème pour une compréhension juste de ce à quoi se rapporte le travail des historiens de la philosophie. Il arrive, certes, que ceux-ci fassent explicitement référence soit à l'activité énonciative d'un auteur donné, soit à l'objet matériel singulier ainsi engendré : le changement d'encre d'une partie à l'autre du manuscrit autographe de la *Somme contre les Gentils* de Thomas d'Aquin, par exemple, est régulièrement invoqué pour en dater la rédaction[1]. Mais la pratique la plus manifeste et la plus habituelle est de renvoyer le lecteur à un livre ou un article, identifié par son titre (et peut-être une édition), indépendamment de son incarnation matérielle dans un exemplaire précis. « L'interprétation du traité *De l'âme* [d'Aristote] », écrit par exemple l'helléniste Richard Bodéüs dans un énoncé typique, « a une longue histoire »[2]. L'unité à laquelle se réfère le chercheur dans ce cas n'est pas, *prima facie*, celle d'un

1. Voir par exemple J.-P. Torrell, *Initiation à saint Thomas d'Aquin*, Paris, Cerf, 1993, p. 148-153.

2. R. Bodéüs, « Présentation », dans Aristote, *De l'âme*, trad. fr. R. Bodéüs, Paris, GF-Flammarion, 1993, p. 40.

objet matériel. Il n'est pas question ici d'un manuscrit, ni d'une édition en particulier, mais d'un traité qui a pu se matérialiser au fil des siècles en de multiples copies. C'est la situation la plus courante : l'historien de la philosophie évoque la *République*, le *Discours de la méthode* ou la *Critique de la raison pure* comme si c'était des objets historiques singuliers, alors même qu'il les traite comme des universaux, susceptibles d'instanciations multiples. J'ai mon exemplaire des *Méditations* de Descartes et vous avez le vôtre, mais l'un et l'autre sont considérés par l'historiographie comme exemplifiant un *même* ouvrage. Le problème pour nous est que de telles unités textuelles apparentes – un traité, un livre, un article, un chapitre, etc. – sont encore de ces entités abstraites dont notre ontologie au départ voulait faire l'économie. La *Critique de la raison pure*, de notre point de vue, n'a aucune réalité en dehors des copies, en format papier ou électronique, qui en sont dispersées un peu partout dans le monde. Mais comment comprendre, dès lors, à quoi se réfèrent les affirmations les plus habituelles de l'historien de la philosophie au sujet des *textes* dont il parle ?

Prenons le cas de la *Somme de logique* de Guillaume d'Ockham. Il en existe une édition critique, publiée en 1974 par les soins du *Franciscan Institute* de l'université Saint-Bonaventure (dans l'état de New York) et tirée en plusieurs milliers de copies. Elle est partiellement reproduite en format électronique sur un site internet, d'où elle peut être téléchargée, et par conséquent démultipliée à nouveau. Toutes ces copies, admettons-le provisoirement, sont isomorphes les unes aux autres en ceci que la séquence de *tokens* qui se trouve dans l'une quelconque correspond terme à terme à celle de chacune des autres; elle en est une « réplique » au sens de Nelson Goodman et d'Israel Scheffler : chacune d'elles s'épelle de façon exactement semblable à chacune des autres[1]. Point n'est besoin, dès lors, de chosifier le texte en question comme une entité supplémentaire par delà la multiplicité de ses inscriptions. En parler au singulier sous l'appellation « LA *Somme de logique* d'Ockham » peut n'apparaître que comme une façon de renvoyer distributivement à chacune de ces répliques singulières (ou individuellement à n'importe laquelle d'entre elles)[2]. Voilà donc une première manière d'accommoder l'idiome habituel des historiens de la

1. Voir N. Goodman, *La structure de l'apparence*, *op. cit.*, p. 317; I. Scheffler, *Beyond the Letter*, *op. cit.*, p. 13.

2. Il y a déjà là deux stratégies distinctes pour l'approche inscriptionnaliste, selon qu'elle opte pour la référence distributive à une pluralité de *tokens*, ou pour la référence individuelle à l'un quelconque d'entre eux tenu pour typique. Mais il n'est pas nécessaire pour le moment de creuser davantage cette distinction. L'important est que l'une et l'autre n'admettent que des *tokens* comme référents ultimes.

philosophie sans enrichir l'ontologie d'objets textuels spéciaux et autonomes, qui seraient en eux-mêmes des universaux.

Mais il faut aller plus loin. Il peut se faire, après tout, que les différents exemplaires ne se correspondent pas parfaitement l'un à l'autre : une partie du texte pourrait avoir été perdue ou transformée lors de la mise en ligne ou d'un téléchargement en particulier. Et il peut arriver surtout, dans le cas qui nous occupe, que les responsables de l'édition critique n'aient pas toujours opté pour la meilleure leçon. Cette édition a été établie à partir d'un éventail de manuscrits qui diffèrent les uns des autres de multiples façons et il n'est pas garanti que le choix final des éditeurs ait toujours été le bon. L'exemple privilégié d'un écrit antérieur à l'imprimerie fait apparaître en toute clarté ce genre de possibilité, mais l'équivalent existe à toutes les époques : on a vu souvent des erreurs se glisser dans l'édition d'un texte, même récent, ou dans sa transmission d'un intervenant à l'autre. Il ressort de cela que les copies d'un « même » écrit ne sont pas toutes égales et n'ont pas le même statut pour l'historien de la philosophie. Certaines, à ses yeux, doivent servir de *normes* pour l'évaluation des autres.

Les éditeurs de la *Somme de logique*, pour en revenir à notre exemple, ont identifié soixante-cinq manuscrits d'inégale qualité, sans compter les fragments ni les résumés qui en ont circulé à la fin du Moyen Âge[1]. Certains sont incomplets, d'autres sont abîmés et même entre les versions les meilleures, de fréquentes divergences apparaissent, qui affectent parfois sérieusement le sens. Pour établir un texte unique, complet et suivi, les chercheurs doivent à tout moment privilégier une leçon sur l'autre et parfois même, quand le sens l'impose, corriger toutes les versions disponibles. Au nom de quoi le font-ils ? La réponse, de toute évidence, est qu'ils veulent produire la réplique la plus exacte possible du texte que Guillaume d'Ockham a originalement écrit. Nous ne disposons pas dans ce cas d'un manuscrit autographe et nous ne savons même pas à vrai dire si l'auteur a jeté lui-même le texte sur papier ou s'il l'a dicté à quelque secrétaire. Mais le travail d'édition présuppose en tout cas qu'ait existé à un certain moment, en un exemplaire probablement unique (et vraisemblablement perdu), une version complète de la *Somme de logique* produite par son auteur et endossée par lui, dont toutes les autres sont ultimement dérivées et par laquelle elles sont normées au regard de l'histoire. J'appellerai cette copie maîtresse l'*exemplaire étalon*. C'est un objet matériel singulier et

1. P. Boehner, G. Gál et S. Brown, « Introductio », dans G. de Ockham, *Summa logicae*, Saint-Bonaventure (NY), The Franciscan Institute, 1974, p. 7*.

même s'il n'existe plus, c'est à lui que se rapportent ultimement tous ceux qui parlent de LA *Somme de logique* d'Ockham.

J'ai dit que l'exemplaire étalon, dans ce cas, a dû être unique. Mais ce n'est pas une exigence absolue. Il aurait pu arriver, par exemple, que l'auteur dictât le même texte à deux secrétaires simultanément. La présomption est que l'une des deux copies eût été meilleure que l'autre, certes, mais s'il arrivait, au terme de révisions peut-être, que l'une et l'autre soient rigoureusement isomorphes, on aurait alors deux exemplaires étalons du même ouvrage, qui seraient des répliques parfaites l'un de l'autre. Et rien n'empêche qu'une technologie plus avancée, comme le papier carbone, l'imprimerie ou l'informatique, ne donne lieu à un nombre beaucoup plus grand de tels exemplaires de référence. L'important est qu'on y trouve intégralement le texte rédigé et endossé par le ou les auteurs.

Il ne s'agit pas pour autant, dans le travail d'édition, de retracer ce que l'auteur a voulu dire, mais bien ce qu'il a dit effectivement. Si Ockham, au moment de rédiger, s'est fourvoyé dans un argument qu'il avait mieux saisi la veille en réfléchissant par devers lui, et dont il n'a jamais ensuite corrigé la formulation, c'est bien le passage tel qu'il fut écrit qui doit être considéré comme partie intégrante du traité en question, et non celui qu'il aurait produit si seulement il n'avait pas eu la grippe ce jour-là.

L'exemplaire étalon, d'autre part, ne correspond pas toujours au premier jet. La chose est même vraisemblablement rare. Qu'ils dictent, qu'ils écrivent à la plume, qu'ils dactylographient ou qu'ils travaillent à l'ordinateur, les auteurs continuellement corrigent leur texte, le raturent ou y apportent des ajouts. La version maîtresse, en général, est celle qu'ils endossent pour fins de diffusion, fût-elle restreinte. Ce critère, évidemment, bien qu'il soit limitatif, ouvre la voie à la possibilité d'une pluralité de versions divergentes, toutes accréditées par l'auteur. Il a pu arriver que l'écrivain, par distraction ou par décision, mette en circulation à différents moments des copies de son texte qui ne soient pas des répliques exactes les unes des autres. Que l'on pense, pour un exemple parmi bien d'autres, aux différentes éditions de l'*Essai sur l'entendement humain* de Locke. Cette possibilité, pour autant, n'invalide pas l'idée de l'exemplaire étalon que nous proposons ici : c'est tout simplement qu'il y aura dès lors un (ou plusieurs) exemplaires étalons différents pour chacune des versions différentes reconnues par l'auteur.

Parlant ici de l'auteur, il faut le préciser, on ne désigne pas nécessairement par là une personne humaine unique. C'est la situation la plus fréquente en histoire de la philosophie, bien entendu, mais certaines œuvres sont le fruit de collaborations entre des coauteurs, ou entre un auteur principal et divers autres intervenants qui ont pu volontairement infléchir l'état final du texte, comme un éditeur, un censeur ou un maître. Et dans le cas des grands corpus *a fortiori* – comme le stoïcisme, la scolastique médiévale ou la métaphysique occidentale – la pluralité des responsables est la règle. L'important pour la détermination du ou des exemplaires étalons est qu'il y ait eu pour chaque partie du texte considéré, si long et si complexe soit-il, une instance d'autorité eu égard à cette partie-là du texte, qui soit responsable de sa version finale, qu'il s'agisse d'une personne singulière, d'un collectif, d'une institution ou d'une combinaison quelconque des trois. L'exemplaire étalon dans tous les cas sera la première copie produite par cette instance responsable et autorisée par elle (et comme on l'a dit, si plusieurs copies isomorphes sont d'emblée produites simultanément par l'instance en question, on aura alors autant d'exemplaires étalons pour un « même » texte).

Même quand il est unique, au demeurant, l'exemplaire étalon n'est pas toujours un objet continu et manipulable, circonscrit à un moment donné en un lieu minimal, comme l'est un manuscrit ou un cahier. La chose est claire pour les grands corpus, mais même un ouvrage beaucoup plus restreint peut avoir été réparti à son origine en une pluralité de morceaux. Ainsi la *Métaphysique* d'Aristote n'a peut-être été assemblée en un livre que plusieurs siècles après la mort du Stagirite à partir de pièces diverses, rédigées par lui, mais séparément les unes des autres. Chaque partie, pour autant, a dû avoir son ou ses exemplaires étalons, qu'Aristote lui-même a produits en son temps. Les *Méditations* de Descartes, pour prendre un autre exemple célèbre, sont suivies d'une série d'objections écrites en différents lieux par des auteurs divers. Qu'elles aient été ensuite intégrées à un ouvrage unique n'empêche pas ici non plus la dispersion des rédactions originales. L'exemplaire étalon pour l'ensemble du texte considéré, dans des cas de ce genre – celui de la *Métaphysique* d'Aristote prise comme un tout, par exemple –, doit être vu comme un objet discontinu qui ne s'est peut-être jamais trouvé en un lieu unique et dont les parties, même, peuvent ne pas avoir existé en même temps les unes que les autres. Ce n'en est pas moins, cependant, une réalité singulière et spatio-temporellement localisée, quoique complexe et dispersée[1].

Lorsqu'un historien de la philosophie, donc, parle d'un ouvrage comme la *Somme de logique* ou la *Critique de la raison pure*, ou d'un corpus entier le cas échéant, son propre discours a trait en dernière analyse à l'exemplaire étalon du ou des textes en question. Il n'y a pas besoin pour cela que l'historien soit explicitement conscient de la chose ni qu'il ait l'intention claire de faire référence à cet exemplaire en particulier, qui, de toute façon, lui est le plus souvent inaccessible. Reconnaître que le discours de l'historien se rapporte à dernière analyse à l'exemplaire étalon revient à ceci : c'est ce qu'il y avait d'inscrit sur cet exemplaire (ou ces exemplaires s'il y en a plusieurs) qui rend vraies ou fausses, correctes ou incorrectes, exactes ou inexactes, les affirmations de l'historien au sujet de ce texte. L'exemplaire étalon, en d'autres mots, norme le travail historique. Ce statut normatif en rend le choix relatif à chaque projet particulier, on reviendra sur ce point au chapitre II, mais l'important pour l'instant est qu'il n'y ait pas besoin, pour rendre compte de la portée référentielle des études historiques en philosophie (comme en littérature et en bien d'autres domaines d'ailleurs), d'admettre dans l'ontologie des entités abstraites comme le livre, l'article ou l'œuvre, par-delà les exemplaires étalons et leurs multiples copies, plus ou moins bonnes, qui ne sont jamais, comme tout le reste, que des objets singuliers matériellement localisés.

RÉCEPTION, TRACES ET EMPRUNTS

Les exemplaires étalons sont normalement le fruit d'actes créateurs. Ils sont en général reproduits ensuite en un certain nombre de copies plus ou moins fidèles; c'est le phénomène de la *diffusion*. Elle se caractérise par des paramètres précis, qui ne sont pas toujours retraçables, certes, à cause des lacunes de nos connaissances, mais qui n'en constituent pas moins pour l'histoire de la philosophie un champ référentiel pertinent : l'instance de publication (le commanditaire et la maison d'édition, par exemple, ou le copiste le cas échéant), la quantité de copies (le nombre de manuscrits

1. On admet ici avec Nelson Goodman que des entités singulières peuvent être discontinues dans le temps et dans l'espace. C'est une idée dont l'ontologie, qu'elle soit nominaliste ou non, peut difficilement se passer. Voir à ce propos N. Goodman, « Un monde d'individus », trad. fr. A.-M. Boisvert et C. Panaccio, dans C. Panaccio (éd.), *Le nominalisme*, *op. cit.*, p. 159-183.

réalisés, ou le tirage dans le cas d'un imprimé), la circulation enfin (les lieux, les milieux et les modalités de la diffusion). Chaque copie, dans les faits, a son histoire propre depuis le moment de sa fabrication : elle est déplacée d'un lieu à l'autre, vendue, prêtée, déposée dans une bibliothèque publique ou privée, et surtout elle est (ou non) consultée de temps à autre par des lecteurs individuels. Sauf en des cas exceptionnels (celui d'un manuscrit médiéval spécialement significatif, par exemple), l'historien de la philosophie ne saurait vouloir reconstituer chacune de ces trajectoires singulières et doit se contenter, lorsqu'il s'y intéresse, de descriptions globales ou statistiques – qui sont de toute façon les plus éclairantes en la matière –, mais cette multitude d'événements singuliers, bien qu'elle soit dérivée par rapport à la création originale et souvent occultée par la fascination des chercheurs pour les « doctrines » et les « systèmes », est une composante majeure dans la réalisation historique de la discipline.

Dans tout ce phénomène, les événements de *réception* occupent une place à part : ils sont les relais indispensables par lesquels les productions philosophiques ont des effets réels sur la suite des choses. Les textes, sans eux, resteraient lettre morte. La réception, certes, n'est pas limitée au domaine de l'écriture : les prestations orales, le plus souvent, sont adressées à des auditeurs réels, chez qui, le cas échéant, elles provoquent certains effets. Mais comme l'historien, par nécessité, fait porter sur des textes le gros de son travail, on s'intéressera surtout ici à la réception des productions écrites. Ce qu'on en dira, de toute façon, vaudra en bonne partie, *mutatis mutandis*, dans le cas de l'oral.

Et pour ce qui est des textes, la *lecture*, évidemment, est le processus de base. Tout ce qui vient après, tous les effets qu'un écrit puisse avoir passent d'abord par cette opération, étalée dans le temps et située dans l'espace, par laquelle une personne humaine individuelle s'efforce de déchiffrer ce qui est exposé là sur le papier, le parchemin ou l'écran qu'elle a devant les yeux. Les historiens de la philosophie souvent, pour faire court, évoquent l'impact des textes les uns sur les autres, à quel point l'œuvre d'Aristote a marqué les écrits médiévaux ou comment l'*Essai sur l'entendement humain* de Locke oriente l'entreprise des *Nouveaux essais* de Leibniz. C'est ce que l'on subsume d'habitude sous le terme d'« influence ». Mais ce genre de connexions causales est toujours médiatisé par les actes singuliers des auteurs postérieurs et, au premier chef, par la lecture qu'ils font de leurs devanciers. À l'oublier, on en vient à se représenter le déroulement historique de la philosophie comme un jeu d'interactions impersonnelles entre des œuvres, des doctrines ou des traditions et l'on néglige le rôle actif des humains en chair et en os, qui n'abordent jamais les écrits des autres qu'avec leur bagage propre de préoccupations et d'intérêts, lesquels ne sont pas, la plupart du temps, purement philosophiques[1].

La réception d'un texte, donc, tient d'abord à ce moment privilégié pour lui où il est réactualisé par la lecture. Les premières traces en sont d'ordre psychique : le lecteur est transformé, fût-ce minimalement, par ce contact. Des souvenirs à tout le moins s'inscrivent en lui, même s'ils sont, bien souvent, vagues et confus; et son savoir, ses croyances, ses convictions, ses évaluations parfois se trouvent modifiés. Dans tous les cas ce sont les *dispositions* du lecteur qui sont ainsi affectées. On distingue couramment en philosophie de l'esprit entre les épisodes psychologiques, comme une émotion que je ressens ou une pensée que j'entretiens en un moment précis, et les états dispositionnels, qui sont des propensions en moi à agir, à penser ou à réagir de telle ou telle façon dans telle ou telle sorte de circonstances[2]. La lecture proprement dite est de l'ordre de l'épisode : l'attention se déplace le long des lignes écrites et s'accompagne d'occurrences intellectuelles ou d'émotions diverses. Mais l'effet véritable d'un texte philosophique tient à ce qui reste après coup chez le lecteur, à la manière dont ses façons de pensée ou d'agir sont modifiées, au nouveau degré d'adhésion, par exemple, qu'il accorde à certaines croyances ou aux réticences qu'il entretient désormais par rapport à certaines autres. Ces traits chez lui sont d'ordre dispositionnel. Ce ne sont pas de pures potentialités pour autant; les dispositions doivent être réalisées d'une manière ou d'une autre dans l'agent singulier. Mais elles perdurent en lui sous le seuil de la conscience et se manifesteront plus tard, dans ses discussions par exemple, dans son enseignement s'il y a lieu, ou dans ses propres entreprises d'écriture. C'est ainsi qu'un texte au bout du compte agit sur un autre et que des séquences causales prennent corps dans l'histoire de la philosophie.

On comprend mieux, en se reportant à ce processus concret de la lecture, que le texte lu n'explique pas seul les effets qu'il produit chez son récepteur. Les conditions, même très contingentes, dans lesquelles celui-ci s'y frotte, le bagage personnel de connaissances, de présupposés et de prises de position qu'il y apporte, le prestige attribué à cet écrit-là dans le milieu environnant, tout cela contribue aux dispositions particulières qui se

1. J'ai développé en détail un exemple à ce sujet dans « Mental Language and Tradition Encounters in Medieval Philosophy : Anselm, Albert and Ockham », *Vivarium* 44, 2007, p. 269-282.

2. Cette distinction est au cœur de l'ouvrage séminal de Gilbert Ryle, *La notion d'esprit, op. cit.*

formeront dans l'esprit de tel ou tel lecteur. On peut distinguer, parmi ces déterminants, des facteurs individuels, qui concernent en propre tel lecteur singulier (la personnalité de Hegel, par exemple, son état d'esprit quand il lit Kant, l'état de sa recherche, le projet dans lequel il est engagé, les pressions professionnelles dont il est l'objet, etc.) et des facteurs sociaux, qui peuvent caractériser des groupes plus ou moins larges, depuis les interlocuteurs immédiats du lecteur en question jusqu'à la société entière à laquelle il appartient, en passant par le milieu institutionnel dans lequel il œuvre, souvent décisif pour la sélection des lectures et ce qu'on en retire.

Les dispositions ainsi engendrées sont de diverses sortes. Certaines concernent la compréhension du texte et l'explication que le lecteur pourra en donner par la suite, d'autres ont trait à l'acceptation ou non des affirmations et des arguments qui y sont contenus (ou d'une partie de ceux-ci) et d'autres encore à l'intériorisation de certaines interrogations et de certaines façons de faire comme un style d'écriture, une manière d'organiser la matière, etc. Autant de traces chez le lecteur en question qui marqueront ensuite, le cas échéant, ses propres productions discursives.

Des liens se tissent de la sorte entre textes successifs par l'intermédiaire de la lecture et des dispositions psychologiques qui en découlent. Compte tenu de la complexité des phénomènes en cause, ils sont souvent difficiles à repérer, mais certains d'entre eux sont spécialement saillants et valent qu'on y insiste ici parce qu'ils donnent mieux prise au travail de l'historien : ce sont les *emprunts* d'un texte à l'autre. J'appelle « emprunt » dans le présent contexte toute reprise dans un écrit original quelconque d'une partie ou l'autre d'un texte antérieur[1]. En spécifiant que le texte emprunteur est « original », je veux exclure le cas où il s'agirait d'une simple reproduction du précédent, comme une nouvelle copie ou une nouvelle impression. Pour qu'il y ait emprunt au sens où je l'entends, il faut que l'extrait emprunté soit intégré à un nouvel environnement textuel. Et il faut, d'autre part, que ce lien ne soit pas fortuit et découle, directement ou indirectement, de la lecture du texte source par l'auteur subséquent, ce qui exclut, notamment, le cas où deux écrivains auraient utilisé indépendamment l'un de l'autre les mêmes séquences de mots.

On peut distinguer au moins trois grandes catégories de tels emprunts textuels : les reprises terminologiques, les citations littérales et les reformulations. Dans le premier cas, l'auteur postérieur tire de sa source un terme, une expression ou un groupe d'expressions qu'il intègre à son propre

1. J'ai proposé cette définition dans « Mental Language and Tradition Encounters… », art. cit., p. 272.

discours dans un usage apparenté. C'est un phénomène courant et les exemples abondent. Ainsi Guillaume d'Ockham au XIVe siècle récupère, entre autres, la terminologie de la *suppositio* (*personalis, materialis, simplex*...) mise en place par les logiciens du treizième; Christian Wolff au XVIIIe siècle adopte le vocabulaire de Leibniz et le transmet à son tour à ses successeurs; Husserl, comme bien d'autres, reprend à Kant le terme « *transzendental* » et ainsi de suite. Le terme en question souvent existait indépendamment dans la langue, mais on parlera d'emprunt lorsque la propension de l'auteur postérieur à l'employer de telle manière lui vient de la lecture d'un texte ou d'un corpus philosophique, plutôt que de sa compétence linguistique générale.

Les citations, deuxièmement, sont les emprunts les plus reconnaissables : toute une séquence discursive – une phrase complète au moins dans la plupart des cas – passe alors d'un texte à l'autre, en langue originale ou en traduction. La source souvent est expressément identifiée par l'emprunteur, mais il n'en va pas toujours ainsi; les médiévaux, par exemple, citaient parfois littéralement, pour les critiquer ou pour s'en inspirer, de longs extraits de l'un ou l'autre de leurs contemporains, qu'ils se contentaient d'attribuer à « certains » auteurs (*aliqui*). Et il y a, bien entendu, tous ces cas dans l'histoire où quelqu'un reprend à son compte sans le dire la lettre même de l'un de ses prédécesseurs. On parle aujourd'hui de plagiat à ce propos et la pratique, à juste titre, en est désapprouvée, mais il est arrivé que la chose se fasse en toute bonne foi. Qu'il fût malhonnête ou non, en tout cas, ce mode de citation constitue, historiquement, une figure importante de l'emprunt textuel.

La troisième catégorie, celle de la reformulation, est beaucoup plus floue. Elle englobe toutes ces situations où un philosophe essaie de dire « la même chose » qu'un autre, mais en d'autres termes. Il veut ainsi, parfois, présenter ou résumer une doctrine ou une argumentation qu'il entend discuter, ou alors endosser lui-même, en les intégrant à sa propre démarche, des idées qu'il a trouvées ailleurs. Les sources, ici aussi, peuvent être identifiées ou non et le compte rendu peut être plus ou moins fidèle, mais il y a bien emprunt dans la mesure où le nouveau texte est inspiré de la source et orienté vers une forme ou l'autre d'*équivalence* par rapport à elle. Le discours de l'emprunteur rejoint ainsi à bien des égards celui de l'historien qui entend rapporter des doctrines, des thèses ou des arguments et cette forme d'emprunt qu'est la reformulation s'apparente à ce que j'appellerai la « reconstruction doctrinale », dont on discutera plus loin les tenants et les aboutissants.

Les emprunts, en outre, peuvent être directs ou indirects, selon que le texte utilisé par l'emprunteur est ou non la source originale du passage reproduit. De nombreuses citations d'Aristote, par exemple, étaient transmises pendant le Moyen Âge par l'intermédiaire de commentaires scolaires, de compilations ou de florilèges[1]. La médiation la plus fréquente, historiquement, est sans doute celle des traductions. Les médiévaux, par exemple, citaient presque toujours Aristote à partir de versions latines (elles-mêmes réalisées, parfois, sur des traductions arabes plus anciennes); l'*Essai* de Locke a été connu en France par la traduction de Coste; et le *Tractatus* de Wittgenstein, écrit en allemand, n'a été accessible que dans la version anglaise de Bertrand Russell à la grande majorité des philosophes analytiques, qu'il a si profondément marqués. Quand elles concernent des traités complets (plutôt que de courts extraits seulement), les traductions, à proprement parler, ne sont pas elles-mêmes des emprunts au sens défini plus haut, dans la mesure où elles ne prétendent pas – d'habitude – intégrer le texte traduit à un exposé philosophique original. Mais parmi les relais de l'emprunt textuel, elles occupent une place privilégiée.

Se dessinent ainsi des *graphes textuels* – ou des réseaux, si l'on préfère –, où chaque texte emprunteur est lié, directement ou indirectement, à des sources, et parfois devient lui-même source pour d'autres emprunteurs. La philosophie s'est déployée à travers l'histoire en une toile extrêmement complexe de telles interconnexions, qui se morcelle, comme la voûte étoilée, en de multiples figures. Il y a, par exemple, des *chaînes textuelles*, dont chaque maillon intermédiaire transmet à d'autres un ou plusieurs éléments qu'il a lui-même empruntés. Et il y a des *traditions textuelles*, qui sont de vastes ensembles de telles chaînes remontant toutes à un même corpus original, l'œuvre de Platon, d'Augustin ou de Descartes, par exemple, ou les écrits des premiers stoïciens.

Les emprunts, pour autant, ne constituent qu'une forme particulière parmi toutes les connexions diverses que peuvent établir les auteurs entre les textes qu'ils lisent et ceux qu'ils écrivent. Leur avantage pour l'historien de la philosophie est qu'ils sont en général plus nets et que leur déploiement en réseaux fournit un modèle heuristique pour le décèlement et la description des autres rapports. Un philosophe peut s'inspirer du questionnement d'un autre, de son style ou de sa méthode sans nécessairement le citer ou le paraphraser. Mais ces traces, si fuyantes soient-elles,

1. Je pense notamment aux *Auctoritates Aristotelis* édités par J. Hamesse (Louvain, Publications Universitaires, 1974).

s'organisent en graphes, elles aussi, que l'historien perspicace pourra vouloir scruter le cas échéant, et partent toutes, comme les emprunts, d'événements singuliers de lecture.

On a voulu parcourir dans ce chapitre l'éventail des modes d'inscription de la philosophie dans la réalité historique : quelles sont dans l'être, nous sommes-nous demandé, les entités sur lesquelles portent en dernière instance les discours des historiens de la philosophie, celles qui en norment de façon distinctive la vérité, l'exactitude ou l'adéquation ? Une grande partie de ce qu'on a dit là-dessus vaut *mutatis mutandis* pour d'autres domaines comme les sciences ou la littérature, mais la philosophie, comme dans l'ensemble du présent volume, a retenu ici notre attention et l'on n'a pas cherché à généraliser notre propos. À prendre à la lettre les façons de parler des historiens de la discipline, on a l'impression de prime abord qu'ils se réfèrent à deux sortes d'objets : des êtres singuliers et spatio-temporellement situés, comme Socrate ou Descartes, et des entités abstraites, comme des contenus doctrinaux ou des œuvres, susceptibles d'être instanciées en une pluralité d'exemplifications. Mais ce dualisme ontologique est inapte à rendre compte des connexions historiques réelles et pour des raisons à la fois épistémologiques, métaphysiques et méthodologiques, nous avons convenu de renoncer aux abstractions intemporelles et de tenir la philosophie dans l'histoire pour ce que Foucault appelle une « population d'événements dispersés », des événements discursifs singuliers en l'occurrence, quoique souvent complexes.

À voir ainsi les choses, on se rend plus sensible au caractère concret de l'activité philosophique et de ses productions et l'on se prémunit contre l'illusion qui porte à chercher dans les doctrines, les idées, les textes ou les traditions les forces motrices de l'histoire de la pensée. Il ne s'agit pas de récuser les façons habituelles de parler et les références apparentes à de tels objets, mais il faut prendre conscience de ce qu'elles recouvrent pour mieux saisir en quoi consiste le travail historique en philosophie, auquel seront consacrés les prochains chapitres.

Les événements en question, on y a insisté, sont d'ordre linguistique, à la fois intentionnels et publics. Chacun est une énonciation singulière orale ou écrite, à un ou plusieurs auteurs, qui donne lieu à un produit discursif plus ou moins complexe, susceptible d'être reçu par des auditeurs ou des lecteurs. Entre les actes et les *tokens* ainsi engendrés se tissent d'innombrables connexions locales par le biais des pratiques de reproduction, de diffusion, de réception et de transmission. Pour l'historien certains des objets qui peuplent ce vaste domaine sont privilégiés, ceux qu'on a appelés les « exemplaires étalons » notamment, et certains liens sont plus significatifs que d'autres, les « emprunts » par exemple, mais tous sont en principe pertinents : la philosophie, historiquement, n'est rien d'autre que ce foisonnement événementiel et l'immense réseau ainsi constitué.

CHAPITRE II

LE TRAVAIL HISTORIQUE EN PHILOSOPHIE

Dans l'enseignement, dans l'édition et dans la recherche, la pratique contemporaine de la philosophie se rapporte fréquemment et de multiples façons à ces actes d'énonciation et ces produits discursifs qui constituent le passé de la discipline. Certains le font au passage en discutant un problème théorique qui leur importe, comme Quine mentionne coup sur coup dans un court paragraphe de *Word and Object* Parménide, Platon, Locke, Hume et... Heidegger[1]. D'autres y consacrent pratiquement tous leurs efforts professionnels, comme l'ont fait Émile Bréhier et Martial Gueroult, qu'on a évoqués au chapitre précédent. Mais que ce soit occasionnel ou systématique, les uns et les autres, en ces moments-là, font œuvre d'historien (fût-ce en amateurs comme dans le cas de Quine). On ne saurait, bien entendu, fixer un moment précis en deçà duquel s'étendrait le « passé » de la philosophie, par opposition à son état actuel, et distinguer de façon tranchée entre les références historiques et les discussions d'auteurs contemporains. Mais la situation n'est pas différente ici de ce qu'elle est en bien d'autres domaines : il y a des cas clairs de part et d'autre de la ligne de démarcation et une zone floue entre les deux. On conviendra à tout le moins de tenir pour « historique », aux fins du choix des exemples, tout travail sérieux portant sur des textes antérieurs au XXe siècle. Cela ne donne pas une définition en bonne et due forme – il y a après tout des historiens de la phénoménologie ou de la philosophie analytique qui font porter sur le siècle dernier le gros de leur recherche –, mais cela nous fournira au départ

1. W. V. O. Quine, *le mot et la chose*, trad. fr. J. Dopp et P. Gochet, Paris, Flammarion, 1977, paragr. 27, p. 133.

une condition suffisante sinon nécessaire, qui présente l'insigne avantage d'être commode.

Gardant ce repère à l'esprit, notre objectif dans ce chapitre sera d'inventorier les principales opérations généralement associées au travail historique en philosophie et de dégager pour chacune certains traits importants afin d'identifier les présuppositions générales de ce genre d'entreprise et préparer par là la discussion du chapitre suivant sur la question de la continuité. Une fois ces opérations identifiées pour les cas paradigmatiques des études anciennes, médiévales et modernes, il sera facile au lecteur d'en retrouver l'équivalent dans celles qui concernent la période plus récente.

On examinera ainsi trois groupes d'opérations. Les premières sont celles qui ne requièrent pas pour leur accomplissement la réalisation d'un produit écrit : il s'agit de la lecture des textes et du recueil d'informations à leur sujet. Les secondes sont celles qui visent pour certains de ces textes la production de versions meilleures que celles dont on dispose déjà, soit dans la langue originale (c'est le travail d'édition) soit dans une autre (c'est la traduction). Les troisièmes – et les plus fréquentes – visent, quant à elles, la production d'études nouvelles, axées sur le contenu doctrinal des textes ou sur leur mise en contexte (au sens le plus large). Ce tour d'horizon accompli, on discutera en fin de chapitre les deux principales contraintes qui s'appliquent dans tous les cas : la fidélité et la pertinence; et les rapports qu'elles entretiennent entre elles.

LECTURE ET RECUEIL D'INFORMATIONS

Il est important de distinguer d'entrée de jeu entre les opérations par lesquelles l'historien développe pour lui-même sa connaissance et sa compréhension des textes philosophiques et celles par lesquelles il produit à son tour une œuvre pour fins de diffusion. C'est que les exigences ne sont pas les mêmes dans les deux cas et certaines considérations qui n'ont pas à figurer dans les publications du chercheur lui sont pourtant essentielles dans les phases préparatoires. Martial Gueroult n'a pas senti le besoin, quand il a rédigé son *Descartes selon l'ordre des raisons*, d'y inclure une biographie de l'auteur des *Méditations*, mais il devait la connaître en détail pour exploiter au moment opportun telle ou telle information chronologique ou contextuelle et pour éviter, surtout, des interprétations anachroniques. Guillaume d'Ockham, pour prendre une illustration d'un autre ordre, fut l'un des grands théologiens de son époque et certains de ses développements les plus philosophiques, même sur les universaux, ne peuvent être suivis dans le détail sans quelque familiarité avec les débats médiévaux sur la Trinité divine, l'incarnation du Christ ou l'Eucharistie. Mais il n'est pas toujours pertinent d'évoquer explicitement ces discussions lorsqu'on expose la doctrine ockhamiste; Alain de Libera, par exemple, n'y fait aucune référence dans les quelque cinquante pages de *La querelle des universaux* qu'il consacre au nominalisme d'Ockham[1]. Celui qui se confine, dans une monographie ou un article, à l'étude d'une question précise chez tel ou tel auteur a dû souvent, pour s'y retrouver, recueillir et mettre à profit des connaissances beaucoup plus larges dont il serait fastidieux et déplacé qu'il en fît état dans la publication.

Ces opérations préliminaires, accomplies par le chercheur pour son propre bénéfice, sont de deux ordres principalement : la lecture et le recueil d'informations. Dans la plupart des cas en philosophie, c'est la première qui oriente la seconde : le travail de base consiste à lire des textes théoriques en s'efforçant de les comprendre, et le recours aux données biographiques et contextuelles, l'identification des sources et des interlocuteurs, le repérage bibliographique et documentaire sont en général subordonnés à cette entreprise. Il y a des effets en retour, certes : on peut aborder un texte de façon dérivée, dans l'espoir d'éclairer le contexte d'un autre ou son influence, mais s'il s'agit bien d'histoire de la philosophie – plutôt que d'histoire sociale, politique ou institutionnelle par exemple – l'intérêt directeur, au bout du compte, concerne les contenus doctrinaux, qui ne se révèlent qu'à la lecture attentive. C'est elle qui nous intéressera ici au premier chef.

Le chercheur en ces moments-là a devant lui un exemplaire singulier du texte qui l'occupe et il en parcourt visuellement les séquences graphiques. Cela suppose que le texte en question soit disponible et l'auteur, dans la majorité des cas, en est identifié. La lecture renvoie ainsi à d'autres opérations historiographiques préalables comme l'établissement du texte, son attribution, sa datation, etc., dont certaines relèvent du travail d'édition et d'autres de ce que j'ai appelé le recueil d'informations. Quant à la lecture proprement dite, deux aspects nous retiendront : elle implique, premièrement, une tentative de comprendre les séquences de phrases que le lecteur a sous les yeux, et suppose toujours, deuxièmement, une tension chez le lecteur-historien entre sa disponibilité au texte et sa propre démarche de recherche.

1. A. de Libera, *La querelle des universaux*, *op. cit.*, p. 351-397.

La notion même de compréhension, d'abord, est étroitement liée à celle de lecture. Celui qui se contenterait de regarder – ou de prononcer à haute voix – des mots écrits dans une langue inconnue de lui ne serait pas un lecteur au sens propre. La compréhension des textes est un objectif régulateur pour toute activité de recherche en histoire de la philosophie et elle a été au cœur de la réflexion sur l'herméneutique depuis Dilthey au moins [1]. Je n'essaierai pas d'en proposer ici une analyse complète, mais notre entreprise exige qu'on en dégage à tout le moins certains traits pertinents.

La première chose à noter à cet égard est que la compréhension d'un texte n'exige pas de le traduire. Cela paraît aller de soi, mais on l'oublie parfois. Certains arguments de Donald Davidson et de Hilary Putnam contre l'idée d'incommensurabilité mise en avant par Thomas Kuhn, par exemple, semblent présupposer, si on les interprète trop littéralement, qu'un locuteur ne comprend pas un texte écrit en langue étrangère s'il n'est pas capable de le traduire dans sa propre langue [2]. Et je me suis moi-même laissé aller à écrire, dans un moment d'égarement, qu'« il n'y a pas de telle chose qu'une compréhension des philosophies du passé dans *leurs propres termes* » [3]. Or cela est incorrect. On peut très bien comprendre un texte latin et avoir énormément de difficultés à le traduire en français pour toutes sortes de raisons, l'absence, notamment, d'un vocabulaire adéquat dans la langue d'aujourd'hui, ou la méconnaissance par le traducteur de ce vocabulaire s'il existe. En réalité, c'est la traduction qui présuppose la compréhension et non l'inverse. Apprendre une langue étrangère, fût-elle morte, ce n'est pas intérioriser un manuel de traduction au sens de Quine qui nous donnerait pour chaque phrase de la langue en question une phrase équivalente de notre propre langue [4].

1. Voir à ce propos J. Grondin, *L'universalité de l'herméneutique*, Paris, P.U.F., 1993.

2. Voir D. Davidson, « Sur l'idée même de schème conceptuel », trad. fr. P. Engel, dans D. Davidson, *Enquêtes sur la vérité et l'interprétation,* Nîmes, Éditions Jacqueline Chambon, 1993, p. 267-289; H. Putnam, *Raison, vérité et histoire*, trad. fr. A. Gerschenfeld, Paris, Éditions de Minuit, 1984, p. 129-135. J'ai examiné cette discussion dans « La philosophie analytique et l'histoire de la philosophie », dans P. Engel (éd.), *Précis de philosophie analytique*, Paris, P.U.F., 2000, en part. p. 333-337.

3. C. Panaccio, « De la reconstruction en histoire de la philosophie », dans G. Boss (éd.), *La philosophie et son histoire*, Zurich, Éditions du Grand Midi, 1994, p. 176-177 (les italiques étaient dans l'original).

4. Sur cette conception idéalisée du manuel de traduction, voir W. V. O. Quine, *Le mot et la chose*, *op. cit.*, p. 57 *sq*.

La compréhension d'un texte, à vrai dire, n'est pas de l'ordre de l'*épisode* psychique. Bien qu'elle soit l'effet de la lecture, ce n'est pas en général quelque chose qui se produit en moi le temps que je lis et disparaît ensuite quand je passe à autre chose. Il ne faut pas confondre la compréhension ou l'incompréhension elles-mêmes avec le sentiment de compréhension ou d'incompréhension qui accompagne la lecture au fil des lignes et qui est bel et bien, lui, une occurrence épisodique. Ce sentiment, en effet, *peut être trompeur*. Je peux, à la lecture d'un passage, me sentir parfaitement content de l'intelligence que j'en ai, mais n'y avoir pourtant rien entendu. Comprendre un texte, c'est acquérir certaines dispositions, certaines capacités qui s'y rapportent et s'il est vrai qu'un sentiment subjectif de satisfaction ou de familiarité en est souvent l'indice fiable, la correspondance, comme l'expérience le prouve, est loin d'être parfaite et d'identifier la compréhension à ce genre d'épisode constitue l'une de ces « erreurs catégorielles » dont Gilbert Ryle, jadis, a fait le procès [1].

Quelles sont ces capacités au juste ? La compréhension en pareille matière étant affaire de degré, elles varient beaucoup d'un cas à l'autre, mais on peut pour l'essentiel les ramener à deux grandes catégories : la capacité d'identifier, fût-ce de manière indirecte, certains des référents du texte lu et la capacité d'établir des connexions, logiques surtout, en rapport avec les termes et les phrases qui y figurent. Reprenons ces deux points.

En parlant des référents d'un texte, je veux évoquer les entités qui sont désignées dans ce texte par des expressions singulières, comme des noms propres ou des descriptions définies, et celles qui appartiennent à l'extension des termes généraux. Prenons l'exemple de la première phrase du premier ouvrage de logique de Guillaume d'Ockham, son commentaire du *Traité des prédicables* de Porphyre : « *Iste liber est primus secundum ordinem doctrinae inter omnes libros logicae…* » (littéralement : « Ce livre est le premier selon l'ordre de la doctrine parmi tous les livres de logique ») [2]. Un historien de la philosophie n'estimera pas avoir atteint une compréhension satisfaisante de cette phrase s'il n'a pas identifié à tout le moins le référent de l'expression singulière « *iste liber* » (« ce livre »), en l'occurrence le *Traité des prédicables* de Porphyre, et s'il n'a pas établi de façon au moins approximative l'extension de l'expression générale « *omnes libros logicae* » (« tous les livres de logique »), en l'occurrence le

1. G. Ryle, *La notion d'esprit*, *op. cit.*

2. G. de Ockham, *Expositio in librum Porphyrii de Praedicabilibus*, éd. E. A. Moody, dans *Opera philosophica*, vol. 2, Saint-Bonaventure (NY), The Franciscan Institute, 1978, p. 8.

corpus des traités de logique aristotélicienne qui faisaient autorité à l'époque d'Ockham : les *Catégories*, le *Perihermeneias*, les *Analytiques* etc. Et dire que l'historien a « identifié » ces référents dans ce cas particulier, c'est dire qu'il est capable de se reporter lui-même à des exemplaires singuliers des traités en question : lisant ces mots d'Ockham, je sais quels ouvrages prendre dans ma bibliothèque pour y trouver des éditions ou des traductions de ceux dont parle ici le *venerabilis inceptor*.

Le cas est privilégié, certes : l'auteur peut renvoyer à un traité perdu, une personne décédée depuis longtemps ou un lieu que je n'ai jamais visité. Mais la meilleure compréhension qui me serait alors accessible requerrait à tout le moins que je sois en mesure de me référer moi-même, de façon indépendante, au traité, à la personne ou au lieu en question (par une expression singulière appropriée, par exemple) et que je sois capable de faire le lien entre ce référent qui m'est déjà familier, fût-ce indirectement, et celui qui est évoqué dans le texte. Je comprends correctement le terme « *Philosophus* » des scolastiques médiévaux, par exemple, si je suis en mesure d'en assimiler le référent à celui que j'appelle habituellement « Aristote » et de mobiliser à cette occasion le dossier de connaissances et de croyances que je lui associe. À défaut, je pourrais sans doute me rendre compte que telle expression est employée de façon référentielle par l'auteur que je lis, mais si je ne dispose pas d'un accès épistémique indépendant à l'objet ainsi désigné, ou si je n'établis pas la connexion appropriée (confondant le « *Philosophus* » avec Platon, par exemple), ma compréhension restera minimale, ou carrément incorrecte.

Et l'équivalent peut être dit, *mutatis mutandis*, à propos de l'extension des termes généraux, ceux du moins qui se rapportent, d'une manière ou d'une autre, à des entités singulières. Au tout début de son traité *De l'unité de l'intellect*, pour m'en tenir encore à un exemple rudimentaire, Thomas d'Aquin réaffirme (à la suite d'Aristote) : « [...] *omnes homines naturaliter scire desiderant veritatem* » (« tous les hommes désirent naturellement savoir la vérité »)[1]. Une condition nécessaire à la compréhension de cette phrase est que nous soyons capables de repérer correctement dans notre propre environnement certaines au moins des entités singulières qui tombent dans l'extension de « *homines* » tel que Thomas d'Aquin l'utilise ici. Si l'on ne saisit pas que l'adage est censé s'appliquer à tous les humains (y compris ceux que nous connaissons), on en a mal compris la portée. De nouveau, c'est un exemple facile et je ne veux pas suggérer que notre

1. Thomas d'Aquin, *Contre Averroès*, trad. fr. A. de Libera, Paris, GF-Flammarion, 1994, p. 76.

compréhension des termes généraux soit *toujours* conforme à ce modèle – le rapport aux entités familières est souvent beaucoup moins net, surtout en philosophie –, mais c'est à tout le moins la situation la plus élémentaire et l'on y décèle ici encore cette composante nécessaire de la compréhension des textes qu'est la capacité d'en identifier les référents, directement ou indirectement, par des désignations singulières ou des appellations générales [1].

L'autre grande sorte de dispositions qui est constitutive de la compréhension textuelle est la capacité que développe le lecteur à faire des *inférences* à partir des mots et des phrases du texte lu. Prenons de nouveau un exemple très simple. Évoquant sa jeunesse et son amour des mathématiques, Descartes affirme, au début du *Discours de la méthode*, qu'il ne remarquait point encore « leur vrai usage » et pensait alors qu'elles ne servaient qu'aux arts mécaniques. Comprendre ce passage requiert, bien entendu, que l'on soit en mesure d'identifier ce à quoi Descartes réfère par les appellations de « mathématiques » et d'« arts mécaniques », mais il y a plus. Il faut aussi pouvoir inférer de là que l'usage le plus important des mathématiques pour lui ne tient pas, du moins pas seulement, aux opérations de mesure ou aux applications technologiques. L'inférence n'est pas bien risquée dans ce cas particulier et ne demande pas une grande perspicacité, mais elle est essentielle. Elle suscite, en outre, chez le lecteur attentif une question cruciale avec laquelle d'autres passages ultérieurs pourront être mis en rapport : quelle est donc pour Descartes la véritable fonction des mathématiques ? La capacité de tirer ici l'inférence pertinente et de se laisser marquer par cette question ne tient plus seulement à l'identification correcte du dispositif référentiel à l'œuvre dans le texte, mais à la sensibilité du lecteur à sa structure logico-grammaticale et à la façon dont les présuppositions sont portées par le vocabulaire employé (par le verbe « remarquer », par exemple, par l'usage des négations et du « ne…que » et par l'emploi de l'expression « leur vrai usage »). L'exemple est paradigmatique : comprendre un texte demande d'en dépasser la lettre pour en repérer les implications [2].

1. Stéphane Chauvier, de même, insiste sur la nécessité, pour comprendre un texte du passé, de « connaître la référence des termes catégorématiques qu'il comporte » (S. Chauvier, « Compréhension réelle et compréhension simulée : deux façons de lire les philosophes du passé », dans V. Citot (éd.), *Problèmes épistémologiques en histoire de la philosophie*, Montréal, Liber, 2017, p. 231).

2. La chose est bien exprimée par F. C. Beiser : « Nous disons que nous avons compris un texte seulement quand nous en connaissons la géographie logique, seulement quand nous avons appris à jouer avec ou à manipuler ses concepts fondamentaux pour voir ce qui en

Lesquelles ? demandera-t-on. Il y a eu récemment un important débat autour de l'« inférentialisme » en philosophie de l'esprit et du langage, selon lequel la signification d'un signe (linguistique ou mental) se ramène à l'ensemble de ses « rôles inférentiels » dans le langage auquel il appartient : « ceci est un célibataire » permet d'inférer en français « ceci est un humain non marié » ; il en découle, selon l'inférentialisme, que « humain non marié » est une composante intrinsèque de la signification du mot « célibataire ». Une approche de ce genre a été éloquemment défendue par de nombreux auteurs, comme Ned Block ou Robert Brandom[1]. Mais elle a aussi été vivement critiquée, en particulier par Jerry Fodor et Ernest Lepore[2]. À partir du moment où l'on a renoncé à la suite de Quine à la distinction entre les énoncés analytiques et les énoncés synthétiques[3], il n'y a aucun moyen, selon ces critiques, de distinguer entre les inférences qui sont intrinsèquement constitutives de la signification d'une expression donnée et celles qui ne lui sont associées que de façon contingente et l'on devra admettre que *toutes* les inférences qui sont acceptables pour un locuteur particulier à partir d'une expression sont constitutives pour lui de la signification de cette expression. De « ceci est un chien », par exemple, un locuteur du français aura tendance à inférer « ceci est un quadrupède », « ceci a des poils, des dents, des oreilles », « ceci peut aboyer, mordre, courir », etc., et dans certains cas plus idiosyncratiques, « ceci est dangereux », « ceci n'aime pas les chats », « ceci est bon à manger », etc. Mais d'admettre tout cela dans la signification du terme revient à la rendre entièrement relative à chaque locuteur et à compromettre le caractère commun du langage et son intelligibilité interpersonnelle.

découle et ce dont ils dépendent » ; c'est ce que Beiser appelle « une appropriation et une assimilation actives de la structure de la pensée d'un auteur » (F. C. Beiser, « History of Ideas : a Defense », art. cit., p. 517-518 ; notre traduction).

1. Voir notamment N. Block, « Advertisement for a Semantics for Psychology », *Midwest Studies in Philosophy* 10/1, 1986, p. 615-678 ; R. B. Brandom, *Rendre explicite*, trad. fr. I. Thomas-Fogiel *et al.*, Paris, Cerf, 2 vol., 2010-2011.

2. Voir surtout : J. A. Fodor, *Concepts. Where Cognitive Science Went Wrong*, Oxford, Clarendon Press, 1998 ; J. A. Fodor et E. Lepore, *Holism. A Shopper's Guide*, Oxford, Blackwell, 1992 ; J. A. Fodor et E. Lepore, *The Compositionality Papers*, Oxford, Oxford University Press, 2002. J'ai résumé ce débat dans C. Panaccio, *Qu'est-ce qu'un concept ?*, *op. cit.*, p. 109-124.

3. Voir W. V. O. Quine, « Two Dogmas of Empiricism », dans *From a Logical Point of View*, New York, Harper Torchbooks, 1953, p. 20-46, trad. fr. sous la dir. de S. Laugier, W. V. O. Quine, *Du point de vue logique*, Paris, Vrin, 2003, p. 49-82.

Cette objection est très forte contre la théorie inférentialiste de la *signification* et porte à privilégier en pareil domaine ce que Fodor appelle l'« atomisme sémantique »[1]. Mais elle n'a, malgré les apparences, aucune incidence sur la question qui nous occupe maintenant, celle de la compréhension que recherche l'historien à la lecture d'un texte philosophique du passé. La réponse ici est que *toutes* les inférences acceptables à un titre ou à un autre sont bel et bien pertinentes en principe. Il ne s'agit pas pour l'historien, en effet, de repérer la signification purement *linguistique* du texte en question, ce qui en lui relève de la langue commune parlée par l'auteur, mais de se rendre sensible aux connexions, quelles qu'elles soient, qui peuvent éclairer d'une façon ou d'une autre la portée du texte. Si les mathématiques pour Descartes sont mieux exemplifiées par l'arithmétique que par la géométrie – ou l'inverse –, ce fait (si c'en est un) permet d'orienter en toute légitimité les dispositions inférentielles du lecteur qui en est informé, lorsqu'il parcourt les lignes évoquées tout à l'heure, bien qu'il ne s'agisse là en aucune manière d'un trait proprement linguistique. La compréhension historique, de ce point de vue, est une question de degré et des informations de tous ordres peuvent y contribuer.

Il y a lieu de distinguer, certes, entre les inférences que l'auteur original aurait pu – ou aurait dû – accepter et celles qui lui étaient inaccessibles pour une raison ou pour une autre, mais que le chercheur, lui, peut s'autoriser. Mais les unes et les autres, selon les circonstances, peuvent être part intégrante de la compréhension du texte. Albert le Grand, par exemple, voyait dans le *Livre des causes* une compilation d'origine aristotélicienne, alors qu'il s'agit en fait d'un texte néoplatonicien en grande partie tiré de Proclus[2]. Sachant cela, l'historien qui lit un passage d'Albert sur ce traité peut en inférer quelque chose quant à la doctrine aristotélicienne telle qu'Albert l'interprète, mais il peut aussi se servir à bon droit de ce que l'auteur ignorait (la véritable origine du texte) pour jeter une lumière révélatrice sur certains tiraillements internes dans le texte d'Albert. N'importe quelle information, bref, peut orienter, le cas échéant, les inférences qui sont pertinentes pour la compréhension par l'historien d'un texte philosophique du passé. L'important pour le chercheur est de bien évaluer le statut de chacune de ces informations et de se demander, en particulier, si elle était disponible ou non à l'auteur original.

1. C'est la voie que j'ai moi-même adoptée dans *Qu'est-ce qu'un concept ?*, *op. cit.*

2. Voir là-dessus A. de Libera, *Albert le Grand et la philosophie*, Paris, Vrin, 1990, p. 55-72.

Quoi qu'il en soit de ce dernier point, l'identification des deux grandes catégories de dispositions qu'implique la compréhension des textes permet de repérer déjà deux présuppositions indispensables à l'historien-lecteur et sur lesquelles on reviendra plus en détail au chapitre suivant. Il lui faut reconnaître, d'abord, la possibilité qu'il a de se référer lui-même, en pensée ou en parole, à certaines entités réelles (quoique passées parfois) qui étaient aussi des référents pour l'auteur étudié. Et il se considère toujours, deuxièmement, comme capable de suivre dans un large mesure la logique de l'auteur en question et de repérer les connexions que celui-ci établit – plus ou moins consciemment parfois – entre les diverses parties de son texte, de même que (certaines de) ses présuppositions, ses allusions et ses visées argumentatives.

Outre son lien à l'effort de compréhension, l'autre aspect majeur de la lecture en histoire de la philosophie auquel, malgré son évidence apparente, il nous faut ici porter attention est qu'elle implique *toujours* chez le lecteur un tiraillement entre deux tendances divergentes : celle d'accepter avec docilité l'invitation qui lui est adressée par le texte à se laisser conduire par lui d'une considération à l'autre ; et celle, d'autre part, de lui poser, à partir de ses propres intérêts et de son propre contexte, des questions qui ne sont pas celles de l'auteur original. L'une et l'autre attitudes sont nécessaires. Sans la première, aucune compréhension ne serait possible. Mais sans la seconde, l'historien s'asservirait au texte, comme on le fait parfois pour un roman dont on est entièrement captif. Il renoncerait alors à son propre statut d'historien, qui requiert de mettre le texte en rapport avec autre chose que ses référents explicites, d'autres écrits, par exemple, ou des institutions et des événements, antérieurs ou postérieurs, que l'auteur original n'avait pas – et souvent ne pouvait pas avoir – à l'esprit. La lecture à laquelle s'adonne l'historien de la philosophie, en d'autres mots, n'aurait aucun sens si elle n'était pas habitée par un effort sincère d'épouser la démarche même du texte, mais elle s'inscrit en même temps dans un projet qui n'est pas celui de l'auteur lu et qui détermine le choix des textes, les questions qui leur sont posées et le degré d'attention qui leur est accordé. On devra garder à l'esprit cette obligatoire tension lorsqu'on réfléchira ci-dessous sur les contraintes de fidélité et de pertinence.

La lecture, par ailleurs, est généralement complétée ou préparée chez les historiens de la philosophie par toute une série d'autres opérations visant à nourrir l'information dont ils disposent au sujet des textes. C'est ce que j'ai appelé le « recueil d'informations ». Cela inclut entre autres le repérage des textes (des médiévistes, par exemple, sillonnaient les bibliothèques européennes au siècle dernier pour en inventorier les manuscrits latins), l'enquête d'attribution et de datation quand elle est nécessaire (nombre de manuscrits anciens ou médiévaux sont anonymes ou faussement attribués et la date d'écriture est rarement indiquée de façon fiable) et de façon générale toute collecte d'informations sur les auteurs, leurs sources et leurs contextes qui soient susceptibles d'en éclairer la compréhension. On ne s'y attardera pas ici davantage sinon pour souligner que ces opérations, bien qu'elles cherchent à retracer des données objectives, sont elles aussi guidées de façon décisive par les projets et les intérêts des chercheurs. Il n'y aurait aucune limite, sinon, à l'information recueillie. J'ai déjà entendu soutenir que *tous* les éléments du contexte d'un auteur sont nécessaires à sa compréhension. Cette prétention, en un sens, est absurde : on n'a jamais fini d'énumérer ce qui s'est produit dans l'environnement de l'auteur, depuis les détails de son enfance jusqu'au temps qu'il faisait quand il écrivait tel ou tel passage, et il serait oiseux de vouloir tout colliger sans discrimination. Mais ce qu'il faut dire à la place, c'est que n'*importe quelle* donnée contextuelle *peut* se révéler pertinente pour l'histoire de la philosophie – y compris tel détail biographique ou météorologique – selon l'optique adoptée par le chercheur et les questions qu'il se pose. Qu'il s'agisse de lecture ou de recueil d'informations, la recherche historique ne peut être évaluée à l'aulne de la seule vérité ou de l'exactitude pure. Elle s'inscrit toujours dans une entreprise plus ou moins définie et à laquelle elle contribue plus ou moins bien, mais dont on aurait tort d'ignorer le caractère déterminant.

ÉDITION ET TRADUCTION

Des considérations analogues valent pour notre deuxième groupe d'opérations historiographiques en philosophie, celles qui consistent de la part du chercheur à établir et à rendre disponible à ses contemporains une version fiable d'un texte du passé, en langue originale ou en traduction.

L'édition de texte est une composante majeure des études anciennes et médiévales. Les traités philosophiques, avant l'invention de l'imprimerie, ne circulaient qu'en un nombre très limité de copies manuscrites, dont la plupart sont perdues. Celles qui restent utilisent des graphies et des abréviations qui ne sont plus familières au public d'aujourd'hui et qui varient beaucoup d'un cas à l'autre. Elles sont souvent fautives, incomplètes ou abîmées, et parfois bien postérieures à l'œuvre originale. Pour que des ouvrages comme la *République* de Platon ou l'*Ordinatio* de Jean Duns Scot deviennent accessibles même à ceux qui peuvent en lire la langue, un travail considérable est nécessaire. Il faut repérer et évaluer les manuscrits existants, les dater, les transcrire, en vérifier l'authenticité et surtout les comparer entre eux pour choisir, mot par mot, la version historiquement la plus plausible.

Des opérations du même genre, au demeurant, sont souvent requises sur des textes plus récents, quand il s'agit, par exemple, de publier la correspondance d'un auteur (celle de Descartes représente la moitié de ce qu'il a écrit), des ouvrages inachevés (comme *Le visible et l'invisible* de Maurice Merleau-Ponty), des cours (comme le *Cours de linguistique générale* de Saussure) ou d'autres inédits de toutes sortes depuis les notes de travail jusqu'à des traités complets retrouvés dans les papiers d'un auteur (une grande partie de ce qu'ont rédigé Charles Sanders Peirce, Bertrand Russell ou Edmund Husserl, par exemple, n'existait à leur mort qu'en version manuscrite et donne lieu maintenant à d'importantes entreprises d'édition). Et même dans le cas d'œuvres publiées, l'éditeur d'aujourd'hui ne se contente pas, bien souvent, de reproduire intégralement telle ou telle version. Il entend faire la part des différentes éditions le cas échéant (comme pour la *Logique* de Port-Royal ou l'*Essai sur l'entendement humain* de Locke), comparer entre eux des écrits apparentés d'un même auteur (le *Traité de la nature humaine* de Hume, par exemple, avec l'« *Abstract* » qu'il en a donné par la suite) ou corriger peut-être les erreurs des éditions antérieures.

Le travail dans tous ces cas vise à reconstituer le texte choisi. Il s'agit de produire une réplique mot pour mot de ce que j'ai appelé au chapitre précédent l'« exemplaire étalon ». Celui-ci n'est pas toujours accessible, tant s'en faut, mais le chercheur, en toute légitimité, essaie d'en retrouver les formulations exactes par le recours à des argumentations indirectes, basées sur la critique des sources, la convergence des meilleurs manuscrits disponibles et la conformité à ce que l'on sait par ailleurs de l'auteur en question et des doctrines qu'il défendait. L'exemplaire étalon, en d'autres mots, même quand il ne peut plus être consulté, *norme* en principe l'entreprise d'édition en histoire de la philosophie. Mais ce statut normatif, pour autant, n'est pas une donnée factuelle brute et dépend, comme beaucoup d'autres choses en ce domaine, du projet dans lequel l'historien se trouve alors engagé. La notion même d'exemplaire étalon, il faut y insister, est *relationnelle*. Un *token* textuel n'est pas en soi un exemplaire étalon en vertu de sa seule origine; il l'est par rapport à d'autres copies ultérieures et relativement à une visée particulière de recherche. L'idée, certes, a été introduite au chapitre précédent dans le cadre d'une réflexion d'ordre ontologique : nous voulions alors souligner la *singularité* de ces référents ultimes auxquels se mesure en principe le discours de l'historien de la philosophie à propos des textes. Mais que tel exemplaire en particulier serve à bon droit d'étalon par rapport à d'autres ne tient pas – du moins pas seulement – à son statut ontologique. Tout dépend de ce que vise le chercheur.

Il est vrai que l'objectif d'édition dans bien des cas est de reproduire le plus fidèlement.possible la première version complète – d'un traité par exemple – qui ait été accréditée par l'auteur une fois ses corrections terminées. Mais il y a d'autres possibilités et ce fait seul suffit à faire apparaître la relativité de cette notion d'exemplaire étalon qui nous intéresse maintenant. Considérons de nouveau le cas de la *Métaphysique* d'Aristote. Chaque partie, sans doute, en est normée pour un éditeur d'aujourd'hui par un exemplaire étalon produit par le Stagirite ou sous son autorité directe. Mais s'il est vrai qu'Aristote n'a pas rassemblé lui-même ces diverses composantes en un ouvrage unique, l'ordre que nous connaissons doit provenir d'un autre exemplaire étalon, probablement confectionné plusieurs siècles plus tard (par Andronicus de Rhodes peut-être) et dont Aristote n'a jamais eu connaissance. L'exemple montre que l'édition d'un texte, dans certains cas, peut chercher à en reconstituer non pas l'état le plus ancien (il faudrait alors morceler la *Métaphysique* en traités indépendants et non ordonnés), mais une version devenue historiquement saillante par sa diffusion. On peut ainsi vouloir éditer l'une ou l'autre des traductions latines de la *Métaphysique* qui ont circulé au Moyen Âge[1], non pas parce qu'elles représentent correctement la pensée de qui que ce soit, mais parce qu'elles furent particulièrement importantes pour la philosophie de l'époque. Un exemple révélateur, auquel s'est intéressée la recherche récente, est celui des *Glosulae super Priscianum maiorem*, une influente collection de gloses sur la grammaire de Priscien remontant à la fin du XIe ou au début du XIIe siècle[2]. C'est un traité anonyme résultant vraisemblablement d'interventions diverses et dont il existe des versions très divergentes. Une édition dans un cas de ce genre peut légitimement être guidée par des considérations relatives à la circulation du traité et à son influence plutôt que par la recherche d'une version chronologiquement première dont les autres découleraient. L'entreprise n'en sera pas moins normée par

1. A de Libera propose de ce corpus une description informée dans *La querelle des universaux*, *op. cit.*

2. Voir sur ce texte I. Rosier-Catach (éd.), *Arts du langage et théologie aux confins des XIe et XIIe siècles*, Turnhout, Brepols, 2011.

quelque exemplaire étalon (ou par un groupe d'exemplaires étalons), mais celui-ci pourrait varier selon les objectifs précis du travail en question.

Un autre facteur qui contribue à définir les exigences d'une édition est le type de diffusion qui est recherché et le public auquel elle est destinée. Dans les études médiévales, par exemple, l'éditeur de textes philosophiques vise en général des chercheurs et des étudiants spécialisés, mais il renonce d'emblée, pour leur faciliter la lecture, à reproduire lettre pour lettre l'exemplaire étalon. Celui-ci était vraisemblablement truffé d'abréviations, une par mot en moyenne, que les scribes utilisaient pour accélérer le travail et pour épargner le parchemin, mais qu'il serait absurde d'infliger au lecteur d'aujourd'hui. L'éditeur, en outre, pour rejoindre son public cible, normalise généralement l'orthographe, qui était très irrégulière, et la ponctuation, qui était bien différente de ce qu'elle est maintenant, et s'ajuste en cela aux règles en vigueur aujourd'hui plutôt qu'à celles du Moyen Âge, beaucoup plus fluctuantes. De même, les éditions récentes de Descartes, de Diderot ou de Condillac modifient, pour fins de lisibilité, certains aspects de l'orthographe originale, remplaçant, par exemple, par –ait la terminaison –oit dans les formes de l'imparfait (pour avoir, disons, « connaissait » au lieu de « connaissoit »). Et les responsables des Archives Husserl à l'Université de Louvain, qui avaient affaire à des milliers de pages manuscrites rédigées dans une sténographie largement idiosyncratique, ont dû procéder, pour fins de diffusion, à ce qu'ils appelaient une « mise en clair », en transcrivant peu à peu le matériel en une graphie plus accessible que celle de l'exemplaire étalon. D'autres entreprises, en revanche, visent uniquement à reproduire tels quels des ouvrages anciens par le recours à des procédés photographiques; je pense à la très utile série des réimpressions anastatiques d'éditions incunables produite par la maison Minerva de Francfort. Il n'y a alors aucune intervention critique sur le texte et l'exemplaire étalon n'est pas le manuscrit original, mais un volume édité jadis qu'il s'agit de reproduire intégralement, avec ses erreurs le cas échéant. Pour beaucoup d'œuvres médiévales (les influentes *Questions* de Jean Buridan sur l'*Éthique à Nicomaque* par exemple), cela reste encore pour un chercheur d'aujourd'hui la façon la plus commode d'accéder au texte, mais les exigences et les attentes ne sont pas les mêmes dans ce genre de cas que pour une édition critique. Le travail d'édition en histoire de la philosophie, bref, est normé non seulement par le texte original qu'il s'agit de rendre disponible, mais aussi par le genre d'entreprise dans lequel ce travail s'inscrit et par le public visé.

Un autre aspect à souligner à propos de ces opérations d'édition est qu'elles requièrent en général une solide compréhension du texte concerné. Je ne parle pas, bien entendu, de la simple reproduction photographique, mais dès qu'il s'agit de faire des choix entre des leçons divergentes ou de déchiffrer des écritures difficiles, les décisions ne peuvent être basées sur des critères purement externes comme la qualité graphologique des manuscrits ou le nombre de ceux qui favorisent une leçon plutôt qu'une autre. L'éditeur doit être familier du contexte doctrinal et polémique dans lequel ce texte apparaît et doit être en mesure d'en suivre l'argumentation jusque dans le détail, pour déterminer, disons, si une négation a sa place ou non dans telle ou telle phrase. Dans certains cas même, l'éditeur doit corriger tous les manuscrits disponibles et proposer, pour assurer la cohérence ou la plausibilité du texte, une conjecture de son propre cru. Il lui faut avoir, en d'autres mots, ces capacités mêmes que nous avons associées ci-dessus à la lecture intelligente, celle d'identifier certains au moins des référents du texte étudié et celle d'en discerner correctement la progression argumentative.

Quant à la traduction, elle présuppose aussi, de toute évidence, la compréhension du texte. Sa particularité distinctive est de mettre en jeu une dualité de langues et de viser à une correspondance étroite entre l'original et sa version traduite. À la limite, on peut se représenter deux discours parallèles en des langues différentes, qui seraient parfaitement isomorphes l'un à l'autre sur le plan grammatical et parfaitement équivalents sur le plan sémantique, entre lesquels varierait seulement la morphologie des unités lexicales : on aurait alors une traduction parfaite. C'est une idéalisation, bien entendu ; les traducteurs en pratique se contentent d'approximations. Mais ce qu'ils font demeure de la traduction tant qu'ils s'alignent plus ou moins sur un idéal de ce genre, celui de l'isomorphisme grammatical doublé d'une équivalence sémantique.

La notion-clé, ici, est celle d'équivalence sémantique, sur laquelle on reviendra au chapitre V. Une chose est d'ores et déjà claire, cependant, c'est que la traduction doit préserver à tout le moins la référence des termes principaux, singuliers ou généraux, et, dans la mesure du possible, les conditions de vérité des phrases. Revenons au début du *De unitate intellectus* de Thomas d'Aquin, qu'on a évoqué à la section précédente. Alain de Libera traduit ainsi la partie qui nous intéresse : « De même que, par nature, tous les hommes désirent connaître la vérité... »[1]. Pour que cette traduction soit adéquate – et elle l'est, sans aucun doute – il faut, entre

1. Thomas d'Aquin, *Contre Averroès*, *op. cit.*, p. 77.

autres choses, que l'expression française « tous les hommes » utilisée par le traducteur soit coextensive du « *omnes homines* » de l'original latin. Si par exemple « homme » en français en vient à ne plus désigner que les humains de sexe masculin, le traducteur de Thomas d'Aquin devra mettre ici non pas « tous les hommes », mais « tous les humains », de manière à préserver l'extension de l'expression latine. Pour que la traduction fonctionne, il faut que cette coextensivité soit en général possible entre les expressions d'une langue passée, fût-elle morte, et celle du public visé par le traducteur (même s'il y a des cas ponctuels où ce ne l'est pas).

Par-delà la référence (ou l'extension), la traduction voudra normalement préserver aussi, dans la mesure du possible, les connotations de toutes sortes véhiculées par le vocabulaire. Il aurait été inapproprié, par exemple, de rendre « *omnes homines* » par « tous les animaux rationnels », même si, par hypothèse, l'extension d' « animal rationnel » est la même que celle de « homme ». Le problème n'est pas seulement que l'isomorphisme grammatical s'en trouverait rompu (on aurait un substantif et un adjectif d'un côté contre un substantif seul de l'autre), mais c'est surtout que l'expression « animal rationnel » évoque les animaux d'une part et la rationalité de l'autre, ce que ne fait pas, aussi explicitement en tout cas, le mot « homme ». Il ne saurait être question de nous engager ici dans une théorie détaillée des diverses formes de connotation possibles. Certaines tiennent à la langue proprement dite, comme dans notre exemple, et d'autres aux circonstances particulières de l'énonciation ou aux conventions spéciales d'un milieu donné. La traduction, du seul fait qu'elle passe d'une langue à l'autre et qu'elle vise un public différent de l'original, ne saurait préserver *toutes* les connotations. Mais elle sera d'autant plus fidèle qu'elle en gardera davantage et l'entreprise présuppose, de façon générale, la possibilité d'y parvenir dans une bonne mesure. La traduction de la phrase de Thomas d'Aquin citée tout à l'heure est d'autant plus correcte que les connotations des expressions françaises « par nature », « désirer », « connaître » et « vérité » rejoignent très largement chez un lecteur d'aujourd'hui celles qu'un dominicain du XIIIe siècle associait respectivement à « *naturaliter* », « *desidere* », « *scire* » et « *veritas* ». La réussite de la traduction suppose à la fois un domaine de référence commun et des façons correspondantes d'en évoquer par le vocabulaire certaines particularités.

Il est vrai que certains mots n'ont pas d'équivalents, même extensionnels, d'une langue à l'autre ou d'une époque à l'autre, et que les connotations *a fortiori* ne sont pas toujours récupérables en langue étrangère. La traduction en pratique n'est jamais parfaite et c'est pourquoi le chercheur sérieux doit être en mesure de lire dans l'original les textes sur lesquels il travaille (ainsi qu'on devrait pouvoir l'exiger de tous les thésards), mais ces limitations n'en compromettent pas l'intérêt, loin de là. La traduction a joué dans l'histoire de l'humanité un rôle majeur pour la transmission des connaissances et des doctrines, du monde grec au monde arabe et au monde latin notamment, et de ce dernier aux cultures vernaculaires d'aujourd'hui. De nombreux textes philosophiques de grand intérêt resteraient confinés à des publics trop limités s'ils n'étaient jamais traduits et tous les chercheurs, en pratique, admettent que malgré ses insuffisances, la traduction des textes philosophiques est à la fois possible et nécessaire. Cela force, du coup, à endosser aussi les présuppositions de l'opération. La traduction, comme l'édition de texte, serait impensable en philosophie sans une très large *commensurabilité* en ce domaine entre les univers culturels et linguistiques des auteurs du passé et ceux des lecteurs d'aujourd'hui.

Les exigences d'exactitude et de précision, au demeurant, peuvent varier d'une entreprise à l'autre, dans le cas de la traduction comme dans celui de l'édition. Certains privilégient la littéralité au détriment de l'élégance, alors que d'autres, pour atteindre un public plus large, valorisent davantage la lisibilité. Chaque traducteur sait qu'il y a là un délicat dosage à effectuer, dont la règle n'est pas universelle et dépend, ici aussi, de ce qui est visé par l'opération. Michael Loux, le traducteur américain de la première partie de la *Somme de logique* d'Ockham, voulait rejoindre dans les années soixante-dix un lectorat intéressé par la métaphysique et la philosophie du langage plus que par le Moyen Âge, et il a choisi dans cet esprit d'omettre certains exemples donnés par l'auteur, parce qu'il les jugeait impossibles à rendre adéquatement en anglais [1]. Joël Biard, en revanche, qui a traduit en français le même ouvrage dans les années quatre-vingt-dix, a préféré, lui, en préserver tous les exemples, quitte à garder, parfois, certains mots latins [2]. Pour peu qu'elles soient explicites,

1. *Cf.* M. Loux, *Ockham's Theory of Terms. Part I of the* Summa logicae, Notre Dame (Ind.), University of Notre Dame Press, 1974, p. XI-XII.

2. *Cf.* Guillaume d'Ockham, *Somme de logique. Première partie*, 2e éd., trad. fr. J. Biard, Mauvezin, TER, 1993.

les deux options sont légitimes, chacune dans son contexte et eu égard aux objectifs distincts de chacun des traducteurs.

DOCTRINES ET CONTEXTES

L'historien de la philosophie, le plus souvent, produit un texte nouveau, un article ou un ouvrage consacré d'une manière ou d'une autre à certaines doctrines du passé. C'est la troisième catégorie d'opérations identifiée ci-dessus. Cela peut prendre des formes très variées, mais l'on y retrouve pratiquement toujours deux sortes de choses, étroitement imbriquées : l'étude des contenus philosophiques d'une part, et leur mise en contexte historique d'autre part. Je parlerai de « reconstruction doctrinale » pour la première d'entre elles et de « récit historique » pour la seconde. Ce sont elles surtout qui nous intéresseront dans la suite de ce livre, je me contenterai à ce stade-ci d'en fournir une caractérisation générale. Cela déjà permettra d'en identifier quelques présuppositions décisives[1].

Commençons par le récit historique. Il vise à éclairer un phénomène quelconque de l'histoire de la philosophie en l'inscrivant dans un scénario chronologique et causal. Le phénomène en question peut être très large, comme l'apparition de la philosophie en Grèce aux VIe, V^e^ et IVe siècles avant Jésus-Christ ou le déclin de la scolastique aristotélico-chrétienne du XVe au XVIIIe siècle. Ou il peut être à l'autre extrême aussi étroitement circonscrit que le choix d'un mot dans tel passage ou la présence de telle annotation marginale sur un manuscrit donné. Il peut être d'ordre proprement doctrinal et concerner des théories dans leur ensemble ou l'une quelconque de leurs composantes (une notion ou un argument par exemple). Ou il peut être purement épisodique, comme la tenue d'une discussion en tel lieu à tel moment précis. Il faut seulement, pour qu'il y ait récit au sens où je l'entends, que le phénomène en question soit replacé dans un enchaînement chronologique de connexions causales, dans une *histoire* en d'autres mots. Certains éléments contextuels, antérieurs ou concomitants, se verront alors attribuer un rôle dans l'apparition ou le développement du phénomène et d'autres, postérieurs, en seront présentés comme les effets.

1. Je réutilise dans cette section et dans la suivante les idées principales de mon article « De la reconstruction en histoire de la philosophie », art. cit.

Cela implique une datation au moins approximative et une localisation géographique qui, conjointement, situent dans l'histoire de l'humanité le phénomène étudié. Et surtout cela suppose le repérage de certains rapports de causalité. Point n'est besoin de se représenter ces connexions sur le modèle mécanique d'une boule de billard qui en frappe une autre. L'ordre causal pertinent peut varier beaucoup d'un récit à l'autre. Certains insistent sur le rôle explicatif de la culture environnante, de la religion ou de la science[1], d'autres sur les liens qui se tissent entre des textes philosophiques successifs[2], et d'autres encore sur le caractère déterminant des institutions qui encadrent à chaque époque la pratique de la philosophie[3]. Il y a ainsi un continuum entre les approches plus « internalistes », qui mettent l'accent sur les antécédents doctrinaux (comment, par exemple, le scepticisme de Hume a contribué à la formation de la pensée kantienne) et les approches « externalistes » qui soulignent plus volontiers des déterminations d'un autre ordre, qu'elles soient politiques, sociales ou même psychologiques (comment la montée de la bourgeoisie affecta la scolastique à la fin du Moyen Âge, ou comment la perte prématurée de son père a pu marquer le développement intellectuel de Nietzsche). Certains de ces récits peuvent n'occuper que quelques lignes au passage, alors que d'autres s'étalent sur plusieurs volumes, mais il s'agit dans tous les cas d'expliquer ou d'élucider par le contexte historique tel ou tel aspect de la production philosophique d'un auteur, d'un groupe ou d'une époque.

Trois caractéristiques communes à ces diverses narrations historiques valent d'être signalées. Tous ces récits, d'abord, se rapportent en dernière instance, que cela soit explicite ou non, à des événements singuliers de production textuelle comme ceux qu'on a mis en évidence au premier chapitre et à ceux, d'un autre ordre mais tout aussi singuliers, qui en ont été, selon l'historien, les déterminants ou les effets. D'où il suit que

1. Voir par exemple l'introduction de Michael Frede à ses *Essays in Ancient Philosophy*, Minneapolis, University of Minnesota Press, 1987, p. IX-XXVII.

2. C'est la base de la méthode « archéologique » mise en œuvre par A. de Libera dans *La querelle des universaux*. Voir aussi à ce propos A. de Libera, « Le relativisme historique : théorie des "complexes questions-réponses" et "traçabilité" », *Les Études philosophiques*, oct.-déc. 1999, p. 479-494, et « Archéologie et reconstruction. Sur la méthode en histoire de la philosophie médiévale », dans K. O. Apel *et al.*, *Un siècle de philosophie 1900-2000*, Paris, Gallimard, 2000, p. 552-587.

3. Une excellente illustration en est fournie dans les études médiévales par le travail de l'américain William Courtenay. Voir notamment W. Courtenay, *Schools and Scholars in Fourteenth Century England*, Princeton (NJ), Princeton University Press, 1987, et *Parisian Scholars in the Early Fourteenth Century: A Social Portrait*, Cambridge, Cambridge University Press, 1999.

l'attribution à des agents individuels d'états intentionnels comme des désirs, des croyances ou des intentions, doit occuper en principe une place de choix dans ce genre d'explications. Le chercheur, certes, recourt souvent à des raccourcis commodes, évoquant par exemple l'impact d'une doctrine sur une autre ou d'une institution sur un courant de pensée, mais ces effets sont toujours médiatisés dans la réalité par les états et les dispositions d'agents individuels. La narrativité en histoire de la philosophie ne peut faire entièrement l'économie de l'explication intentionnelle, elle relève en principe de ce que l'on peut appeler un « langage actantiel »[1].

Deuxièmement, chaque récit dépend en partie pour sa justesse de la perspective particulière adoptée par l'historien et des questions précises qu'il se pose quant au passé de la philosophie. S'il n'en était pas ainsi, la variété des approches serait illégitime. Il n'y aurait qu'une seule série véritable de connexions pertinentes et les phénomènes philosophiques ne seraient justiciables en principe que d'une seule sorte d'explication historique. Mais la pratique historiographique admet de fait la coexistence de projets bien différents les uns des autres, et néanmoins compatibles. Alain de Libera dans *La querelle des universaux* travaille sur la longue durée et rend compte, entre autres, des positions de Thomas d'Aquin sur la connaissance en les situant en regard de certaines tensions qui traversaient les textes d'Aristote[2], tandis que Jean-Pierre Torrell dans son *Initiation à saint Thomas d'Aquin* inscrit chaque œuvre de l'Aquinate dans une biographie détaillée, insistant à tout moment sur les motivations théologiques de l'auteur. Deux points de vue bien différents, donc, mais que les chercheurs concernés eux-mêmes ne sauraient percevoir comme rivaux. La mise en intrigue biographique ne compromet en rien la pertinence d'un regard plus large, ni inversement. Et les exemples de ce genre peuvent être multipliés *ad libitum*. Ce n'est pas à dire que n'importe quel récit soit acceptable; les textes et les faits accessibles en contraignent fortement l'adéquation et la plausibilité. Mais il faut abandonner l'image mythologique d'un sujet unique – l'Esprit ou la Philosophie – qui connaîtrait à travers le temps une série ordonnée d'aventures précises – une progression continue par exemple – que l'historien de la philosophie aurait pour tâche essentielle de décrire de préférence à toute autre forme de connexion diachronique.

1. J'emprunte cette expression à Paul Ricœur, qui l'avait utilisée lors d'un colloque tenu à Ottawa en 1980; voir à ce sujet C. Panaccio, « L'historien en quête d'un langage », dans D. Carr *et al.* (éd.), *La philosophie de l'histoire et la pratique historienne d'aujourd'hui*, Ottawa, Éditions de l'Université d'Ottawa, 1982, p. 235-242.

2. A. de Libera, *La querelle des universaux*, *op. cit.*, p. 271-283.

L'infinie dispersion des événements singuliers et leurs complexités variables forcent le chercheur à des *sélections*, qui supposent de sa part d'assumer un projet et un point de vue.

Une troisième chose à noter, enfin, est que le récit explicatif en histoire de la philosophie présuppose toujours quelque reconstruction doctrinale, même sommaire, puisqu'il lui faut caractériser d'une manière ou d'une autre les idées ou les doctrines qu'il met en scène et dont il veut expliquer l'émergence, le développement ou l'impact. Même l'approche la plus externaliste, celle qui prétendrait faire de la philosophie un pur effet de surface entièrement déterminé par quelque infrastructure sociale ou économique, devrait à tout le moins assigner des « contenus » à ces reflets idéologiques qu'elle tient pour causalement inertes. Et cela requiert encore quelque reconstruction au sens qu'on précisera tout à l'heure : le chercheur, dans tous les cas, reformulera à sa façon, fût-ce très brièvement, les positions et les arguments dont il entend rendre compte. Il découle de là que toute condition nécessaire de la reconstruction doctrinale sera aussi une condition nécessaire du récit explicatif en histoire de la philosophie.

Venons-en donc à la reconstruction doctrinale. L'interprète, ici aussi, met en place un nouveau discours, dont la visée principale, cette fois, n'est pas de replacer une doctrine dans son contexte, mais d'en présenter le contenu, sans rechercher pour autant, comme dans la traduction, un isomorphisme de surface avec les textes originaux. De nouveau, la notion est très large, qu'il s'agisse de l'analyse de quelques lignes, ou de l'étude d'un ouvrage, d'un auteur, d'un thème, d'un courant ou d'une époque, et l'opération peut être effectuée à l'occasion d'un développement sur quelque autre sujet ou faire l'objet de livres entiers. Elle est souvent associée, dans le texte de l'historien, à l'élaboration de quelque récit explicatif, mais ce qui la caractérise en propre, c'est l'insistance sur les rapports logiques ou conceptuels entre les thèses ou les arguments des auteurs étudiés.

Richard Rorty dans un article célèbre en distingue deux variétés, qu'il appelle respectivement la « reconstruction historique » et la « reconstruction rationnelle »[1]. La première cherche avant tout la fidélité aux doctrines étudiées et s'en tient autant que faire se peut au langage dans

1. Voir R. Rorty, « Quatre manières d'écrire l'histoire de la philosophie », trad. fr. É. Pacherie et B. Puccinelli, dans G. Vattimo (éd.), *Que peut faire la philosophie de son histoire ?*, Paris, Seuil, 1989, p. 58-94. Rorty identifie aussi dans le même article deux autres « manières d'écrire l'histoire de la philosophie », qu'il appelle respectivement la *Geistesgeschichte* (à la Hegel) et la doxographie (à la Bréhier), mais je les laisserai de côté pour l'instant. Ce qui en elles diffère de l'un et l'autre mode de reconstruction doctrinale relève de ce que j'appelle ici le « récit explicatif ».

lequel elles ont été originalement formulées, ou du moins à une transposition littérale de leurs termes-clés dans la langue de l'historien. La règle d'or de la reconstruction historique, au dire de Rorty, est ce que l'on peut appeler la maxime de Skinner (parce qu'elle a été proposée par Quentin Skinner) : « Il ne faut pas attribuer à quelqu'un d'avoir voulu dire ou d'avoir fait quelque chose, [en des termes] qu'il ne pourrait pas être amené à reconnaître comme une description correcte de ce qu'il a voulu dire ou de ce qu'il a fait »[1]. Cela n'exige pas de s'en tenir aux phrases exactes que l'auteur original a effectivement produites – d'autant moins que l'historien, très souvent, s'exprime dans une langue différente –, mais notre manière de rapporter ses paroles ou ses actions devrait ne recourir, dans cette optique, qu'à des critères de description et de classification qui étaient en principe accessibles à l'auteur en question.

L'autre type de reconstruction doctrinale, selon Rorty, est la reconstruction rationnelle. Elle consiste, pour l'essentiel, à présenter des idées du passé sous la forme la plus rationnelle possible de manière à pouvoir en évaluer les thèses et les arguments. Cela implique souvent que l'on reformule les doctrines pour les faire apparaître comme des réponses – erronées peut-être, mais dignes d'intérêt sur le plan théorique – à des questions que *nous* tenons aujourd'hui pour philosophiquement pertinentes. On s'emploiera, par exemple, à reconstituer sous la forme la plus rigoureuse possible les arguments proposés – ou parfois seulement esquissés – par les textes à l'étude, à en dégager les prémisses cachées ou à en expliciter les modes d'inférence, quitte à utiliser pour cela des formalismes récents ou des formats de présentation qui étaient inconnus des auteurs étudiés[2].

Ainsi comprise, la reconstruction rationnelle a la faveur de ceux qu'intéresse au premier chef la portée des textes anciens pour la discussion philosophique d'aujourd'hui, tandis que la reconstruction historique attire davantage les amateurs d'érudition. Mais la frontière est floue entre les deux et il y a là un continuum de pratiques diverses, un éventail de reconstructions aux accents variés. C'est affaire de dosage entre l'intérêt philosophique d'un côté et l'exactitude historique de l'autre.

1. Q. Skinner, « Meaning and Understanding… », art. cit., p. 28 (notre traduction).

2. Sur l'histoire de l'idée de reconstruction rationnelle, voir M. Beaney, « Analytic Philosophy and History of Philosophy : The Development of the Idea of Rational Reconstruction », dans E. H. Reck (éd.), *The Historical Turn in Analytic Philosophy*, *op. cit.*, p. 231-260.

Les deux approches en tout cas ont des traits en commun. D'abord, insistons-y, toutes les deux sont des *reconstructions*. L'historien ici n'essaie pas de reproduire les textes originaux, il en propose une présentation nouvelle qui réorganise le matériel, reformule les idées, résume certains développements, souligne tels aspects de la doctrine plutôt que d'autres et met en évidence des liens qui n'étaient pas explicites chez les auteurs étudiés. Dire qu'il s'agit là de « reconstructions » met en relief le rôle actif de l'historien lorsqu'il rédige son commentaire ou son analyse. Il ne s'agit plus pour lui en ces moments-là de redécouvrir ce que le philosophe du passé a *réellement* pensé. Cet objectif, pour autant qu'il soit intelligible, était celui de la lecture, par laquelle le chercheur dans un premier temps s'employait à comprendre les textes qui l'intéressent. Mais lorsqu'il entreprend d'en exposer lui-même le contenu pour le bénéfice de ses propres lecteurs, il avance de nouvelles phrases, met en place de nouveaux agencements et restructure toujours à sa façon la doctrine dont il parle. Au sens où je l'entends, même les commentateurs les plus pointilleux au chapitre de l'exactitude historique procèdent inévitablement, dès qu'ils écrivent, à quelque forme de reconstruction doctrinale.

La chose est occultée, bien souvent, parce qu'on se représente les contenus philosophiques comme des entités abstraites à la Frege qui ne sont en elles-mêmes ni linguistiques ni psychiques et qui sont « exprimées » par les phrases écrites. Le commentateur, dans cette optique, aurait pour mission d'amener son lecteur à saisir par des moyens nouveaux ces contenus propositionnels mêmes qui sont exprimés dans les textes philosophiques du passé, un peu comme s'il voulait attirer son attention sur une chose réelle, mais purement intelligible, que contemplait autrefois le philosophe étudié. Mais ce modèle visuel est trompeur. Dans la perspective nominaliste adoptée ici, on peut bien parler du « contenu » d'un texte, comme tout le monde, mais on évitera d'en faire un objet indépendant qui subsisterait hors du texte et que l'on pourrait « appréhender » d'une autre façon. Évoquer le contenu d'un texte n'est qu'une façon d'annoncer que l'on tient pour signifiante la séquence graphique en question et que l'on se considère autorisé dès lors à en proposer des reformulations plus ou moins équivalentes sur le plan sémantique. On remplace ainsi le rapport illusoire à un objet abstrait d'ordre extralinguistique par des relations d'équivalence sémantique entre énoncés (et même entre *tokens*, comme on l'a vu). Cela invite, bien entendu, à réfléchir plus avant sur les exigences de l'équivalence sémantique et sur ses diverses figures – on s'y emploiera au chapitre V –, mais cette façon de voir présente d'emblée l'avantage de mieux mettre en évidence le fait crucial que les deux séries d'énoncés en cause – ceux du passé et ceux de l'historien – sont irréductiblement distinctes et différemment organisées.

Il en découle que la façon particulière dont un historien reconstruit les contenus doctrinaux, quoiqu'elle soit contrainte par les textes dont il parle, dépend *toujours*, comme le récit explicatif, de la perspective qu'il adopte, de ce qui l'intéresse chez les auteurs qu'il étudie et de ce avec quoi il entend les mettre en rapport, qu'il s'agisse de leurs antécédents historiques ou d'une discussion philosophique plus récente. Il peut mettre l'accent, selon le cas, sur certains aspects du vocabulaire, certaines implications plutôt que d'autres, certaines présuppositions, certaines structures argumentatives et ainsi de suite. À partir des mêmes textes anciens, des reconstructions bien différentes, mais compatibles, peuvent être acceptables selon le projet dans lequel elles s'inscrivent.

Une autre caractéristique commune à toutes les reconstructions doctrinales, enfin, qu'elles soient « historiques » ou « rationnelles » dans la terminologie de Rorty, est qu'elles sont toujours formulées dans la langue de l'historien lui-même et à l'intention de ses propres lecteurs. La forme canonique de base en est celle du discours indirect (Kant dit que *p*, ou nie que *q*, etc.) ou celle en tout cas de l'attribution d'attitudes propositionnelles (Kant pense que *p*, souhaite que *q*, se demande si *r*, etc.), dans lesquelles les clauses reconstructives (les « *p* », « *q* », « *r* » des exemples schématiques ci-dessus) sont obligatoirement dans la même langue que le reste de la phrase. Le rapporteur dispose alors, comme on vient de le voir, d'une bonne marge de manœuvre selon ses choix et ses intérêts, mais il présuppose *toujours* que ce qu'il dit est en principe intelligible à celui qui le lit. L'entreprise de reconstruction doctrinale, à l'instar de la traduction, ne souffre pas l'incommensurabilité radicale.

FIDÉLITÉ ET PERTINENCE

On a repéré, donc, six opérations usuelles en histoire de la philosophie : la lecture, le recueil d'informations, l'édition de texte, la traduction, la mise en place de récits explicatifs et la reconstruction doctrinale. Chacune d'elles, comme cela ressort de l'examen qu'on en a mené, est sujette à deux sortes de contraintes : des contraintes de fidélité et des contraintes de pertinence. Il nous faut, pour conclure ce chapitre, préciser la portée de ces deux exigences et clarifier, surtout, le rapport de principe qu'elles entretiennent entre elles.

La contrainte de fidélité, d'abord, est la plus manifeste. Puisqu'il s'agit ici d'histoire et non de fiction, le travail du chercheur, dans chacune des six opérations, est normé par les textes qu'il entend étudier. Aucun historien sérieux ne veut donner dans l'invention pure ou la construction arbitraire. Les erreurs en ce domaine sont universellement reconnues comme possibles, certes : le texte peut être mal compris, mal daté, mal édité, mal traduit, mal résumé, etc.; mais la possibilité même de faire ainsi fausse route montre que les entreprises en question visent toujours un certain degré d'adéquation eu égard à ces écrits anciens qui sont leurs objets. Et chaque historien, de fait, cherche à éviter ou à corriger, autant que faire se peut, les informations fausses et les interprétations incorrectes. La pratique de l'histoire de la philosophie suppose, la chose est triviale, qu'un certain succès puisse être atteint en matière de fidélité historique.

Cela requiert au premier chef que les œuvres étudiées nous soient intelligibles. La lecture, l'édition de texte, la traduction et la reconstruction doctrinale seraient absurdes sans l'espoir de comprendre jusqu'à un certain point les écrits qui en font l'objet. Même le recueil d'informations et la mise en contexte prennent sens en histoire de la philosophie si elles contribuent, d'une manière ou d'une autre, à l'intelligence des textes. Or la compréhension, on l'a vu, a ses exigences. Le travail historique en philosophie, dans la mesure où il est soumis à des contraintes de fidélité, repose sur au moins trois présupposés [1] :

1) un principe de *coréférentialité* : l'historien doit pouvoir se référer lui-même, fût-ce indirectement, à certains au moins des référents du texte étudié; on a développé ce point à propos de la lecture, mais il vaut tout autant pour la traduction et la reconstruction doctrinale dans la mesure où elles visent à quelque équivalence sémantique avec le texte original;

2) un principe de *rationalité minimale* [2] : l'historien traite les philosophes du passé comme des agents rationnels et considère qu'ils cherchent en général à dire le vrai et à fournir à l'appui de leurs thèses des arguments valides; la logique de leurs écrits, pour l'essentiel, doit ainsi correspondre à celle que l'historien lui-même endosse : on n'entendrait rien à un développement théorique quelconque si l'on ne supposait pas que son auteur admettait, au moins implicitement, le principe de non-contradiction,

1. Je rejoins avec un vocabulaire et des accents un peu différents l'analyse proposée par P. Engel dans « Retour aval », *Les Études philosophiques*, oct.-déc. 1999, en part. p. 45 *sq.*

2. J'emprunte l'expression à C. Cherniak, *Minimal Rationality*, Cambridge (Mass.), The MIT Press, 1986.

le *modus ponens* (si *p*, alors *q*; or *p*, donc *q*), les syllogismes de base, quelques règles d'arithmétique élémentaire et ainsi de suite[1];

3) un principe d'*empathie* : l'historien tient l'auteur étudié pour un être humain avec des capacités perceptuelles, des aspirations et des tendances émotives somme toute assez semblables aux siennes. C'est ce qui lui permet de repérer dans les textes des connotations, des allusions, des mouvements d'humeur, des intentions profondes parfois et des erreurs même à l'occasion, qui resteraient inexplicables au seul plan théorique. Plus encore que les deux autres, ce type de compréhension est sujet à caution quand il s'agit de traverser les époques et les cultures, mais il demeure indispensable à l'histoire intellectuelle, quitte à n'être employé qu'avec la plus grande prudence.

Le vœu de fidélité, bref, guide toujours le travail de l'historien et lui impose de souscrire, sous peine d'incohérence, à des présuppositions fortes, qui passent parfois inaperçues. Mais la fidélité n'est pas tout. La recherche historique en philosophie est soumise aussi à des contraintes de pertinence, qui priment, même, les contraintes de fidélité. C'est une thèse que j'ai avancée jadis[2], mais qui a été parfois mal interprétée. Aussi faut-il prendre garde. La notion de pertinence est relationnelle : quelque chose ne peut être dit « pertinent » que par rapport à autre chose et l'on ne saurait parler de pertinence tout court, il y a lieu d'être plus explicite. D'aucuns ont compris, quand j'ai affirmé la priorité de la pertinence sur la fidélité en histoire de la philosophie, que je voulais évoquer par là la pertinence proprement philosophique : l'intérêt d'une reconstruction doctrinale pour la discussion philosophique actuelle commanderait *dans tous les cas* le degré de fidélité auquel elle est soumise[3]. Une telle position, bien entendu, est indéfendable. Certains philosophes du passé ont avancé des thèses qui n'ont plus beaucoup d'intérêt aujourd'hui et proposé de très

1. Voir aussi sur ce point P. Engel, « La philosophie analytique doit-elle prendre un tournant historique ? », dans J.-M. Vienne (éd.), *Philosophie analytique et histoire de la philosophie*, Paris, Vrin, 1997, p. 139-152; C. Normore, « The Methodology of the History of Philosophy », dans H. Cappelen *et al.* (éd.), *The Oxford Handbook of Philosophical Methodology*, *op. cit.* p. 27-48.

2. Voir C. Panaccio « De la reconstruction en histoire de la philosophie », art. cit., p. 179-180.

3. C'est ainsi notamment qu'Aurélien Robert interprète ce que j'ai écrit à ce sujet et l'on ne s'étonne pas dans ces conditions qu'il y trouve à redire (A. Robert, « Relativisme et jurisprudence. Un dialogue entre philosophes et historiens », *Tracés. Revue de sciences humaines* 12, 2007, surtout p. 169-171 et p. 176-177).

mauvais arguments ; l'historien aurait tort de maquiller systématiquement ce qu'il y a de caduc dans les textes qu'il travaille pour n'en dégager que ce qui lui paraît philosophiquement excitant.

S'agissant des opérations historiques en philosophie, il faut distinguer deux niveaux de pertinence. Il y a la pertinence d'une intervention particulière par rapport au projet dans lequel elle s'inscrit, et il y a la pertinence de ce projet même pour le milieu dans lequel il se développe. C'est la première qui est en cause quand j'évoque la priorité de la pertinence sur la fidélité et c'est sur cet aspect que j'ai insisté dans les pages qui précèdent en soulignant à chaque occasion le rôle déterminant du projet spécifique dans lequel prennent place les opérations de lecture, de recueil etc. Pour ce qui est de la lecture, par exemple, le projet de l'historien fixe non seulement le choix des textes à lire, mais aussi le degré de compréhension recherché : il pourra être indiqué pour telle entreprise historique de lire certaines choses superficiellement et d'autres beaucoup plus en profondeur. Et le reste est à l'avenant : le projet oriente de façon décisive le recueil d'informations, le travail d'édition et de traduction, aussi bien que l'explication historique et la reconstruction doctrinale. La sorte d'adéquation qui est requise et le degré de fidélité dépendent dans chaque cas des objectifs de la recherche en cours.

Dans mon ouvrage de 1992, par exemple, *Les mots, les concepts et les choses*, j'ai voulu voir jusqu'à quel point la théorie du langage et de l'esprit de Guillaume d'Ockham peut encore contribuer de façon intéressante à certaines discussions actuelles en philosophie analytique. Cet objectif commandait d'opter pour une reconstruction rationnelle (au sens de Rorty) et de laisser de côté, dans l'exposé que j'en ai donné, des pans entiers de l'œuvre d'Ockham, son éthique, sa politique et sa théologie notamment. Cela ne m'autorisait pas à attribuer à mon auteur des thèses qui lui sont étrangères et ne me dispensait pas d'appuyer rigoureusement sur les textes les interprétations que j'en proposais : la contrainte de pertinence ne saurait annuler l'exigence de fidélité, il n'est pas question de choisir l'une contre l'autre. Mais le but poursuivi imposait des choix à ma recherche et à mon exposé. Il aurait été inapproprié dans ce contexte d'insister sur les sources d'Ockham, sur les polémiques dans lesquelles il était engagé ou sur sa conception de l'Eucharistie. Il me fallait en outre formuler les thèses de l'auteur de manière à maximiser les possibilités de les comparer ou de les confronter avec celles des philosophes analytiques d'aujourd'hui.

Un autre commentateur, Armand Maurer, a publié quelques années plus tard un ouvrage significativement intitulé *The Philosophy of William of Ockham in the Light of Its Principles*[1], dont l'objectif était d'exposer sous une forme systématique la pensée philosophique d'Ockham sur la base de principes et de préoccupations, principalement théologiques, qui étaient de première importance pour l'auteur lui-même, et de la confronter avec celles de certains de ses prédécesseurs et de ses contemporains. C'est un choix bien différent et tout aussi légitime, qui appelait d'autres insistances et un autre mode de présentation. Plus de la moitié de l'ouvrage de Maurer porte sur Dieu, les anges ou le statut de la théologie, alors que la théorie sémantique de la connotation, qui était cruciale pour ma propre entreprise – et qui est présente un peu partout dans l'œuvre originale – n'y occupe au total que quelques lignes. La philosophie politique, d'autre part, et pour de bonnes raisons, est entièrement laissée de côté, comme elle l'était dans mon propre livre, malgré les centaines de pages – plus tardives que le reste, il est vrai – que le *venerabilis inceptor* y a consacrées. La différence de perspective, bref, est majeure et se traduit par des conditions de fidélité différentes, mais je ne vois pas qu'il y ait une incompatibilité de principe entre les deux approches : dans la mesure où elles sont toutes deux bien étayées par le recours aux textes d'Ockham, l'une et l'autre sont éclairantes. L'important, pour la discussion en cours, est que les textes, les thèses et les arguments sur lesquels il fallait mettre l'accent dans l'un et l'autre cas, les connexions qu'il fallait mettre en évidence et, de façon générale, le type de reconstruction qu'il fallait privilégier dépendaient dans chaque cas du projet particulier qu'il s'agissait de mener à bien. Telle est la contrainte de pertinence au sens où je l'entends.

Ainsi comprise, la priorité de la pertinence sur la fidélité suppose que la diversité des projets en histoire de la philosophie soit légitime. Cela ne signifie pas, j'y insiste de nouveau, que n'importe quoi soit acceptable ni que les erreurs d'interprétation ne soient pas possibles (elles sont fréquentes au contraire !). Mais il n'y a pas dans ce domaine une manière unique de procéder, un seul type d'objectif que l'on soit autorisé à poursuivre ni une façon privilégiée de parler des doctrines du passé. Quoique certains s'expriment parfois dans leurs moments réflexifs comme si la tâche de l'historien se prêtait à une caractérisation homogène, le pluralisme des projets est couramment admis en pratique par la communauté des chercheurs et l'on ne se fait pas faute de passer d'une approche à une autre

1. A. Maurer, *The Philosophy of William of Ockham in the Light of Its Principles*, Toronto, Pontifical Institute of Mediaeval Studies, 1999.

selon les entreprises dans lesquelles on est engagé. Alain de Libera, qui est aujourd'hui l'un des plus éminents et des plus prolifiques parmi les médiévistes français, a produit, entre bien d'autres choses, un « Que sais-je ? » sur la philosophie médiévale[1], une monographie sur Albert le Grand[2], une étude de la querelle des universaux depuis Platon jusqu'à la fin du Moyen Âge[3] et plus récemment une vaste « archéologie du sujet » qui le promène en allers-retours constants à travers l'histoire de la philosophie[4]. D'un ouvrage à l'autre, le degré de précision dans le compte rendu des doctrines et des argumentations, l'angle sous lequel elles sont présentées, les récits dans lesquels elles sont replacées, les rapports qui sont mis en évidence, les modes de présentation même[5], tout cela varie considérablement, mais nul ne songerait à le reprocher à de Libera. Bien que l'on puisse y voir autant d'applications d'une même attitude générale (celle que l'auteur appelle « archéologique »), les projets dans chaque cas sont nettement distincts et font appel à différents critères d'exactitude et d'adéquation. Or ces travaux d'un même chercheur ne représentent encore qu'une petite portion dans le vaste éventail des sortes d'enquêtes que l'on rencontre couramment en histoire de la philosophie et que l'on tient en général pour admissibles, depuis l'étude érudite d'un Étienne Gilson sur les sources médiévales de Descartes[6] jusqu'aux incursions critiques d'un Jonathan Bennett à propos des empiristes anglais, de Spinoza ou de Kant[7]. Cette pluralité reconnue des approches en histoire de la philosophie va de pair avec la subordination de principe des exigences de fidélité aux contraintes de pertinence.

Cela dit, les projets eux-mêmes n'ont pas tous le même intérêt. J'ai parlé jusqu'ici de la pertinence d'une opération historique particulière pour le projet de recherche dans lequel elle s'inscrit. Mais il y a aussi un autre niveau de pertinence qui mérite d'être pris en considération : celle du projet pris globalement pour le milieu dans lequel il est poursuivi. Dans le cas de

1. A. de Libera, *La philosophie médiévale*, « Que sais-je ? », n. 1044, Paris, P.U.F., 1989.

2. *Id.*, *Albert le Grand et la philosophie*, *op. cit.*

3. A. de Libera, *La querelle des universaux*, *op. cit.*

4. *Id.*, *Archéologie du sujet*, 3 vol., Paris, Vrin, 2007-2011.

5. Dans *L'art des généralités*, par exemple, l'auteur rejoint par moment les façons de faire les plus typiques de la reconstruction rationnelle en vogue chez les philosophes analytiques (A. de Libera, *L'art des généralités. Théories de l'abstraction*, Paris, Aubier, 1999).

6. É. Gilson, *Études sur le rôle de la pensée médiévale dans la formation du système cartésien*, Paris, Vrin, 1930.

7. Voir notamment : J. Bennett, *Kant's Analytic*, Cambridge, Cambridge University Press, 1966; *Kant's Dialectic*, Cambridge, Cambridge University Press, 1974; *A Study of Spinoza's Ethics*, Indianapolis, Hackett, 1984; *Learning from Six Philosophers*, Oxford, Oxford University Press, 2001.

l'histoire de la philosophie, cela ne se mesure pas à la portée pratique, technologique ou économique comme on le ferait en médecine ou en ingénierie. Pour reprendre une expression popularisée par Jürgen Habermas, ce sont les *intérêts de connaissance* qui sont ici en cause [1]. Il y en a deux sortes en l'occurrence : l'intérêt historique et l'intérêt philosophique. Comme l'écrit Anthony Kenny, « l'histoire de la philosophie peut être étudiée en fonction de la compréhension historique ou en fonction de l'édification philosophique » [2]. La pertinence d'un projet de recherche en histoire de la philosophie se mesure à la contribution qu'il apporterait à l'une ou l'autre s'il était mené à bien. Il peut servir à mieux comprendre un moment du passé, une culture, une société, une institution ou même des personnes individuelles le cas échéant; ou alors à nourrir la réflexion actuelle sur un thème généralement reconnu comme philosophique. Les deux intérêts ne sont pas nécessairement antagoniques et peuvent converger à l'occasion, mais ils sont en principe distincts. On a là deux axes d'évaluation différents, qui correspondent souvent chez les chercheurs à des accents inégaux.

Mais ce n'est pas à ce niveau, je veux y insister, que les contraintes de pertinence priment les contraintes de fidélité. La pertinence dont il est maintenant question ne se situe pas au même plan que les exigences de fidélité au sens où j'en ai parlé ci-dessus. Celles-ci concernent la compréhension d'un texte ou d'un corpus en particulier, la justesse d'un choix d'édition ou de traduction, l'adéquation d'une explication ou d'une reconstruction doctrinale donnée et ne sauraient être mises en concurrence avec la pertinence globale d'un projet pour les intérêts de connaissance du milieu où il est entrepris. En parlant de la priorité des contraintes de pertinence sur les contraintes de fidélité, je ne veux pas suggérer, notamment, que la recherche en histoire de la philosophie doive être évaluée d'abord et avant tout à l'aulne de son intérêt proprement philosophique. Contribuer à la connaissance historique et à la compréhension de l'humanité passée est un objectif tout aussi légitime, après tout, que de chercher à décider si les universaux existent vraiment hors de l'esprit.

En partant du plus englobant pour redescendre au plus local, on peut se représenter les choses de la façon suivante. Il y a dans les sociétés comme les nôtres un intérêt pour l'histoire et un intérêt pour la philosophie, qui se manifestent par l'existence d'ouvrages, de revues, de sites internet,

1. Voir J. Habermas, *Connaissance et intérêt*, trad. fr. G. Clémençon et J.-M. Brohm, Paris, Gallimard, 1976.

2. A. Kenny, « The Philosopher's History… », art. cit., p. 23 (notre traduction).

de programmes d'études, de cycles de conférences et de productions audio-visuelles diverses. La recherche spécialisée en ces domaines donne lieu à des projets individuels ou collectifs, qui débouchent souvent sur des publications et qui alimentent des discussions académiques. Chaque projet particulier dans ce contexte peut être évalué selon trois ordres de critères : quelles sont ses chances de succès (étant donné les chercheurs impliqués, les méthodes employées, les ressources disponibles etc.) ? Quel est son coût social (les fonds requis, les efforts nécessaires etc.) ? Et quelle en est, finalement, l'importance relativement à l'état présent de la discipline, quelle contribution apporterait-il en cas de succès ? C'est ce dernier aspect que j'ai à l'esprit en parlant de la pertinence d'un projet de recherche pour le milieu dans lequel il est poursuivi. Dans le cas de l'histoire de la philosophie, cette pertinence à son tour peut être évaluée selon deux axes : celui de la contribution historique et celui de la contribution philosophique. Le premier se rapporte à l'augmentation des connaissances sur les textes étudiés, leur mise en contexte et leur exploitation pour une meilleure compréhension de leur époque et de leur milieu. Le second tient à l'intérêt de ces textes pour l'approfondissement de quelque question philosophique. Règle générale, une recherche sérieuse en histoire de la philosophie présente à la fois les deux types d'intérêt, mais elle peut faire mieux (et parfois beaucoup mieux) sur un axe que sur l'autre sans que sa légitimité en soit compromise.

Chaque projet, d'autre part, a en principe des objectifs plus ou moins précis, en regard desquels peut être évaluée la pertinence des opérations particulières auxquelles se livre le chercheur pour le mener à bien, qu'il s'agisse de lecture, de collecte d'information, d'édition, de traduction, d'explication ou de reconstruction. Toutes ces opérations visent à une certaine conformité par rapport aux textes sur lesquels elles portent, elles en exigent une solide compréhension et les faussetés, quelles qu'elles soient, doivent être évitées – c'est la contrainte de fidélité –, mais le type et le degré d'adéquation qui est requis dans chaque cas dépend du projet en question et de ses objectifs. C'est à ce niveau – et à ce niveau seulement – que la contrainte de pertinence l'emporte sur la contrainte de fidélité dans le travail quotidien de l'historien de la philosophie.

CHAPITRE III

RÉFÉRENCE ET CONTINUITÉ

UNE HISTOIRE FRAGMENTÉE

La pluralité des opérations et des projets admissibles évoquée au chapitre précédent est le pendant, du côté de l'historiographie, de la dispersion des événements philosophiques dans le temps et dans l'espace dont on a traité au premier chapitre. Le mouvement de la philosophie à travers les âges n'est pas celui d'un long fleuve dont il s'agirait pour les historiens de décrire le cours. C'est une mosaïque d'occurrences éparses et contingentes que l'on peut à bon droit, pour fins d'étude, regrouper de multiples façons. Il faut renoncer à l'idée d'une entité unique à développement continu qui passerait d'un état à l'autre selon une progression ordonnée.

Le XXe siècle en ce domaine a définitivement rompu avec la figure emblématique de Hegel, qui voyait l'histoire de la philosophie comme « une suite rationnelle, un ensemble progressant organiquement » [1]. Par-delà la diversité des enquêtes spécialisées, il y aurait eu, selon cette perspective, une manière souveraine de synthétiser l'information historique en philosophie, qui ferait voir comment chaque moment intègre et dépasse le précédent dans une direction déterminée. C'est ce que Hegel voulait montrer dans ses *Leçons sur l'histoire de la philosophie* en mettant en corrélation l'évolution historique de la pensée avec l'ordre logique qui va de la notion la plus pauvre et la plus abstraite, celle de l'être dénué de

1. G. W. F. Hegel, *Leçons sur l'histoire de la philosophie. Introduction : système et histoire de la philosophie*, trad. fr. J. Gibelin, Paris, Gallimard, 1954, p. 31.

déterminations (incarnée par Parménide), jusqu'à la réflexion la plus différenciée, la plus concrète et la plus profonde (incarnée sans doute par Hegel lui-même): «D'après cette conception», écrivait-il, «je soutiens que la succession des systèmes de la philosophie est en histoire la même que la succession des déterminations de la notion de l'Idée en sa dérivation logique»[1]. Mais ce genre de vision unificatrice ne peut reposer que sur une schématisation abusive qui réduit l'histoire de la pensée philosophique à quelques grands noms et chacune des doctrines à quelques idées clés. L'extraordinaire foisonnement des recherches depuis un siècle a révélé l'éparpillement et l'hétérogénéité des entreprises philosophiques depuis les Présocratiques en même temps que la redoutable complexité de leurs interrelations et légitimé, du coup, toute une variété d'approches et de questionnements à leur sujet.

On ne peut plus se satisfaire de l'image caricaturale d'un sujet unique – l'Esprit, disons – qui tel un organisme, mûrirait (ou se détériorerait) à travers une série de modifications diachroniques correspondant aux grandes étapes du développement de l'humanité. Rien n'autorise aujourd'hui à voir l'histoire de la philosophie comme une longue réflexion rationnellement organisée sur un petit nombre de problèmes, où l'état antérieur global serait toujours le point de départ de chaque nouvelle phase. S'il y a des sujets en l'occurrence, ce sont des individus humains aux préoccupations multiples, appartenant chacun à quelque milieu bien circonscrit, et dont la démarche intellectuelle repose sur l'enseignement qu'ils ont pu recevoir, les lectures qu'ils ont pu faire et les discussions qu'ils ont pu avoir dans des circonstances contingentes et largement accidentelles. Le tableau brossé au premier chapitre prend là tout son sens : la philosophie à travers le temps est constituée d'une multitude discontinue d'actes discursifs singuliers qui se prête pour les historiens à des sélections et des perspectives diversifiées.

L'abandon de la conception continuiste et progressiste s'est manifestée notamment, dans la deuxième moitié du XXe siècle, par l'insistance de quelques chercheurs influents sur les ruptures, les démarcations, les décalages et même les oublis qui scandent l'histoire de la pensée. S'intéressant à l'évolution des sciences physiques, Thomas Kuhn aux États-Unis a ébranlé, dans les années soixante et soixante-dix, l'image positiviste d'un inéluctable progrès du savoir, marqué par l'accumulation des

1. G. W. F. Hegel, *Leçons sur l'histoire de la philosophie. Introduction : système et histoire de la philosophie*, *op. cit.*, p. 40.

connaissances et l'approximation croissante de la vérité[1]. Il a introduit, ce faisant, l'idée que des « paradigmes » intellectuels distincts fleurissent en différents milieux et à différentes époques, donnant lieu à des cadres théoriques incommensurables entre eux qui ne sont jamais réfutés au profit des suivants, mais simplement abandonnés pour toutes sortes de raisons, d'ordre pratique bien souvent. Et Michel Foucault en France, à peu près vers le même moment, réfléchissait, lui, à la formation des sciences humaines au tournant du XVIIIe et du XIXe siècle et parlait à ce propos d'un changement d'« *épistémè* », désignant par ce terme l'ensemble historiquement variable des codes, des présuppositions, des taxinomies et des pratiques qui fixent dans un milieu donné ce qu'il est alors possible de *savoir*[2], une notion qu'il complétera peu après par celle, plus locale et plus nuancée, de « formation discursive » : un énoncé particulier, enseignait-il, – surtout quand il présente un caractère théorique – ne prend sa valeur et son sens que dans le contexte d'un champ discursif restreint dans l'espace-temps et régi par des « règles de formation » distinctives qui commandent aussi bien la constitution des objets d'étude et des systèmes de concepts que les styles d'écriture et les stratégies argumentatives admissibles[3].

Ni Kuhn ni Foucault en parlant de paradigmes, d'*épistémè* ou de formations discursives n'entendaient évoquer directement l'histoire de la philosophie, mais ces idées, vite répandues, ne pouvaient laisser le domaine intact : si la portée et la validité des théories scientifiques sont relatives aux réseaux historiquement situés qui leur donnent naissance, on voit mal comment la philosophie, *a fortiori*, pourrait y échapper. D'Aristote à Kant ou de Descartes à Nietzsche, il est clair que les appareils conceptuels, les modalités énonciatives et les questionnements mêmes ont grandement varié et l'approfondissement des recherches sur chaque période et chaque milieu invite à mettre en rapport avec toujours plus de précision, de finesse et d'érudition les textes, les thèses et les arguments de chaque philosophe avec ceux de ses devanciers et de ses contemporains en même temps qu'avec les institutions et les préoccupations socio-politiques de son temps. L'image d'une constellation théorique relativement

1. Voir en particulier T. S. Kuhn, *The Structure of Scientific Revolutions*, Chicago, The University of Chicago Press, 1970 (2e éd.), trad. fr. L. Meyer, *La structure des révolutions scientifiques*, Paris, Flammarion, 1983; *The Essential Tension. Selected Studies in Scientific Tradition and Change*, Chicago, The University of Chicago Press, 1977.

2. Voir M. Foucault, *Les mots et les choses. Une archéologie des sciences humaines*, Paris, Gallimard, 1966, en part. chap. X, p. 355-398; et *L'archéologie du savoir*, *op. cit.*, p. 249-250.

3. Voir *id.*, *L'archéologie du savoir*, *op. cit.*, en part. chap. II, p. 29-101.

homogène et qui graviterait au fil des siècles autour d'un petit nombre de questions, toujours les mêmes, n'y résiste guère plus que celle d'une progression continue à direction déterminée.

Alain de Libera depuis les années quatre-vingt-dix a fondé sur des considérations de ce genre une réflexion méthodologique poussée au sujet de l'histoire de la philosophie[1]. Son inspiration principale, dit-il, lui vient d'une idée de Collingwood selon laquelle on ne saurait comprendre un écrit philosophique quelconque si l'on ne saisit pas les questions exactes auxquelles le philosophe voulait alors donner réponse, étant entendu que ces questions varient énormément d'un contexte à l'autre[2]. C'est ce qui amène de Libera à sa théorie des « complexes questions-réponses » (ou CQR)[3]. L'étude historique d'une doctrine, selon cette approche, consiste à la replacer dans le contexte d'un réseau conceptuel et textuel bien délimité, constitué notamment d'autres écrits qui d'une manière ou d'une autre étaient des autorités ou des interlocuteurs pour le philosophe considéré.

L'exemple le plus remarquable que nous ait donné de Libera est celui de la querelle des universaux depuis Platon jusqu'à la fin du Moyen Âge[4]. Au long de cette période, maintient-il, les questionnements philosophiques s'expliquent, chez les Latins comme chez les Grecs et les Arabes, par l'opposition et l'interpénétration de deux grands corpus, celui du platonisme et celui de l'aristotélisme. Pour la scolastique latine en particulier, le problème dit des universaux venait surtout de ce que les textes d'Aristote, qui faisaient alors autorité, non seulement présentaient et critiquaient la théorie platonicienne des Formes (dans *Métaphysique* Z notamment), mais véhiculaient en outre, dans leur propre doctrine, quelques éléments d'un « platonisme résiduel »[5], qui se conciliaient mal avec les autres positions du Stagirite. Le dernier chapitre des *Analytiques*

1. Voir notamment A. de Libera, *Penser au Moyen Âge*, Paris, Seuil, 1991 ; *La querelle des universaux*, *op. cit.*, surtout chap. I, p. 11-65 ; « Le relativisme historique… », art. cit. ; « Archéologie et reconstruction », art. cit. ; *L'archéologie philosophique*, Paris, Vrin, 2016.

2. Voir R. G. Collingwood, *Toute histoire est histoire d'une pensée. Autobiographie d'un philosophe archéologue,* trad. fr. G. Le Gaufey, Paris, Epel, 2010, p. 75-96; et A. de Libera « Le relativisme historique… », art. cit., p. 484.

3. A. de Libera « Le relativisme historique… », art. cit.

4. A. de Libera, *La querelle des universaux*, *op. cit.* J'ai discuté cet ouvrage dans C. Panaccio, « La geste de l'universel et l'insistance des problèmes », dans L. Langlois et J.-M. Narbonne (éd.), *La métaphysique, son histoire, sa critique, ses enjeux*, Paris/Québec, Vrin/PUL, 2000, p. 234-241, et dans « Universals », dans J. Marenbon (éd.), *The Oxford Handbook of Medieval Philosophy*, Oxford, Oxford University Press, 2012, p. 385-402.

5. A. de Libera, *La querelle des universaux*, *op.cit.*, p. 29.

seconds, par exemple, évoque une « intuition » spéciale par laquelle l'esprit humain saisit les principes premiers qui régissent toutes les sciences. Or ce genre de connaissance *a priori* n'était pas manifestement compatible aux yeux des médiévaux avec la théorie aristotélicienne de l'abstraction, d'inspiration plus empiriste, et semblait requérir la position d'objets purement intelligibles directement appréhendés par l'esprit humain. La plus grande partie de l'ouvrage de de Libera sur la querelle des universaux vise à montrer que tout le débat jusqu'à la fin du XIVe siècle se ramène à une série de tentatives de plus en plus sophistiquées pour réconcilier entre eux des énoncés qui faisaient ainsi autorité. Les questions, donc, auxquelles chaque auteur voulait alors donner réponse, qu'il s'agisse d'Abélard, de Thomas d'Aquin ou de Guillaume d'Ockham, ne pouvaient même se formuler que dans le cadre d'une tradition textuelle aristotélicienne, subrepticement nourrie de platonisme. La tâche de l'historien de la philosophie dans ces conditions est de rendre compte des doctrines étudiées en les mettant en rapport jusque dans le détail avec des questions de ce type et en retraçant avec le plus de précision possible les corpus auxquels avait affaire chacun des auteurs considérés (les traductions d'Aristote qu'il utilisait, notamment, et les commentateurs anciens ou récents dont il était familier). C'est à ce prix seulement que les théories médiévales des universaux nous deviennent intelligibles.

Il y a beaucoup à dire en faveur d'une telle méthode. Nourrie d'une étude minutieuse des corpus et des autorités, elle permet de repérer sur la longue durée des configurations larges dans l'histoire de la pensée. Dans *L'art des généralités*, par exemple, de Libera a reconstitué en théorie de la connaissance ce qu'il appelle « l'*épistémè* alexandrinienne », qui va du péripatéticien Alexandre d'Aphrodise au IIe siècle après Jésus Christ jusqu'au cœur du Moyen Âge en passant par Porphyre, Boèce, Avicenne et Abélard[1]. Et l'approche en même temps convient fort bien à l'analyse fine des textes, éclairant de façon révélatrice la portée des thèses, la progression des arguments, le choix des mots et les références implicites. On ne saurait comprendre dans le détail, pour ne prendre qu'un exemple parmi tant d'autres, la critique du réalisme des universaux à laquelle se livre Guillaume d'Ockham dans la *Somme de logique* si on ne la situe pas dans l'histoire de la critique péripatéticienne du platonisme et par rapport,

1. A. de Libera, *L'art des généralités*, *op. cit.*

en particulier, aux positions du franciscain Jean Duns Scot au début du XIVe siècle[1].

La méthode en question, cependant, si on la tient pour la seule manière légitime de *parler* des doctrines du passé, tend à accréditer une vision discontinuiste radicale qui creuse l'écart entre les époques, et tout particulièrement entre la nôtre et celles qui l'ont précédée. À force de renvoyer chaque texte aux questionnements précis qui lui ont donné naissance et chaque auteur à ses sources et à la forme exacte des débats dans lesquels il était engagé, on en vient à compromettre leur intérêt de principe pour les discussions philosophiques actuelles. Collingwood, déjà, rejetait catégoriquement l'idée qu'il y a des « problèmes permanents » en philosophie[2] et cette négation devient chez de Libera l'une des thèses centrales de son « relativisme historique de style collingwoodien »[3]. Le problème des universaux au Moyen Âge n'était pas à ses yeux celui qui est discuté sous cette étiquette dans la philosophie analytique contemporaine :

> Le point de départ du *problème médiéval* des universaux n'est pas dans *notre* monde, il est dans les systèmes philosophiques et les champs d'énoncés disponibles à l'époque où il a précipité en *problème*. Il n'a pas d'existence détachable, mais s'inscrit toujours dans des problématiques plus vastes. Élément d'un discours, pièce d'un puzzle, il fait partie de réseaux multiples et changeants[4].

Le « relativisme » en l'occurrence, dit ailleurs de Libera, « consiste à comprendre la genèse d'une thèse philosophique à l'intérieur du champ d'énoncés auquel elle appartient et qu'elle a pour fonction d'articuler ou de réarticuler »[5]. Pris trop à la lettre, cela suggère, apparemment, de renoncer à la pertinence des textes du passé pour la réflexion philosophique d'aujourd'hui, puisque nous ne fonctionnons plus dans les mêmes réseaux textuels et que nos questions, par conséquent, ne sont plus les mêmes. Cela reviendrait à opter pour l'une des branches de ce que j'ai appelé ci-dessus le dilemme de MacIntyre et à ne concéder aux œuvres du passé qu'un intérêt purement historique. On ne comprendrait plus dans ces conditions ce que peuvent gagner les philosophes à relire leurs lointains prédécesseurs, sauf à

1. Guillaume d'Ockham, *Somme de logique*, I, chap. 14-17 ; ce texte est reproduit dans C. Panaccio (éd.), *Le nominalisme*, *op. cit.*, p. 65-85 (dans la trad. fr. de J. Biard).
2. R. G. Collingwood, *Toute histoire est histoire d'une pensée*, *op. cit.*, p. 88-90.
3. A. de Libera, « Le relativisme historique… », art. cit., p. 486-487.
4. *Id.*, *La querelle des universaux*, *op. cit.*, p. 63 (les italiques sont de l'auteur).
5. *Id.*, « Archéologie et reconstruction », art. cit., p. 560.

confirmer à tout coup l'inéluctable enfermement de chaque *épistémè* sur elle-même.

Peu d'historiens de la philosophie sont disposés à aller jusque-là, et surtout pas Alain de Libera lui-même, que le dialogue philosophique à travers les époques fascine de toute évidence, comme en témoignent ses travaux récents sur les théories de la proposition[1] et sur le thème de la subjectivité[2]. Mais le problème est de comprendre comment il est possible d'échapper à ce cloisonnement tout en reconnaissant l'indéniable fécondité de la méthode collingwoodienne. On s'y emploiera dans les sections qui suivent en réfléchissant à certaines présuppositions fortes du travail historique en philosophie tel qu'on l'a décrit au chapitre précédent et à l'idée même de ce que c'est qu'un problème de philosophie.

La continuité du monde

Il faut d'abord rappeler une distinction préliminaire que l'on a tracée plus haut entre la compréhension d'un texte du passé et la reconstruction d'une doctrine dans des formulations nouvelles concoctées par l'historien. Il est vrai, bien sûr, que celle-ci présuppose celle-là : aucune reconstruction ne saurait être adéquate sans quelque intelligence de la doctrine considérée. Mais il n'en suit pas que toutes les informations qui sont requises pour une lecture pénétrante et détaillée des textes originaux doivent être explicitement exposées par qui veut analyser, résumer ou discuter la doctrine en question. La critique par Ockham du réalisme des universaux ne peut être suivie pas à pas dans le texte sans une bonne familiarité avec les idées de Jean Duns Scot, mais le nominalisme d'Ockham peut très bien être présenté à un lecteur d'aujourd'hui, dans certaines conditions, sans référence élaborée aux positions scotistes; c'est ce que fait, par exemple, Paul Vincent Spade, l'un des meilleurs connaisseurs en la matière, dans le chapitre du *Cambridge Companion to Ockham* qu'il a consacré à la métaphysique du *venerabilis inceptor*[3]. Quel que soit l'intérêt de l'approche contextualiste à la Collingwood pour la compréhension fine des textes, elle ne s'impose pas comme la seule voie légitime pour la reconstruction des

1. A. de Libera, *La référence vide. Théories de la proposition*, Paris, P.U.F., 2002.

2. *Id.*, *Archéologie du sujet*, *op. cit.*

3. Voir P. V. Spade, « Ockham's Nominalist Metaphysics : Some Main Themes », dans P. V. Spade (éd.), *The Cambridge Companion to Ockham*, Cambridge, Cambridge University Press, 1999, p. 100-117.

doctrines et le relativisme qu'elle semble suggérer ne s'étend pas automatiquement à toute forme de discours en histoire de la philosophie.

Autre remarque préliminaire : la compréhension d'un texte de toute façon – et *a fortiori* d'un ensemble de textes – est toujours une affaire de degré. L'étude des sources médiévales de Descartes, de Locke ou de Leibniz jette à n'en pas douter un éclairage révélateur sur maints passages de leurs œuvres, mais il n'est pas vrai que nul n'y ait jamais *rien* compris sans une telle mise en perspective. Une lecture satisfaisante des *Méditations métaphysiques* ou de l'*Essai sur l'entendement humain* est accessible à qui n'a qu'une connaissance minimale des antécédents intellectuels de Descartes et de Locke, de leurs préoccupations scientifiques ou politiques, de la formation qu'ils avaient reçue en philosophie et des difficultés qu'ils pouvaient avoir dans leur vie personnelle. Ces informations peuvent enrichir l'étude de ces œuvres, mais le processus est sans fin ; prétendre qu'elles lui sont toutes *indispensables* aurait un effet dévastateur : une intelligence minimalement adéquate d'un texte quelconque du passé serait impossible, sauf à quelques érudits, et encore… La façon dont l'histoire de la philosophie est couramment pratiquée suppose qu'il n'en va pas ainsi : les spécialistes incitent en général les étudiants, le « public cultivé » et les autres philosophes à se frotter directement aux classiques du domaine, fût-ce en traduction le cas échéant, et se permettent eux-mêmes, très souvent, de ne parcourir qu'en surface les écrits qui ne sont pas ceux de leurs auteurs de prédilection, avec l'espoir, néanmoins, d'en tirer quelque profit.

Ni la reconstruction doctrinale, donc, ni même la lecture des textes philosophiques ne requièrent dans tous les cas, pour être minimalement correctes, une connaissance et une description approfondies des corpus que fréquentaient les penseurs à l'étude ni, de façon générale, des contextes où ils œuvraient. Que l'on m'entende bien : je ne veux d'aucune façon disqualifier ce genre de considérations. Elles sont fréquemment éclairantes et parfois nécessaires. Mais les textes de Platon, d'Augustin, de Hume et de Kant ne sont pas réservés aux seuls experts, la chose est communément admise ; ils parlent encore, du fond de leurs « *épistémè* » respectives, à qui veut bien les lire avec attention et se prêtent, dans l'enseignement comme dans les publications savantes, à des présentations abrégées et partielles qui ne sont pas pour autant scandaleusement inadéquates. Que cela soit possible oblige à dépasser l'idée « relativiste » qu'un écrit philosophique n'est intelligible qu'en regard du contexte étroit qui l'a vu naître et requiert une explication d'un autre ordre. Celle-ci, à mon avis, tient à deux choses : la continuité du monde réel auxquels les philosophes entendent se référer et la parenté, à tout le moins, de certains des problèmes qu'ils ont discutés depuis Platon et Aristote. J'examinerai ces deux points tour à tour avant de revenir en fin de chapitre à la question de savoir jusqu'à quel point – et en quel sens – il y a lieu de parler d'« incommensurabilité » entre les philosophies d'époques différentes.

Thomas Kuhn, déjà, suggérait en divers endroits que les scientifiques, d'un paradigme à l'autre, habitent des « mondes » distincts. Il proposait de dire, par exemple, qu'« après avoir découvert l'oxygène, Lavoisier a travaillé dans un *monde différent* »[1]. Et de Libera parfois s'exprime de semblable façon : « Vivons-nous dans le même monde que les "intellectuels des XIIIe et XIVe siècles" ? Nous pensons avoir montré que non », écrit-il en conclusion de l'ouvrage qu'il a consacré au médiévisme en histoire de la philosophie[2]. Je trouve trompeuse, pour ma part, cette façon de parler. Le « monde », au sens le plus habituel, est la totalité de ce qui existe. Dire qu'il varie avec les théories suggère assez malencontreusement que la réalité dépendra toujours de la façon dont on la regarde, ce qui est une source inépuisable de confusions en philosophie. Qu'ils soient de tradition analytique, continentale, marxiste ou autre, et quelles que soient leurs déclarations de principe, *tous* les historiens de la philosophie présupposent en pratique une certaine stabilité du réel à travers le temps et d'une formation discursive à l'autre ; c'est ce que j'appelle la *continuité du monde*[3]. J'en distinguerai trois aspects aux fins de la discussion en cours :

– la continuité causale,

– la continuité nomologique,

– la continuité sémantique.

La troisième est à la fois la plus délicate à traiter et la plus pertinente pour mon propos, mais il me faut d'abord dire un mot des deux premières et du rôle qu'elles jouent en histoire de la philosophie.

Admettre une *continuité causale* depuis les temps les plus reculés jusqu'à nos jours n'est rien d'autre que reconnaître l'existence de certaines chaînes causales rattachant des objets ou des événements d'aujourd'hui à certains objets ou événements du passé. Une telle continuité est

1. T. S. Kuhn, *La structure des révolutions scientifiques*, *op. cit.*, p. 167 (les italiques sont de moi).

2. A. de Libera, *Penser au Moyen Âge*, *op. cit.*, p. 353.

3. Je reprends dans ce qui suit, en les adaptant et en les élaborant, les idées principales, et quelques formulations, d'un article antérieur sur le sujet (C. Panaccio, « La référence transtemporelle et l'étude de la philosophie médiévale », dans J. A. Aartsen et A. Speer (éd.), *Was ist Philosophie im Mittelalter ?*, Berlin, Walter de Gruyter, 1998, p. 360-367).

présupposée par tout historien qui admet la subsistance présente de certaines *traces* d'objets ou d'événements anciens, des traces textuelles, par exemple, ou architecturales, des registres ou des peintures, des descendants humains même, ou des conséquences politiques. Cela inclut tous les historiens quels qu'ils soient. En histoire de la philosophie, notamment, la prétention même de lire aujourd'hui des textes du passé, de les éditer ou de les traduire suppose, on l'a vu, que les copies que nous en avons s'inscrivent dans une chaîne de transmission, de transcriptions et d'éditions qui remonte de proche en proche jusqu'aux exemplaires étalons et aux événements qui leur ont donné naissance. Il faut être attentif, de toute évidence, aux modifications, parfois nombreuses, qui ont pu survenir en cours de route – *via* les copies et les traductions par exemple –, mais toute personne qui cite aujourd'hui Aristote, Thomas d'Aquin ou Spinoza et prétend les avoir lus reconnaît *ipso facto* un lien causal réel entre l'activité de ces auteurs et la sienne propre. Ni l'histoire des corpus, dont parle de Libera, ni de façon générale, l'histoire de la pensée ne seraient possibles sans cela.

Un cas particulier spécialement intéressant de cette forme de continuité est celui de l'identité pure et simple d'un même objet singulier d'une époque à l'autre. Quand Alain de Libera, par exemple, nous a donné l'édition critique d'un petit traité médiéval de logique, les *Appellationes* de Jean le Page, il s'est basé pour ce faire sur deux manuscrits du XIIIe siècle[1]. Ceux-ci, donc, ont dû traverser le temps. De Libera nous dit qu'ils sont l'un et l'autre fortement endommagés, que des parties en ont été tachées par l'humidité et d'autres carrément déchirées[2], mais le récit même de ces vicissitudes requiert la subsistance des objets en question au fil de ces accidents. La datation des manuscrits, l'évaluation de leur fiabilité, l'identification de leurs rapports de filiation s'il y a lieu (ce qu'on appelle un « *stemma* ») sont autant d'opérations essentielles au travail d'édition critique, qui présupposent toutes l'identité transtemporelle de certaines choses matérielles. Discutant ce cas, précisément, le médiéviste allemand Kurt Flasch conteste qu'un manuscrit du XIIIe siècle ait alors été cette chose même que l'historien aujourd'hui tente de déchiffrer, évoquant à ce sujet la « connotation de rareté » que présentait un tel objet pour les médiévaux et

1. A. de Libera, « Les *Appellationes* de Jean le Page », *Archives d'histoire doctrinale et littéraire de Moyen Âge* 60, 1984, p. 193-235.

2. *Ibid.*, p. 205-206.

« le temps que prenait la copie »[1]. Mais ces considérations sont hors de propos pour la discussion en cours. Nul ne conteste que les médiévaux voyaient leurs manuscrits autrement que nous ne les voyons. Le point sur lequel je veux attirer l'attention est le suivant : les affirmations de l'éditeur d'un texte ancien au sujet des manuscrits qu'il utilise seraient tout simplement *fausses* si *ces manuscrits-là* ne dataient pas effectivement de la période voulue. Je dis que c'est là un cas particulier de continuité causale parce que l'avènement même de l'objet en question doit être l'effet d'un acte d'écriture historiquement situé, celui du scribe en l'occurrence, et que son état présent résulte des conditions qui ont marqué son existence au fil des siècles. Cela suppose un univers ambiant dans lequel certains événements passés, si lointains soient-ils, ont des répercussions jusqu'au temps de l'historien.

Une seconde figure de la stabilité du monde, étroitement liée à la précédente, est la *continuité nomologique*. Je dirai qu'il y a continuité nomologique entre une période *A* et une période *B* si (et seulement si) certaines des lois naturelles qui prévalaient en *A* prévalent aussi en *B*, qu'il s'agisse de lois physiques, biologiques, psychologiques ou autres. On me concédera, je l'espère, que les historiens des idées sont tous engagés à l'admission de quelque degré – en général très élevé – de continuité nomologique, à défaut de quoi aucune conclusion historique ne pourrait être atteinte, aucune datation, aucune attribution de texte, aucune interprétation ou explication ne seraient même envisageables. Que l'étude matérielle des papyrus, des parchemins et des encres, par exemple, puisse contribuer à la datation de manuscrits et à l'identification de leur provenance suppose la régularité de certaines réactions chimiques, même si elles étaient totalement inconnues des copistes. La compréhension de ce que dit Aristote sur les éclipses lunaires, Alhazen sur la réfraction ou Descartes sur l'arc-en-ciel suppose que ces phénomènes naturels soient aujourd'hui sensiblement les mêmes qu'au temps de ces auteurs, même si les explications qu'ils en donnaient ne sont plus les nôtres. Et les biographies que nous reconstituons requièrent à tout moment une certaine permanence de la biologie humaine malgré la variation des contextes sociaux.

1. K. Flasch, « Wie schreibt man Geschichte des mittelalterlichen Philosophie ? Zur Debatte zwischen Claude Panaccio und Alain de Libera über den philosophischen Wert der philosophiehistorischen Forschung », *Medioevo* 20, 1994, p. 18 (je cite ce texte dans une traduction française inédite de Josette Lanteigne).

Un cas particulier, ici aussi, mérite d'être mentionné à part, celui de la psychologie humaine. Non que l'historien puisse prétendre en connaître adéquatement les lois, mais il en admet toujours, jusqu'à un certain point, la constance. S'il ne reconnaissait pas chez les auteurs du passé un appareil cognitif semblable au nôtre, depuis les modes de la perception sensorielle jusqu'au fonctionnement du raisonnement et du jugement, il ne serait jamais en mesure de leur attribuer des convictions, des croyances ou des intentions. Et s'il ne les supposait pas sujets tout comme nous au désir, à l'enthousiasme, à la colère ou à la peur, une grande partie de leurs accomplissements discursifs lui resterait énigmatique. Étienne Gilson, pour ne prendre qu'un exemple, ouvre de la façon suivante son grand livre sur Augustin :

> Augustin s'est éveillé à la vie philosophique en lisant un dialogue de Cicéron aujourd'hui perdu, l'*Hortensius*. Dès ce jour, il ne cessa de brûler d'un ardent amour pour la sagesse et cette découverte resta toujours pour lui, dans la suite, le premier pas sur la route douloureuse qui devait le conduire à Dieu[1].

C'est là une interprétation risquée, susceptible, le cas échéant, d'être corrigée par une connaissance plus approfondie de la vie et de l'œuvre d'Augustin, mais elle est paradigmatique en ce qu'elle requiert à tout le moins de voir le philosophe en question comme le sujet d'une maturation intellectuelle, d'une passion dévorante pour la recherche et d'une quête existentielle éprouvante. Rien de cela n'aurait la moindre plausibilité si l'on n'acceptait pas, avec Gilson, d'attribuer à un auteur du Ve siècle après Jésus-Christ des traits psychologiques reconnaissables chez les humains d'autres époques et qui sont révélés, chez lui comme chez eux, par les actes et les écrits selon une régularité assez floue certes, mais globalement repérable.

Un aspect de la psychologie humaine qui est spécialement pertinent à cet égard est la capacité de raisonner, la *rationalité* si l'on veut. On l'a vu ci-dessus, la possibilité de comprendre un texte suppose de la part de l'historien qu'il puisse y reconnaître des enchaînements argumentatifs. Et cela à son tour suppose que les aptitudes rationnelles de l'auteur étudié soient assez semblables, somme toute, à celles des intellectuels d'aujourd'hui. Considérons à titre d'exemple un argument simple tiré des

1. É. Gilson, *Introduction à l'étude de saint Augustin*, Paris, Vrin, 1949 (3e éd.), p. 1.

Questions quodlibétales de Guillaume d'Ockham [1]. Le *venerabilis inceptor* veut alors « prouver de façon évidente » (contre l'averroïsme surtout) qu'il n'y a pas un intellect unique commun à tous les humains. Il est impossible, explique-t-il, que le même intellect sache et ne sache pas la même chose; mais l'intellect d'un humain donné peut très bien savoir quelque chose que celui d'un autre ne sait pas; il y a donc là des intellects distincts. Le débat, il est vrai, est historiquement situé et l'argument comporte au moins une présupposition discutable : que le sujet du savoir chez les humains soit un « intellect ». On pourrait rétorquer, d'un point de vue averroïste, que ceux qui savent ou ne savent pas quelque chose sont des humains singuliers incarnés dans des corps, dont l'état épistémique distinct tient à la façon différente dont chacun, par accident, est lié à un intellect transcendant et impersonnel. Mais l'inférence n'en présente pas moins une forme logique familière que reconnaît sans difficulté un philosophe d'aujourd'hui : l'argument repose sur le principe de non-contradiction et procède par un test de substitution tout à fait standard (si *A* est *F* et *B* n'est pas *F*, alors *A* n'est pas identique à *B*). Le cas est généralisable, comme on s'en rend compte à tout moment en parcourant les textes philosophiques du passé : qu'il s'agisse de substitution des identiques, de *modus tollens*, de régressions à l'infini, de dilemmes ou de syllogismes élémentaires, les auteurs anciens, médiévaux et modernes recouraient à des schémas d'inférence que nos contemporains adoptent eux aussi dans leurs échanges argumentatifs.

Ce n'est pas là pure affaire de logique formelle. Il s'agit bien de psychologie du raisonnement. Les philosophes du passé manifestent souvent, jusque dans le détail de leurs arguments, des dispositions rationnelles semblables aux nôtres et leurs capacités intellectuelles ne différaient pas fondamentalement de celles de leurs homologues d'aujourd'hui. Ils avaient notamment la même aptitude à tenir pour valides certaines inférences relativement simples et c'est ce qui permet à l'historien, précisément, de suivre le fil de la discussion en lisant ces écrits d'autrefois. Pour que l'histoire soit possible, ce n'est pas seulement le monde extérieur qui doit fonctionner de façon relativement stable à travers les siècles, mais aussi chez les humains le jeu des capacités et des attitudes psychiques et intellectuelles.

1. Guillaume d'Ockham, *Quodlibetal Questions*, trad. angl. A. J. Freddoso et F. E. Kelley, New Haven (NY), Yale University Press, 1991, p. 59-60 (*Quodlibeta* I, 11).

La troisième sorte de continuité m'occupera davantage dans la suite de ce livre. Je dirai qu'il y a quelque *continuité sémantique* entre un contexte *A* et un contexte *B* si certaines des phrases proférées ou écrites dans le contexte *A* sont sémantiquement équivalentes à des phrases proférées ou écrites dans le contexte *B*. Un éventail très large de formes possibles d'équivalence sémantique serait ici pertinent, depuis l'équivalence des conditions de vérité jusqu'à celle des connotations les plus subtiles, et il est certain que cette variété complique singulièrement la question qui nous occupe, on y reviendra au chapitre V. Mais même à se contenter, provisoirement, d'une notion fruste d'équivalence, d'intéressantes conclusions peuvent être tirées. Je voudrais proposer en particulier, dans ce cas comme dans les deux autres, qu'un certain degré de continuité sémantique est *toujours* présupposé par le travail de l'historien de la philosophie, si relativiste, foucaltien ou post-moderne soit-il.

La lecture des textes déjà, dans la mesure où elle prétend atteindre à une certaine compréhension, suppose, on l'a vu, que l'historien puisse régulièrement identifier les référents des textes qu'il lit et saisir correctement les conditions de vérité d'une grande partie de leurs phrases, ce qui constitue la base même de la continuité sémantique. *A fortiori*, lorsque le chercheur se livre à la traduction ou à la reconstruction doctrinale, il doit, pour une part au moins de son travail, produire des phrases qui soient à la fois intelligibles pour ses propres lecteurs et sémantiquement équivalentes à certaines des phrases ou séquences de phrases originalement produites par les auteurs qu'il étudie.

La chose va de soi dans le cas de la traduction. Il est vrai, tous les traducteurs le savent, qu'il leur faut parfois introduire des néologismes ou subvertir le sens d'expressions déjà existantes dans leur langue. Mais cela n'est admissible et pertinent qu'à titre ponctuel. Le traducteur doit présupposer que de façon générale les termes ou groupes de termes qu'il utilise dans la langue cible sont pris dans leur sens habituel, ou à peu près, et qu'ils sont compris comme tels par les lecteurs. Quand de Libera traduit la première phrase d'un traité de Thomas d'Aquin par « De même que, par nature, tous les hommes désirent connaître la vérité, il y a en eux un désir naturel d'échapper à l'erreur et de la réfuter quand ils en ont la faculté »[1], il présume que les mots français « par nature », « homme », « désirer », « connaître », « vérité », « erreur », « réfuter » etc. ont sensiblement la même portée sémantique pour un lecteur d'aujourd'hui que les expressions

1. Thomas d'Aquin, *Contre Averroès*, *op. cit.*, p. 77.

correspondantes dans l'original latin. À défaut de quoi, on n'aurait pas affaire là à une traduction.

Dans la reconstruction doctrinale, d'autre part, les historiens de la philosophie reformulent dans leur propre langage le contenu de certaines phrases ou séquences de phrases proférées ou écrites à quelque époque antérieure dans un langage différent. Or cette opération aussi requiert qu'un certain degré – élevé – d'équivalence sémantique soit possible entre les formulations du commentateur moderne et celles des auteurs dont il parle. Sans une telle présupposition, il serait vain de prétendre rapporter aujourd'hui d'une façon à la fois intelligible et adéquate la « pensée » des Platon, Thomas d'Aquin, Descartes ou Hegel.

Prenons un exemple simple : Averroès, écrit Étienne Gilson, « pensait et disait que la vérité proprement dite est celle qu'atteignent la philosophie et la raison » [1]. Telle affirmation ne requiert-elle pas pour être admise qu'un certain auteur du passé – Averroès en l'occurrence – ait effectivement écrit dans sa propre langue quelque chose qui, d'une façon ou d'une autre, équivaille à cette phrase française rédigée par Gilson lui-même : « la vérité proprement dite est celle qu'atteignent la philosophie et la raison » ? Certes, puisqu'il ne s'agit plus ici de traduction, rien n'oblige à ce qu'Averroès ait formulé la chose en une phrase unique, isomorphe à celle de Gilson. Il a pu le dire de bien des manières, mais si Gilson doit avoir raison – et pourquoi, après tout, serait-ce impossible ? –, le penseur arabe doit bien avoir disposé de termes que nous puissions rendre aujourd'hui par un usage correct et compréhensible des mots français « vérité », « philosophie » et « raison » ; et il doit, de surcroît, les avoir agencés les uns aux autres dans un rapport logique équivalent à celui qu'on trouve dans la phrase de Gilson.

L'exemple est paradigmatique. Explicitement ou implicitement, l'historien de la philosophie qui rapporte les doctrines du passé écrit en style indirect. Or les phrases (ou séquences de phrases) qui présentent, explicitement ou implicitement, la forme canonique du discours indirect « *A* dit que *p* » requièrent pour leur assertabilité qu'il y ait une forte équivalence de signification entre quelque chose que le locuteur *A* a réellement proféré ou écrit et le « *p* » qui apparaît dans le compte rendu du rapporteur. Comme l'écrit le philosophe américain Donald Davidson, « quand je dis que Galilée dit que la terre tourne, je représente Galilée et moi comme des même-diseurs (*samesayers*) » [2]. Une certaine forme de continuité

1. É. Gilson, *La philosophie au Moyen Âge*, *op. cit.*, p. 561.
2. D. Davidson, *Enquêtes sur la vérité et l'interprétation*, *op. cit.*, p. 159.

sémantique est requise, à titre d'hypothèse de travail au moins, par tous les historiens des idées qui prétendent exposer ou résumer des doctrines du passé.

L'argument va même plus loin. Quelle que soit leur diversité, les formes pertinentes d'équivalence sémantique auxquelles je puisse penser impliquent toutes à titre de condition nécessaire (mais non suffisante) une exigence de coréférentialité ou de coextensivité au niveau des termes, ou de certains d'entre eux. L'historien des idées qui présente une doctrine venue du passé prétend implicitement que certains des termes qu'il utilise dans cette présentation sont, au moins approximativement, coréférentiels ou coextensifs à certains termes – ou certaines combinaisons de termes – effectivement employés par les auteurs dont il parle.

Ce que j'appelle la coextensivité approximative, en l'occurrence, est la coextensivité de deux termes eu égard à la grande majorité des membres paradigmatiques de leurs extensions respectives, ou, si l'on préfère, la coextensivité pour la plupart des membres les plus saillants de leurs extensions respectives. Ainsi un terme étranger *T* sera approximativement coextensif du mot français « oiseau » si une importante proportion des êtres que les francophones n'hésiteraient pas à classer comme des oiseaux font aussi partie des membres les moins douteux de l'extension de *T* et réciproquement. La coextensivité approximative est une question de degré, certes, et elle peut être relative à des sous-groupes de locuteurs. Mais si floue et si relative soit-elle, quelque version en est toujours supposée par les historiens de la philosophie. Nous admettons toujours, à titre d'historiens, que nous avons à notre disposition – ou que nous pouvons forger – des termes, techniques ou non, qui, dans certains de leurs usages au moins, sont approximativement coextensifs de ceux (ou de certains de ceux) de nos lointains prédécesseurs.

Je prendrai pour exemple de ce que je veux dire ici une courte phrase d'Alain de Libera sur Albert le Grand : « les éloges de la philosophie », écrit le médiéviste français – en français – « sont nombreux chez Albert »[1]. Pour être légitimement assertable – ou vraie, si vous préférez – cette phrase requiert que si le mot français « philosophie » réfère à quelque chose dans le contexte même de cette phrase, il y ait dans les textes d'Albert quelque expression ou groupe d'expressions qui réfère approximativement aux mêmes phénomènes[2]. Cela n'a pas besoin d'être le mot français

1. A. de Libera, *Albert le Grand et la philosophie*, *op. cit.*, p. 39.

2. Si, par ailleurs, le terme employé par le commentateur a une extension vide dans sa propre phrase (qu'il le sache ou non), il doit en aller de même du terme, ou groupe de termes,

« philosophie », bien entendu, ni même un mot qui y ressemble comme « *philosophia* » en latin. Ce qu'Alain de Libera appelle « philosophie » dans son propre texte peut bien avoir été appelé n'importe comment par Albert – et peut-être de multiples façons à travers son œuvre –, mais s'il est vrai qu'il en a fait de nombreux éloges, il doit y avoir référé de quelque manière. Alain de Libera, comme n'importe quel autre historien de la philosophie, suppose ainsi, pour dire ce qu'il dit, une certaine continuité référentielle entre le texte d'Albert et le sien propre.

Même à s'en tenir aux termes singuliers, les exemples abondent où ce genre de présupposition est à l'œuvre. Nombre de médiévaux parlent du soleil, de la lune ou des planètes et les commentateurs tiennent normalement pour acquis que les corps célestes ainsi mentionnés sont ceux-là même que nous observons encore aujourd'hui. Quand Roger Bacon évoque les éclipses de la lune et les variations de son diamètre apparent ou que Jean Buridan conteste qu'il faille attribuer des épicycles à la lune en tirant argument de la tache que l'on y voit en forme de silhouette humaine[1], il n'est pas douteux que ces auteurs des XIIIe et XIVe siècles fassent alors référence à l'astre lunaire familier que nous voyons nous-mêmes la nuit. Certaines des choses qu'ils en disent sont inexactes ou carrément fausses, mais nous ne repérons ces erreurs, justement, que parce que nous savons identifier l'objet singulier dont il est alors question.

Kurt Flasch discute le cas de la lune précisément et quoiqu'il admette qu'« on a là une continuité partielle et factuelle, qui est incontestable »[2], il en atténue la portée en soulignant que la lune a changé pour nous, même comme objet physique, de par les découvertes qui ont été faites, les vers de

correspondant chez l'auteur étudié. Si Dieu n'existe pas, par exemple, le terme « Dieu » a une extension vide dans une phrase comme « Pour Thomas d'Aquin, Dieu est identique à son être » (quelles que soient les croyances religieuses du locuteur) ; et le terme « *Deus* », à l'insu de Thomas, bien sûr, a également une extension vide lorsqu'il figure dans une de ses propres phrases comme « *Deus est suum esse* ». Dans un tel cas, la condition de coextensivité est trivialement satisfaite. On voit bien sur cet exemple que la coextensivité, si elle est nécessaire, n'est pas une condition *suffisante* de l'adéquation des comptes rendus en style indirect : « Pour Thomas d'Aquin, le Père Noël est identique à son être » est certainement faux même si les expressions « le Père Noël » et « Dieu » sont toutes les deux référentiellement vides et donc coextensives l'une à l'autre.

1. Pierre Duhem, par exemple, a longuement cité et commenté ces passages dans son monumental *Système du monde*, comme on peut s'en rendre compte même dans l'abrégé publié par Anastasios Brenner (P. Duhem, *L'aube du savoir : Épitomé du « Système du monde »*, Paris, Hermann, 1997, p. 171-185 pour Bacon et p. 208-216 pour Buridan).

2. K. Flasch, « Wie schreibt man Geschichte der mittelalterlichen Philosophie ? », art. cit., p. 17.

Goethe, les visites des astronautes, etc., et conclut que ce que les médiévaux et nous avons en commun en l'occurrence « rétrécit jusqu'à l'X inconnu de la chose en soi de Kant »[1]. Mais sa façon même de s'exprimer n'en présuppose pas moins la coréférence dont je parle ici : « les médiévaux », écrit-il, « *la* voyaient, certes [il s'agit de la lune], et ils *la* décrivaient en des termes semblables aux nôtres »[2], une phrase dans laquelle l'usage du pronom anaphorique (« *ihn* » dans l'original allemand) exige que ce que les médiévaux voyaient et décrivaient soit cette même lune que nous décrivons nous aussi à l'occasion. Dire qu'il s'agit là d'une chose en soi inconnue ou inconnaissable est sûrement faux : les médiévaux, déjà, en savaient beaucoup au sujet de la lune (même s'ils se trompaient en certains points importants) et nous en savons encore plus. L'important pour mon propos est que ces savoirs, ces croyances et ces erreurs se rapportent au *même* objet singulier et que la chose est admise, au moins implicitement, par tous les historiens concernés, y compris par Flasch lui-même.

Encore plus significatifs sont les renvois à des personnes humaines bien identifiées. Quand Thomas d'Aquin parle de Platon ou d'Aristote, ou que Leibniz dans les *Nouveaux essais* évoque Hobbes, Descartes, Gassendi ou Locke (entre mille autres, du reste), l'historien d'aujourd'hui assimile – à juste titre le plus souvent – les auteurs en question à ceux auxquels il est en mesure de se référer lui-même indépendamment de Thomas d'Aquin ou de Leibniz. Conformément à une pratique tout à fait habituelle, Jacques Brunschwig, par exemple, dans les notes de son édition des *Nouveaux essais sur l'entendement humain*, fournit diverses informations sur les auteurs et les hommes politiques qui y sont mentionnés par Leibniz. Ainsi note 258 : « Francesco Suarez (1548-1617), célèbre philosophe scolastique espagnol, auteur entre autres de *Disputationes metaphysicae* (1597) »[3]. Cette façon de faire, unanimement considérée comme légitime en son principe, suppose que l'historien – Brunschwig en l'occurrence – soit en mesure de se référer dans la note à la *même* personne que Leibniz dans le texte et que c'est *cette* personne, précisément, qui est née en telle année et morte en telle année (même si Leibniz peut-être ignorait ces détails et parfois orthographiait différemment le nom de l'auteur ainsi évoqué).

1. K. Flasch, « Wie schreibt man Geschichte der mittelalterlichen Philosophie ? », art. cit., p. 17.
2. *Ibid.* (nous soulignons).
3. J. Brunschwig, « Notes », dans G. W. Leibniz, *Nouveaux essais sur l'entendement humain*, Paris, GF-Flammarion, 1966, p. 486.

Les historiens, de même, renvoient fréquemment, sans y voir de difficulté, aux mêmes traités que les philosophes anciens qu'ils étudient. Dans une étude classique sur *Le Peri hermeneias en Occident*, le Père Isaac admet sans réserve que Boèce, Abélard, Albert le Grand et Thomas d'Aquin se référaient tous dans leurs commentaires respectifs du *Peri hermeneias* au même ouvrage d'Aristote, celui dont il dit lui-même au début du livre: « Parmi les écrits logiques du Philosophe, le *Peri hermeneias* est sans doute le dernier en date »[1]. La situation, certes, est plus complexe ici que pour les mentions de personnes. Le chercheur reconnaîtra volontiers que les divers auteurs dont il parle n'avaient pas tous la même version du texte d'Aristote, ni *a fortiori* celle dont il dispose lui-même. Boèce, par exemple, lisait couramment le grec alors que ses successeurs latins des XIIe et XIIIe siècles devaient recourir à une traduction (la sienne, justement, dans la plupart des cas) et le manuscrit qu'utilisait Thomas d'Aquin différait en bien des leçons, sans aucun doute, de celui que travaillait Abélard un siècle et demi plus tôt. Mais l'enquête du Père Isaac n'aurait aucun sens si elle ne voyait là des *versions* différentes d'un *même* ouvrage d'Aristote, auquel l'historien se réfère aussi en de nombreuses occasions par-delà Boèce, Abélard et les autres. Et il en va de même, dans leur ensemble, de l'« histoire des corpus » prônée par Alain de Libera ou de l'étude des sources, si courante en histoire de la philosophie. Notre démarche aux chapitres précédents porte à penser que les véritables référents dans ce genre de cas sont ce que j'ai appelé des « exemplaires étalons », mais quoi qu'il en soit de cette suggestion d'inspiration nominaliste, l'historien de la philosophie, de toute façon, s'exprime couramment comme s'il était en mesure de faire référence, dans de nombreux cas, aux mêmes personnes, aux mêmes écrits et aux mêmes événements que les auteurs qu'il étudie. Renoncer à cette capacité de principe ébranlerait jusque dans ses fondements la pratique historiographique en philosophie comme dans tous les autres domaines.

Maints termes généraux, de la même façon, sont habituellement tenus pour coextensifs entre le discours de l'historien et celui de philosophes du passé. Quand Descartes parle de cuivre, de verre, d'or et de diamants au début du *Discours de la méthode*, n'évoque-t-il pas de la sorte des espèces naturelles que nous évoquons nous-mêmes à l'occasion ? Et quand il renvoie, un peu plus loin, à l'armée, aux villes, aux édifices, aux études ou aux religions, ne désigne-t-il pas ainsi des phénomènes humains auxquels

1. J. Isaac, *Le* Peri Hermeneias *en Occident de Boèce à saint Thomas d'Aquin. Histoire littéraire d'un traité d'Aristote*, Paris, Vrin, 1953, p. 11.

fréquemment nous nous référons nous aussi. On a donné de ce genre de correspondances plusieurs exemples dans les pages qui précèdent, que ce soit à propos de traduction ou de reconstruction. Certes, on y insiste souvent, les exposés des philosophes comportent leur lot de termes théoriques dont la portée référentielle n'est pas d'emblée manifeste et qui ne se superposent pas facilement d'un vocabulaire à l'autre : acte et puissance, forme et matière, essence et existence, substance et accident, monade, conscience transcendantale et ainsi de suite. Et c'est à ces terminologies spécialisées que l'on pense en premier lieu d'habitude quand on parle d'« incommensurabilité » entre les doctrines ou les langages. Loin de moi de vouloir minimiser l'importance et l'intérêt des écarts de ce genre, on s'y intéressera dans les pages qui viennent. Mais ces technicalités philosophiques resteraient inintelligibles si elles n'étaient mises en relation par ceux qui les introduisent avec un vocabulaire plus courant (et normalement plus riche) par le biais duquel les lecteurs non encore initiés – y compris les historiens d'époques ultérieures – puissent reconnaître des phénomènes et des événements dont ils sont familiers.

L'INSISTANCE DES PROBLÈMES

Qu'elle soit causale, nomologique ou sémantique, donc, la continuité du monde est un prérequis de l'entreprise historiographique. Mais elle ne suffit pas pour autant à fonder la pertinence des doctrines du passé pour les discussions philosophiques d'aujourd'hui. Le discontinuisme, dans le débat qui nous occupe, en appelle surtout aux fluctuations des *problèmes* à travers les âges. Malgré quelques déclarations intempestives ici et là, il peut admettre après tout que nous vivons « dans le même monde » que nos ancêtres et contester néanmoins que les questions dont ils s'occupaient soient encore les nôtres. La continuité du monde, au sens qu'on a dit, est une condition nécessaire du dialogue philosophique entre doctrines d'époques différentes et il était important, pour cette raison, de dissiper à ce sujet certaines confusions fréquentes, mais elle n'en est pas une condition suffisante.

Les discontinuistes en ont contre une vision de l'histoire selon laquelle les philosophes, depuis Platon au moins, se sont intéressés (entre autres choses peut-être) à un nombre relativement restreint de problèmes constants, auxquels ils ont apporté des solutions rivales. Les universaux existent-ils hors de l'esprit ? La connaissance vraie nous est-elle accessible ? Les normes morales sont-elles naturelles ? Et ainsi de suite.

À chacune de ces questions, selon l'approche incriminée, il y aurait eu des auteurs pour répondre par l'affirmative et d'autres par la négative avec, vraisemblablement, tout un éventail de positions intermédiaires. Bertrand Russell, dans cette optique, peut être opposé à Guillaume d'Ockham, Husserl à Sextus Empiricus, Carnap à Thomas d'Aquin et les arguments des uns peuvent à bon droit être pris en considération pour la discussion des autres. La meilleure façon de faire de l'histoire de la philosophie serait alors de procéder par problèmes et de repérer pour chacun d'entre eux les éléments de réponse qui se rencontrent chez les auteurs qu'on étudie : comment Abélard aborde-t-il la question des universaux, Descartes celle du scepticisme ou Kant celle des fondements de la moralité ? Un bon chercheur dans le domaine devrait être lui-même philosophe plus qu'historien pour comprendre, avant tout, les problèmes en cause et leurs ramifications. C'est ce que l'on a appelé « l'histoire par problèmes », prônée dès le XIXe siècle par l'Allemand Wilhelm Windelband et populaire dans les dernières décennies parmi les chercheurs anglo-saxons[1].

À cette façon de voir, les critiques reprochent d'habitude de négliger indûment l'inscription historique propre de chaque penseur et de se donner, par ignorance, un présent artificiel où cohabitent Platon, Hume, Kierkegaard et Wittgenstein[2]. Collingwood insiste là-dessus : penser qu'il y a des problèmes éternels en philosophie est « une pure et simple erreur, conséquence d'une espèce de myopie historique qui, trompée par des ressemblances superficielles, ratait les différences profondes »[3] :

1. Voir par exemple W. Windelband, *Die Geschichte der neueren Philosophie*, 2 vol., Leipzig, Breitnopf und Härtel, 1878-1880, et *Lerbuch der Geschichte der Philosophie*, Tübingen, J.C.B. Mohr, 1892; J. Passmore, « Philosophy, Historiography of », dans P. Edwards (éd.), *The Encyclopedia of Philosophy*, vol. 6, New York, Macmillan, 1967, en part. p. 229; H.-J. Glock, *What is Analytic Philosophy*, Cambridge, Cambridge University Press, 2008. Leo Catana suggère que l'Allemand Georg Gustav Fülleborn (1769-1803) pourrait bien avoir été le premier à voir l'histoire de la philosophie comme une approche par problèmes et il propose une liste d'autres historiens allemands du XIXe et du XXe siècles qui partagèrent cette conception, de Karl Friedrich Bachmann à Ernst Cassirer et Nicolai Hartmann (L. Catana, « Philosophical Problems in the History of Philosophy : What are They ? », dans M. Laerke, J. E. H. Smith et E. Schliesser (éd.), *Philosophy and Its History : Aims and Methods in the Study of Early Modern Philosophy*, Oxford, Oxford University Press, 2013, p. 120-121).

2. Voir par exemple L. Krüger, « Why Do We Study the History of Philosophy ? », dans R. Rorty *et al.* (éd.), *Philosophy in History*, *op. cit.*, p. 231-254, ou, dans une perspective différente, P. Gilbert, « Problèmes de l'analyse », dans J.-M. Vienne (éd.), *Philosophie analytique et histoire de la philosophie*, *op. cit.*, p. 105-120.

3. R. G. Collingwood, *Toute histoire est histoire d'une pensée*, *op. cit.*, p. 82.

> S'il existait un problème permanent P, écrit-il, on pourrait se demander « Qu'est-ce que Kant, ou Leibniz, ou Berkeley pensent de P ? », et si l'on pouvait répondre à cette question, on pourrait alors poursuivre en demandant : « Était-ce Kant, ou Leibniz, ou Berkeley, qui avait raison dans ce qu'il pensait de P ? » Mais ce qui est alors considéré comme le problème permanent P est en fait un certain nombre de problèmes transitoires *p*1, *p*2, *p*3… dont les particularités sont estompées par la myopie historique de quelqu'un qui les considère en bloc sous le même nom P [1].

De Libera trouve dans ce passage les bases de sa théorie des « complexes questions-réponses » :

> Il n'y a pas – pour s'attaquer au point de départ même de la « dispute » – quelque chose comme « *le* problème des universaux : P », qui serait diversement exemplifié au cours de l'histoire dans « *le* problème des universaux chez Aristote : P1 », « *le* problème des universaux chez Boèce : P2 », « *le* problème des universaux chez Abélard : P3 », etc. […] Cela veut dire que, selon moi, lorsqu'on sort du cadre conceptuel de *p*1 *p*2 *p*3…, « on parle » *effectivement* « d'autre chose » […] tout simplement parce que ni *p*1 ni *p*2 ni *p*3 n'ont été dans le passé des exemplifications de P […] [2].

Considérées comme exclusives l'une de l'autre, les deux approches ainsi opposées – l'histoire par problèmes et la méthode des complexes questions-réponses – correspondent chacune à l'une des branches du dilemme de MacIntyre : d'un côté l'intérêt philosophique au prix de l'anachronisme et de l'autre l'exactitude historique au détriment de la pertinence pour les discussions actuelles. Les pratiques les plus répandues dans le domaine supposent pourtant que l'on arrive à combiner d'une façon ou d'une autre les deux ordres de valeurs. Windelband, après tout, ne pensait pas devoir faire de compromis dans ses recherches historiques et Collingwood trouvait philosophiquement instructif de lire Platon, Kant et les autres. La question est de savoir comment cela est possible.

1. R. G. Collingwood, *Toute histoire est histoire d'une pensée*, *op. cit.*, p. 89-90.

2. A. de Libera, « Le relativisme historique… », art. cit., p. 488. La mise entre guillemets du mot « dispute » dans ce passage fait allusion à l'ouvrage de Pascal Engel qui porte ce titre et dans lequel l'auteur s'en prend explicitement à l'approche relativiste de Collingwood (voir P. Engel, *La dispute. Une introduction à la philosophie analytique*, Paris Éditions de Minuit, 1997, p. 184-196).

On peut d'entrée de jeu s'accorder avec le discontinuisme pour récuser l'image d'un petit nombre de questions que se poseraient explicitement, et en des termes presque équivalents, les philosophes de toutes les époques. Les travaux détaillés des cent dernières années ont clairement fait apparaître la diversité des préoccupations philosophiques au cours de l'histoire et leur étroite dépendance dans chaque cas par rapport aux particularités culturelles de leurs milieux d'apparition. Il n'est qu'à parcourir, à titre d'exercice, la table des cent-soixante-dix questions discutées par Guillaume d'Ockham dans ses *Quodlibeta* pour se rendre compte que peu d'entre elles font encore directement l'objet de débats philosophiques très animés : un ange peut-il se mouvoir dans le vide ? L'âme sensitive et l'âme intellective diffèrent-elles réellement ? Y-a-t-il bien dix catégories ? La quantité et le mode quantitatif diffèrent-ils réellement ? Et ainsi de suite. La compréhension même de chacune de ces questions et de ce qui a pu amener un intellectuel du XIVe siècle à se les poser requiert de les replacer dans le contexte de la scolastique aristotélico-chrétienne de l'époque. L'exemple est extrême peut-être et pour un lecteur d'aujourd'hui l'accès est plus immédiat aux questionnements de Descartes ou de Rousseau par exemple, mais ce n'est pas seulement affaire de proximité chronologique : les questions de Leibniz, de Hegel ou de Kierkegaard ne coïncident pas de façon évidente avec celles de Merleau-Ponty, de Quine ou de Habermas. Plusieurs des observations de Collingwood et d'Alain de Libera à cet égard sont parfaitement convaincantes.

D'un autre côté, cependant, la *parenté* est manifeste entre certains au moins des thèmes que discutaient les anciens, les médiévaux ou les modernes et certains de ceux qui sont présentement débattus en philosophie. La réalité des universaux en est un bon exemple, on y reviendra tout à l'heure, mais on pense aussi, entre bien d'autres, au défi du scepticisme, à la légitimité du pouvoir politique, à l'existence de Dieu ou au statut moral des animaux. La façon de les aborder varie beaucoup d'un milieu à l'autre, de même que la formulation exacte des questions et les contraintes auxquelles les théories doivent satisfaire, mais il serait absurde de nier qu'il y a un rapport étroit entre ce que discute Ockham quand il se demande si les universaux existent hors de l'esprit et les préoccupations récentes d'un David Armstrong dans *A Theory of Universals* ou d'un Gonzalo Rodriguez-Pereyra dans *Ressemblance Nominalism. A Solution to the*

Problem of Universals[1], ou encore entre le défi adressé aux « dogmatiques » par un Sextus Empiricus au IIᵉ siècle de notre ère et le sujet d'un recueil récent intitulé *Skepticism. A Contemporary Reader*[2].

Même Collingwood à l'occasion admet une certaine continuité dans les problématiques philosophiques. Dénonçant la conception nouvelle de la philosophie morale que proposait H. A. Prichard, il écrit, par exemple, que « la philosophie morale, de Socrate à nos jours, avait été considérée comme une tentative pour penser plus clairement les problèmes [*issues*] relatifs à la conduite de la vie, dans l'idée de mieux agir »[3]. Ces questions « relatives à la conduite » ont certes pu donner lieu d'une époque à l'autre à des formulations bien différentes, mais Collingwood n'en trouve pas moins le moyen de caractériser ici de façon synthétique l'entreprise de la philosophie morale à travers les âges et il oppose bel et bien, qui plus est, son contemporain Prichard à Socrate et compagnie à propos d'un *même* sujet : à quoi rime la philosophie morale ? Et de Libera dans *La référence vide* se propose d'établir, par-delà les changements d'« épistémè », la « commensurabilité » de la philosophie médiévale avec celle de l'école de Bolzano au XIXᵉ siècle et n'hésite pas, ce faisant, à mettre en dialogue les Pierre Abélard, Thomas d'Aquin et Jean Buridan avec les amis récents de la « vérifaction » et des « états de choses » comme David Armstrong, Barry Smith et Kevin Mulligan, sans revenir pour autant à « la fiction d'une philosophie pérenne »[4].

Il y a lieu à ce stade-ci d'examiner de plus près la notion même de « problème » en philosophie[5]. On la traite souvent de façon non critique comme si elle renvoyait à des entités abstraites semblables à des propositions au sens frégéen, mais affectées de surcroit de quelque chose comme un point d'interrogation. « Les universaux existent-ils hors de l'esprit ? », « les humains sont-ils libres ? », « la démocratie est-elle le meilleur régime politique ? » seraient autant d'objets purement intelligibles que des esprits différents pourraient appréhender et au sujet desquels ils pourraient

1. D. M. Armstrong, *Universals and Scientific Realism*, 2 vol., Cambridge, Cambridge University Press, 1978; G. Rodriguez-Pereyra, *Resemblance Nominalism. A Solution to the Problem of Universals*, Oxford, Oxford University Press, 2002.

2. K. DeRose et T. A. Warfield (éd.), *Skepticism. A Contemporary Reader*, Oxford, Oxford University Press, 1999.

3. R. G. Collingwood, *Toute histoire est histoire d'une pensée*, *op. cit.*, p. 69.

4. A. de Libera, *La référence vide*, *op. cit.*, p. 33.

5. C'est ce que suggère aussi L. Catana 2013 par exemple dans « Philosophical Problems… », art. cit.

prendre position. Mais c'est justement là le type de « choses » auxquelles on a convenu de renoncer au chapitre premier.

Même dans une optique frégéenne, du reste, le statut des questions et des problèmes diffère de celui des propositions et il vaut la peine de bien comprendre pourquoi avant de revenir ensuite à une approche plus nominaliste. C'est que les propositions frégéennes ne sont jamais intrinsèquement interrogatives. Elles sont en elles-mêmes de purs contenus, susceptibles d'être pensés, affirmés ou questionnés. L'aspect interrogatif, dès lors, est évincé du contenu propositionnel proprement dit et renvoyé du côté des états psychologiques ou des forces illocutoires. Les attitudes propositionnelles comme la croyance ou le doute, selon cette approche, sont composés de deux éléments : l'état psychologique d'une part et de l'autre l'objet abstrait qui en est le contenu, une « proposition » en l'occurrence. Croire que les humains sont libres, c'est être dans un état de croyance à l'endroit de la proposition « les humains sont libres » et se demander si les humains sont libres, c'est être dans un état psychologique interrogatif à l'endroit de ce *même* contenu propositionnel. De même les actes de langage comme l'assertion, la requête ou la promesse sont présentés comme ayant d'un côté une force illocutoire (la force assertive ou la force de requête, etc.) et de l'autre une proposition qui fait office de contenu[1]. Affirmer que les humains sont libres, c'est accomplir un acte de langage ayant une force illocutoire assertive et pour contenu la proposition « les humains sont libres » ; et la question correspondante, par conséquent, « les humains sont-ils libres ? », a le même contenu (la proposition abstraite « les humains sont libres »), mais une force illocutoire interrogative plutôt qu'assertive.

Un « problème », de ce point de vue, n'est pas un contenu abstrait à caractère interrogatif susceptible d'être scruté par différentes personnes. Au lieu de voir les problèmes comme des objets en soi, il faut plutôt dire, dans la perspective frégéenne, que certaines propositions logiquement affirmatives – comme « les humains sont libres » – *font problème* pour un groupe de locuteurs lorsque ceux-ci adoptent à l'endroit de ces propositions une attitude interrogative ou du moins divergent d'opinion à leur propos. Dire qu'un problème philosophique se posait dans un certain milieu reviendrait ainsi à dire qu'un contenu propositionnel à caractère philosophique (ou un ensemble de tels contenus) faisait l'objet de discussions explicites dans ce milieu.

1. Pour cette analyse bipartite des actes illocutoires, voir notamment J. Searle, *Speech Acts*, *op. cit.* ; D. Vanderveken, *Les actes de discours*, *op. cit.*

Cette explication rencontre toutes les difficultés qu'on a déjà évoquées au sujet des propositions frégéennes : elle exige un enrichissement indésirable de l'ontologie et soulève en même temps un mystère d'ordre épistémologique quant au mode d'accès cognitif que nous pourrions avoir à de telles entités abstraites et intemporelles. Elle ne permet pas, de surcroît, d'accommoder aisément ce qu'il y a de convaincant dans les considérations à saveur historiciste d'un Collingwood ou d'un de Libera, puisque les contenus dont elle parle sont réputés être indépendants des langues dans lesquelles ils sont exprimés ; on voit mal, dans ces conditions, pourquoi les philosophes du passé n'auraient pas pu s'interroger sur les *mêmes* propositions, littéralement, que ceux d'aujourd'hui. Pour respecter l'option nominaliste endossée au premier chapitre et reconnaître en même temps la parenté des questionnements philosophiques d'une époque à l'autre sans la réduire à l'identité pure et simple, il nous faut comprendre autrement la notion de problème philosophique. Mais il y a une leçon importante à tirer de l'approche frégéenne. C'est qu'il faut éviter de chosifier les « problèmes » philosophiques et d'en faire des entités distinctes qui seraient de par leur nature même des problèmes.

Ce qu'un frégéen doit dire, on l'a vu, c'est que certaines propositions *font problème* pour certains philosophes. Là se trouve la clé de la présente discussion. Au lieu d'identifier les problèmes à des objets spéciaux de notre ontologie, il faut cerner une *relation* entre certains phénomènes extramentaux et des sujets pensants. Il faut se demander non pas ce que *sont* les problèmes philosophiques, mais plutôt ce qui *fait problème* pour les philosophes. À propos de quoi, en d'autres mots, se posent-ils des questions ou divergent-ils d'opinion ? Quels sont les phénomènes dont leurs théories cherchent à rendre compte ? Les questions elles-mêmes sont des actes de discours, elles sont toujours formulées dans une langue donnée et l'on conçoit bien, comme de Libera nous invite à le faire, qu'elles puissent varier considérablement d'une époque à l'autre. Mais ce qui nous intéresse maintenant, ce sont plutôt les phénomènes extérieurs qui suscitent chez les philosophes une attitude interrogative et des divergences d'opinion. Dans une approche frégéenne, ces phénomènes sont des propositions, considérées comme des objets abstraits et intemporels, mais dans l'optique nominaliste qui est la nôtre, ce ne peut être que des réalités singulières et spatio-temporellement situées, qui sont présentes d'une manière ou d'une autre à l'expérience concrète des philosophes en question.

Qu'elles soient singulières, pourtant, n'empêche pas que l'on puisse en parler en termes généraux. La situation ici est la même que pour n'importe quels objets. Les animaux réels sont tous singuliers, mais on peut les classer en espèces et en familles et en décrire adéquatement la biologie sans les nommer un à un. Le nominalisme ne compromet pas la légitimité de principe du discours à caractère général[1]. La tâche qui nous incombe à ce point de notre démarche est de caractériser dans les grandes lignes, si on le peut, les phénomènes qui font problème pour les philosophes et de voir s'ils ne présenteraient pas quelque constance à travers l'histoire, qui rendrait possible, malgré toutes les différences, le dialogue philosophique entre les époques.

Il est certain que les philosophes du passé se sont intéressés dans leurs écrits à des phénomènes de tous ordres, de la physique jusqu'à la politique en passant par les émotions humaines, le monde supralunaire et la reproduction des animaux. Mais si l'on part de ce qu'est aujourd'hui la philosophie – comme on en a reconnu la nécessité dès l'Introduction – on peut délimiter plus étroitement le champ qui nous occupe. Les pratiques sont encore très variées au sein de la discipline et je n'entends pas en proposer une définition précise, mais un trait ressort, me semble-t-il : c'est que le discours philosophique en présuppose d'autres. C'est un discours second qui se nourrit de celui des autres disciplines comme de celui de la vie quotidienne et les phénomènes qui font problème pour lui sont eux-mêmes d'abord et avant tout d'ordre discursif. Loin de moi de réduire toute philosophie à l'analyse ou à la thérapie linguistiques comme le voulaient jadis certains sectateurs de Carnap ou de Wittgenstein. Les philosophes, même au XXIe siècle, parlent d'abondance des objets matériels, des humains et des animaux, qui ont tous, à n'en pas douter, une réalité extralinguistique. Mais les questions qu'ils se posent à leur propos sont suscitées au premier chef par des énigmes d'ordre logico-linguistique et ce que l'on attend surtout des doctrines philosophiques est qu'elles rendent harmonieusement compte de phénomènes de ce genre. Je voudrais soutenir que la constance de ces phénomènes à travers le temps est ce qui assure la pertinence de principe de l'histoire de la philosophie pour les discussions actuelles.

1. Inspiré par l'ockhamisme, j'ai développé ce point dans *Les mots, les concepts et les choses*, *op. cit.*, p. 247-267. C'est l'une des composantes essentielles d'un programme nominaliste que de montrer comment un discours général vrai est possible dans un monde composé uniquement d'individus; voir à ce propos C. Panaccio, « Introduction générale », dans *Le nominalisme*, *op. cit.*, p. 21-30.

La chose est particulièrement claire dans le champ même de la logique. Pensons au célèbre paradoxe du Menteur, qui a beaucoup préoccupé les logiciens médiévaux comme ceux du XXe siècle. Le phénomène problématique ici, repérable par les médiévaux comme par nos contemporains, est que l'usage généralisé de prédicats aléthiques comme « vrai » ou « faux » conduit à des contradictions : si « la présente phrase n'est pas vraie » est vraie, alors cette phrase même n'est pas vraie (puisqu'elle dit, justement, qu'elle n'est pas vraie) et si elle n'est pas vraie, alors elle est vraie (pour la même raison). La contradiction est dérivable dans n'importe quelle langue naturelle comportant un prédicat de vérité applicable à ses propres phrases et fait problème en principe – qu'il s'en aperçoive ou non – pour tout philosophe qu'intéressent en profondeur les tenants et aboutissants de l'évaluation aléthique. Que l'énigme ait été discutée à certaines époques et pas à d'autres est pertinent, certes, pour l'histoire de la pensée et requiert une explication, mais le phénomène problématique lui-même tient à la structure de la plupart des langues naturelles connues et traverse les siècles. Et surtout, les solutions et les argumentations proposées jadis à son sujet – ou du moins certaines d'entre elles – sont encore pertinentes pour la discussion d'aujourd'hui, comme le montrent de frappante façon la reprise récente par Stephen Read de l'approche de Thomas Bradwardine au XIVe siècle et la discussion détaillée à laquelle elle a donné lieu parmi les logiciens aussi bien que les historiens de la logique[1].

On trouvera sans peine en sémantique philosophique de nombreuses autres illustrations de ce que je veux ici faire voir, en rapport tout particulièrement avec certains types d'ambiguïtés qu'autorisent en général les langues naturelles, les ambiguïtés de portée, par exemple, associées aux quantificateurs, à la négation ou aux foncteurs modaux, ou celles encore

1. Voir notamment S. Read, « The Liar Paradox from John Buridan Back to Thomas Bradwardine », *Vivarium* 40, 2002, p. 189-218, et « The Truth-Schema and the Liar », dans S. Rahman, T. Tulenheimo et E. Genot (éd.), *Unity, Truth and the Liar*, Dordrecht, Springer, 2008, p. 3-17, ainsi que tout le reste du recueil en question, significativement sous-titré *The Modern Relevance of Medieval Solutions to the Liar Paradox*. J'ai moi-même fait valoir dans cet ouvrage l'intérêt contemporain d'une autre solution médiévale au paradoxe du Menteur, celle dite du « restrictionnisme » : C. Panaccio, « Restrictionism : a Medieval Approach Revisited », dans S. Rahman *et al.* (éd.), *Unity, Truth and the Liar*, *op. cit.*, p. 229-253 ; voir aussi à ce sujet C. Panaccio, « Le Menteur : plaidoyer pour une solution *ad hoc* », dans J. Pelletier et J. Proust (éd.), *La normativité*, « Cahiers de l'Université de Caen » 37, Caen, Presses Universitaires de Caen, 2001, p. 87-105, et « Le paradoxe du Menteur et le langage mental : réflexions sur l'approche restrictionniste », dans F. Beets et M.-A. Gavray (éd.), *Logique et ontologie. Perspectives diachroniques et synchroniques*, Liège, Éditions de l'Université de Liège, 2005, p. 57-71.

qui tiennent à l'usage autonymique des mots comme dans « cheval est un nom ». Ces phénomènes sont d'ordre linguistique et peuvent apparaître aussi bien en grec ancien et en latin qu'en français, en anglais ou en allemand d'aujourd'hui. Des philosophes d'époques différentes s'y sont intéressés depuis Platon et Aristote, parfois avec précision et prolixité, et par-delà les différences – profondes, à n'en pas douter – de terminologie et de contexte doctrinal, leurs réflexions là-dessus sont souvent éclairantes pour la recherche contemporaine.

Prenons encore, parmi bien d'autres, le cas de l'autonymie. Le stoïcien Chrysippe soumettait à l'examen de ses auditeurs le raisonnement suivant : « Si tu dis quelque chose, cela passe par ta bouche, or tu dis " chariot ", donc un chariot passe par ta bouche »[1]. Augustin dans son *De magistro* soutenait que des mots comme « si » ou « et » sont des noms puisqu'ils figurent en position de sujet dans des phrases vraies comme « *si* est une conjonction »[2]. Et les médiévaux en vinrent à distinguer systématiquement au XIIIe et au XIVe siècles entre l'usage d'un terme pour représenter ses référents habituels – qu'ils appelaient la « *suppositio personalis* » – et l'usage autonymique – la *suppositio materialis*[3]. Quelle que fût la portée de ces considérations dans le stoïcisme, dans l'augustinisme ou dans la scolastique médiévale, le phénomène qui fait problème est constant dans ces exemples répartis sur plus de quinze siècles et il intriguait encore Tarski quand il s'interrogeait sur une phrase comme « "la neige est blanche" est vraie »[4] ou Quine quand il parlait d'« escalade sémantique » (*semantic ascent*)[5]. Il n'y a pas de raison de croire que les réflexions des uns, quels que soient leurs objectifs précis et leurs contextes particuliers, ne soient d'aucun intérêt pour celles des autres. J'ai soutenu ailleurs que la théorie médiévale de la *suppositio*, notamment, rend mieux compte de l'usage autonymique à

1. La chose est rapportée par Diogène Laërce dans le chapitre de *Vie, doctrines et sentences des philosophes illustres* qu'il consacre à Chrysippe.

2. Augustin, *De magistro*, V, 11-18.

3. Pour une brève introduction à la théorie médiévale de la *suppositio*, voir E. J. Ashworth, « Terminist Logic », dans R. Pasnau (éd.), *The Cambridge History of Medieval Philosophy*, vol. 1, Cambridge, Cambridge University Press, 2010, p. 146-158. On trouvera une riche collection d'études récentes sur ce sujet dans E. P. Bos (éd.), *Medieval Supposition Theory Revisited*, Leiden, Brill, 2013.

4. A. Tarski, « La conception sémantique de la vérité et les fondements de la sémantique », trad. fr. G. G. Granger *et al.*, dans A. Tarski, *Logique, sémantique, métamathématique 1923-1944*, Paris, Armand Colin, 1972, vol. 2, p. 265-305.

5. Voir W. V. O. Quine, *Le mot et la chose*, *op. cit*, paragr. 56, p. 372 : « [L'escalade sémantique,] on l'observe dans le passage de propos concernant les milles à des propos sur le mot "mille" ».

certains égards que celle de Tarski, qui évoque à tout moment d'improbables « noms de noms »[1].

La thèse que je voudrais soumettre à l'attention du lecteur est que loin de se limiter à la logique ou à la sémantique, cela est généralisable à l'ensemble de la philosophie : les phénomènes qui font d'abord problème pour elle sont le plus souvent d'ordre logico-linguistique. Ils ne sont pas intemporels, puisqu'ils tiennent à l'existence de certaines langues naturelles, mais ils traversent les époques, celles en tout cas où l'on reconnaît de la philosophie au sens que nous donnons aujourd'hui à ce mot. Rien n'empêche en principe que les développements passés qui s'y rapportaient soient encore éclairants pour les discussions actuelles. Il n'en découle pas, j'y insiste, que toute philosophie ne soit jamais qu'analyse linguistique. Les solutions qu'elle propose aux énigmes logico-sémantiques qui la nourrissent peuvent très bien reposer sur des considérations métaphysiques, psychologiques ou morales. Mais dans la mesure où la philosophie, comme je le pense, se consacre à l'examen et à la critique des présuppositions les plus profondes et les plus générales de discours qui lui préexistent, elle est suscitée d'abord et avant tout par certains aspects problématiques de ces discours eux-mêmes.

Pour être adéquatement défendue, cette thèse – litigieuse, j'en conviens – demanderait à être étayée par des études de cas nombreuses et détaillées, mais je me contenterai ici d'en suggérer la plausibilité par quelques exemples et quelques considérations générales. Elle est plus forte, de toute façon, que ce que requiert à strictement parler la répudiation du discontinuisme radical, pour laquelle il suffirait que les phénomènes qui font problème pour la philosophie, qu'ils soient linguistiques ou non, présentent à travers les siècles constance et régularité. Il me semble seulement que l'on sera plus précis à cet égard en rapportant l'entreprise philosophique à ce qui dans le discours même lui donne spécifiquement naissance.

Revenons ainsi au problème métaphysique des universaux. Dans l'ouvrage remarquable qu'il a consacré à ce thème, Alain de Libera montre avec force détails que le statut ontologique des genres et des espèces est

1. Voir C. Panaccio, « Tarski et la *suppositio materialis* », *Philosophiques* 31/2, 2004, p. 295-309. Pour l'approche tarskienne, le sujet d'une phrase comme « "cheval" est un mot français » n'est pas le mot « cheval » lui-même, mais un autre terme, qui est le nom de ce mot, alors que pour la théorie de la *suppositio*, le *même* terme est utilisé là que dans « le cheval est un animal », mais selon un usage spécial, celui de la *suppositio materialis* précisément, et avec des référents distincts. Cette différence de perspective est loin d'être sans conséquence sur le plan théorique et celle des médiévaux m'apparaît en tout état de cause plus plausible.

toujours discuté au Moyen Âge dans le cadre d'une « tradition textuelle » précise dont les sources remontent à Platon et Aristote[1]. La formulation même des questions qui délimitent le débat pour tous ses protagonistes jusqu'au XIVe siècle est celle de Porphyre, transmise par la traduction latine et les commentaires de Boèce : les genres et les espèces subsistent-ils ou ne sont-ils que purs concepts ? Sont-ils corporels ou incorporels ? Sont-ils séparés ou n'existent-ils que dans les choses sensibles ? Même les solutions rivales à ces interrogations déjà bien situées ne sont intelligibles qu'en référence à des appareils conceptuels qui ne sont plus les nôtres : la doctrine des trois états de l'universel, l'indifférence de l'essence, la causalité exemplaire, l'hylémorphisme aristotélicien, etc. Le « problème » médiéval, conclut de Libera, n'est pas celui de Russell, de Goodman ou d'Armstrong, tous radicalement étrangers à de telles notions. Ces observations sont importantes et l'oubli de ces écarts et de ces particularités conduirait l'historien à d'impardonnables anachronismes. Mais Boèce, Abélard, Albert le Grand et les autres n'entendaient pas seulement faire œuvre d'interprètes. Ils prétendaient rendre compte de phénomènes qui en eux-mêmes ne dépendent en rien des écrits de Platon, d'Aristote ou de Porphyre et consentaient volontiers à ce que leurs théories comme celles de leurs mentors soient évaluées à leur succès à cet égard.

Or ce qu'il s'agissait d'expliquer dans ces controverses, c'est le fait tout bonnement que nous appliquons des *termes* généraux à des objets individuels par le biais de *phrases* prédicatives de forme « *a* est *F* » (« Socrate est un homme », « Bucéphale est un animal », « cette rose est rouge » etc.). Le problème est de savoir si les prédicats généraux de telles phrases doivent désigner ou non des entités spéciales, distinctes des êtres singuliers auxquels réfèrent leurs sujets grammaticaux[2]. Que tel soit l'enjeu ressort avec clarté des textes mêmes des médiévaux, de Pierre Abélard à Jean Buridan et John Wyclif, des considérations qui sont tenues pour pertinentes par les uns et les autres et de ce à quoi nous devons nous-mêmes prêter attention pour comprendre et évaluer leurs thèses et leurs arguments. Mais cela vaut tout autant pour la discussion contemporaine. Bertrand Russell remarquait dans *Problèmes de philosophie* en 1912 qu'aucun *énoncé* ne peut être formé sans comporter au moins un terme général et défendait pour en rendre compte une position réaliste à l'endroit des universaux[3]. Et J. P. Moreland dans l'ouvrage d'introduction qu'il a

1. A. de Libera, *La querelle des universaux*, *op. cit.*

2. J'ai développé ce point en particulier dans C. Panaccio, « Universals », art. cit.

3. B. Russell, *Problèmes de philosophie*, trad. fr. F. Rivenc, Paris, Payot, 1989, chap. IX.

consacré aux universaux mentionne en premier lieu la prédication comme phénomène important pour la discussion actuelle[1]. Par-delà les différences d'appareils théoriques, ce qui fait problème, bref, pour la discussion philosophique sur les universaux, qu'elle soit médiévale ou contemporaine, c'est la *généralité linguistique*, repérable en grec et en latin tout autant qu'en français et en anglais. Et les idées d'un Guillaume d'Ockham à ce propos – pour prendre un exemple privilégié – me paraissent encore pertinentes pour la réflexion en cours, pour peu, comme de raison, qu'on les comprenne d'abord dans leur contexte et qu'on soit en mesure ensuite de les confronter à celles d'aujourd'hui[2].

En éthique, de la même façon, le phénomène significatif pour l'entreprise philosophique est l'existence préalable de *jugements* moraux. On peut débattre dans la vie quotidienne de la question de savoir si tel acte est moralement juste ou non, mais l'on n'accède à la réflexion philosophique qu'en s'interrogeant de manière générale sur les conditions et les fondements de ce type particulier de justification et d'évaluation. Or les jugements moraux, bien évidemment, sont d'ordre discursif et prennent corps dans des formulations linguistiques habituellement reconnaissables. La philosophie des sciences, encore, naît de l'existence préalable de discours scientifiques et de leur prétention, notamment, à formuler des lois universelles et des énoncés contrefactuels. Même la réflexion aristotélicienne sur le changement prend sa source dans le constat que certains *énoncés* comme « Socrate est assis » ou « Bucéphale est blanc » changent de valeur de vérité avec le temps, plutôt que dans l'expérience brute de l'instabilité du monde qui, si étourdissante soit-elle, ne suffirait pas à elle seule à mettre en branle des élaborations théoriques aussi fines que celles de la physique et de la métaphysique du Stagirite. Et la philosophie de l'esprit, pour une large part, veut rendre compte, elle aussi, d'une sorte particulière d'énoncés, ceux qui mettent en jeu des verbes comme « croire », « vouloir », « aimer » etc., auxquels sont associés des contextes non extensionnels où la substitution des identiques n'est pas toujours possible *salva veritate*. « Jean croit que Walter Scott n'est pas l'auteur de Waverley » peut bien être vrai même si « Jean croit que Walter Scott n'est pas Walter Scott » (qui résulte de l'autre par substitution des identiques) est

1. J. P. Moreland, *Universals*, Montreal/Kingston, McGill-Queen's University Press, 2001, p. 4.

2. C'est ce que j'ai essayé de faire dans *Les mots, les concepts et les choses*. J'ai résumé ce qui me paraît être l'essentiel de la contribution d'Ockham au débat actuel sur les universaux dans C. Panaccio, « Universals », art. cit., p. 396-399.

faux. Tel est le phénomène problématique de base pour l'enquête philosophique sur l'intentionnalité, qu'elle fût médiévale, moderne ou contemporaine. Et ainsi de suite pour tout ce que l'on peut aujourd'hui appeler « philosophie ».

Pour répondre à Collingwood et à de Libera, il faut distinguer soigneusement les *questions* et les *problèmes*. Les premières sont des actes illocutoires liés à des formulations particulières, étroitement dépendantes des terminologies en usage et des préoccupations précises du milieu dans lequel elles surgissent. On peut en retracer, souvent en détail, les connexions historiques avec des corpus ou des réseaux et en montrer avec minutie l'inscription déterminante dans des institutions comme des écoles, des églises ou des régimes politiques. La méthode des « complexes questions réponses » préconisée par de Libera[1] convient parfaitement à ces repérages et permet là-dessus des analyses riches et éclairantes. Les problèmes en revanche – ou ce que je nommerai ainsi dans le présent contexte – sont des phénomènes externes par rapport aux théories philosophiques, mais dont celles-ci doivent rendre compte pour atteindre les objectifs qui leur sont propres. Le mot « problème » a deux sens en français. Ce peut être une interrogation explicite prêtant à discussion, une « question », donc, comme je viens de l'expliquer. Mais ce peut être aussi, selon le dictionnaire Robert, une « difficulté qu'il faut résoudre pour obtenir un certain résultat, [une] situation instable ou dangereuse exigeant une décision ». En cette deuxième acception plus « externaliste » – celle que je privilégie ici –, un problème peut même ne pas être perçu comme tel et faire obstacle néanmoins au succès d'une entreprise donnée. Un sol trop mou fait problème pour la construction d'une maison avant même que l'architecte ne s'en rende compte. Les philosophes quant à eux se sont adonnés au fil des siècles à des entreprises variées dont les motifs pouvaient être religieux, politiques ou scientifiques à l'occasion. Mais pour que l'on puisse encore y voir rétrospectivement de la *philosophie*, il a dû s'agir à une étape ou à l'autre d'explorer ou de critiquer les présuppositions les plus générales et les plus fondamentales de certains autres discours. Et le philosophe, pour s'engager dans cette voie, a dû se heurter à des phénomènes discursifs énigmatiques qui faisaient problème pour sa démarche, quelle qu'elle fût au départ, comme la prédication, l'évaluation, les ambiguïtés, l'autonymie, l'usage de foncteurs modaux comme « il est possible que », « nécessaire que » etc.

1. Voir en particulier A. de Libera, « Le relativisme historique… », art. cit.

Parler de *phénomènes* à ce propos suppose que les traits en question se *manifestaient* au philosophe – devenaient manifestes pour lui –, non pas dans toute leur généralité, bien évidemment, mais dans des instances particulières de discours. Chrysippe ou Augustin portaient attention à des cas particuliers d'autonymie, Jean Duns Scot ou Guillaume d'Ockham comme beaucoup d'autres, à des occurrences du verbe « être » ou de prédicats généraux, Fichte à l'usage des pronoms personnels etc. Leur intérêt pour ces phénomènes pouvaient avoir des origines variées et s'enraciner dans des expériences humaines d'étonnement, d'angoisse ou d'espoir, dans des controverses religieuses ou politiques, mais c'est à partir du moment où ils prenaient conscience de certains d'entre eux au moins et s'y arrêtaient pour en rendre compte dans une perspective théorique que leurs entreprises devenaient véritablement philosophiques. Leurs élaborations théoriques dès lors dépendaient de leurs objectifs antérieurs, des appareils conceptuels dont ils disposaient, des discussions dont ils étaient partie prenante et des contraintes institutionnelles qui pesaient sur eux. Mais cela même qui de l'extérieur de leur propre discours faisait problème pour lui et le rendait ainsi spécifiquement philosophique ne tenait pas aux particularités du milieu ou du réseau où il s'inscrivait ni à ses sources doctrinales, mais à des traits qui sont communs aux langues dont ces philosophes étaient familiers et à celles que nous parlons aujourd'hui. Ceux qui retiennent expressément l'attention varient selon les circonstances, bien entendu, mais ces phénomènes discursifs sont bel et bien transtemporels et par-delà les changements d'*épistémè* et de paradigmes reviennent avec insistance hanter et stimuler d'une époque à l'autre le travail de ceux que nous appelons des « philosophes ».

La question de l'incommensurabilité

Le discontinuiste pourtant peut rester insatisfait. À supposer même qu'il admette, plein de bonne volonté, la constance de certains des phénomènes – linguistiques ou non – qui ont fait problème pour les philosophes à travers les âges, il peut encore en appeler à *l'incommensurabilité des théories* que ces penseurs ont construites. Qu'importe au fond qu'Aristote et Russell aient été intrigués tous les deux par la validité des raisonnements, les logiques qu'ils ont élaborées chacun en leur temps pour en rendre compte n'en sont pas moins foncièrement étrangères l'une à l'autre, et leurs métaphysiques encore plus. Comment dans ces conditions peuvent-elles être mises en dialogue ou en concurrence ? Comment une thèse ou un argument de l'une peuvent-ils être récupérés dans l'autre sans en être radicalement transformés ? Thomas Kuhn dans les années soixante eut recours à cette idée d'incommensurabilité – mathématique à l'origine – pour contrer l'image traditionnelle d'un progrès linéaire des sciences, au fil duquel de nouvelles théories auraient successivement réfuté ou intégré celles qui les précédaient dans le même domaine. Évoquant la pluralité des approches dans le développement d'une discipline, il écrit ainsi dès l'Introduction du livre qui l'a fait connaître, *La structure des révolutions scientifiques* : « Ce qui différenciait ces diverses écoles, ce n'était pas telle ou telle erreur de méthode – elles étaient toutes *scientifiques* – mais ce que nous appellerons leurs manières incommensurables de voir le monde et d'y pratiquer la science » [1]. Kuhn s'intéressait à l'histoire des sciences, mais la notion paraît s'appliquer *a fortiori* à celle de la philosophie. Et s'il en est ainsi, comment ne pas être sensible d'abord et avant tout aux ruptures qui la scandent

Considérons l'exemple suivant invoqué par de Libera pour illustrer ce que peut dire, typiquement, un historien de la philosophie médiévale rapportant pour ses lecteurs un passage précis du Grand Commentaire d'Averroès sur le *De anima* d'Aristote :

> Averroès dit que Thémistius pense que l'intellect agent est l'intellect théorétique en tant qu'il touche l'intellect matériel, tandis qu'Alexandre pense que l'intellect habituel, c'est-à-dire ce qui équivaut à l'intellect théorétique, est autre que l'intellect agent [2].

Comment croire, demande de Libera, qu'Averroès au XIIe siècle, Thémistius au IVe, Alexandre au IIe et l'historien lui-même au XXIe désignent tous la même chose par des expressions comme « intellect agent » ou « intellect théorétique » ? Et comment trouver là, pouvons-nous ajouter, quoi que ce soit de pertinent pour la philosophie de l'esprit contemporaine ?

L'exemple est complexe, en raison surtout de l'emboîtement « dit que… », « pense que… », mais sans entrer tout de suite dans ces subtilités, il vaut la peine de s'y arrêter dans le présent contexte, ne fût-ce que brièvement [3]. Rappelons-nous d'abord qu'Alexandre, Thémistius et

1. T. S. Kuhn, *La structure des révolutions scientifiques*, *op. cit.*, p. 21 (les italiques sont de l'auteur).

2. A. de Libera, « Archéologie et reconstruction », art. cit., p. 562.

3. Alain de Libera n'utilise pas cet exemple pour étayer explicitement une thèse d'incommensurabilité, mais pour contester la présomption naïve d'une coréférentialité entre les

Averroès commentent tous les trois le *De anima* d'Aristote. Or celui-ci introduit le terme d'« intellect » (*noûs* en grec) au cours d'une réflexion sur ce qui permet aux humains de former des concepts et de réfléchir : « j'entends par intellect », nous dit Aristote, « ce par quoi l'âme pense et conçoit »[1]. Il fait référence au départ à des opérations discursives courantes que nous savons reconnaître tout autant que les Grecs, les Arabes et les Latins : l'usage de termes généraux d'une part, qui est la forme observable de la conceptualisation, et le raisonnement d'autre part, évoqué par le terme grec *dianoia*. Aristote s'interroge sur ce que doit être l'esprit humain pour que de telles opérations soient possibles et les commentateurs du *De anima*, qu'ils aient écrit au IIe, au XIIe ou au XVe siècle, comprenaient, eux aussi, que telle était l'entreprise. Rien jusque-là qui soit radicalement étranger au projet de la philosophie de l'esprit contemporaine. Si incommensurabilité il y a, elle vient après, quand les théories se construisent et que les termes techniques se mettent en place dans des réseaux de plus en plus sophistiqués.

Il faut distinguer chez un philosophe, on l'a dit plus haut, entre les expressions du langage courant (ou ce qu'il tient pour tel) par lesquelles il ancre son discours dans l'expérience commune et le rend accessible à sa communauté linguistique, et celles qu'il introduit ou qu'il transforme pour y couler sa doctrine dans ce qu'elle a de plus abstrait. La démarcation n'est pas tranchée en général, mais il y a toujours bon nombre de cas clairs de chaque côté et la distinction, ainsi légitimée, est indispensable à l'historien de la philosophie. Quand Aristote explique en incise sa notion d'intellect par les verbes « penser » (*dianœisthai*) et « concevoir » (*hupolambanein*), il entend prendre ceux-ci en leur sens habituel pour évoquer, ne fût-ce que vaguement encore, des opérations mentales dont ses lecteurs sont familiers. La distinction entre l'intellect patient et l'intellect agent vient ensuite, quand l'auteur applique au problème à l'étude les couples théoriques qu'il avait mis en place en physique et en métaphysique, acte et puissance, forme et matière en particulier. Et c'est cette dualité, toute théorique, de l'intellect aristotélicien qui sera plus tard retravaillée par

différents usages d'expressions typiquement philosophiques. Les deux questions ne sont pas sans rapport, cependant, et le cas se prête bien au présent examen.

1. Aristote, *De l'âme*, 429a23, trad. fr. J. Tricot. Aristote utilise bien dans cette phrase le terme technique d'« âme » (*psychè*), qui est central pour tout le traité, mais cela ne contribue guère en l'occurrence à l'identification des opérations dont il parle. Rien de significatif n'eût été changé *de ce point de vue* s'il avait dit : « ce par quoi *les humains* pensent et conçoivent ». L'occurrence du mot « âme » ici sert surtout à lier plus directement la notion d'« intellect » ainsi introduite avec le thème directeur de l'ouvrage.

Alexandre, Thémistius et les autres à l'aide d'une terminologie complexifiée où figureront notamment « intellect théorétique », « intellect matériel », « intellect acquis », etc., suscitant chaque fois de manière explicite la question de savoir si des entités distinctes correspondent ou non à chacune de ces expressions.

L'exigence de coréférentialité évoquée plus tôt dans ce chapitre vaut au départ pour les termes non techniques – et même une portion d'entre eux – et l'on s'accordera facilement avec de Libera pour récuser l'idée qu'une expression comme « intellect théorétique » doit être coréférentielle chez Alexandre, Thémistius et Averroès[1]. Il n'est pas nécessaire à vrai dire de toujours supposer à de telles formules une portée référentielle (les philosophes, après tout, inventent souvent des entités qui n'existent pas), ni *a fortiori* sa constance à travers les siècles[2]. La signification et la portée des termes théoriques en philosophie, on peut l'admettre, est pour une large part déterminée par leur place dans le réseau doctrinal où ils s'inscrivent et par leurs rapports à d'autres du même ordre : « intellect agent » en philosophie médiévale, par exemple, ne se comprend qu'en relation à « intellect possible » (ou « patient »), « acte », « puissance », « forme », etc. Si donc il y a quelque incommensurabilité entre les philosophies du passé et celles d'aujourd'hui, c'est là qu'il faut la chercher : dans les terminologies techniques. Il faut le garder à l'esprit pour bien évaluer le phénomène et son impact sur le travail de l'historien de la philosophie.

Mais de quoi s'agit-il au juste ? Quel rapport deux discours doivent-ils entretenir pour être déclarés incommensurables ? Le mieux pour s'y retrouver est de se tourner vers celui qui a popularisé la notion, Thomas Kuhn lui-même[3]. Le terme d'« incommensurabilité » figure déjà à quelques reprises dans *La structure des révolutions scientifiques* en 1962, mais sans y être explicité. C'est dans des écrits ultérieurs que Kuhn y est revenu plus en détail pour en développer une compréhension que l'on peut qualifier de « sémantique »[4]. Les tenants d'une théorie scientifique sont

1. A. de Libera, « Archéologie et reconstruction », art. cit., p. 563.

2. Je ne veux pas dire que les expressions théoriques en philosophie sont *toujours* dénuées de référence, mais seulement que l'approche continuiste n'exige pas de leur en attribuer dans tous les cas.

3. Pour une étude approfondie de l'idée d'incommensurabilité dans l'œuvre de Kuhn, voir P. Leduc, *La notion d'incommensurabilité chez Thomas Kuhn*, thèse de doctorat en philosophie, Montréal, Université du Québec à Montréal, 2006.

4. Voir en particulier T. S. Kuhn, *The Road since Structure. Philosophical Essays, 1970-1993, with an Autobiographical Interview*, Chicago, The University of Chicago Press, 2000, p. 33-57.

alors identifiés à des locuteurs d'un langage donné, celui précisément dans lequel la théorie est formulée : « L'incommensurabilité se ramène ainsi à l'intraduisibilité »[1]. Plus précisément : « Dire que deux théories sont incommensurables, c'est dire qu'il n'y a aucun langage, neutre ou non, dans lequel elles puissent être toutes les deux traduites »[2]. Kuhn ne pense pas ici à des langues naturelles comme le français ou l'anglais et ne conteste pas que la *Physique* d'Aristote et les *Principes mathématiques de philosophie naturelle* de Newton, dont il juge les théories incommensurables l'une par rapport à l'autre, puissent être tous deux adéquatement traduits dans une même langue. Son idée est que les catégories typiques de l'une des théories ne correspondent pas toutes une à une à des catégories de l'autre et qu'on ne saurait non plus les transposer toutes sans perte dans une tierce terminologie. Pour chaque thèse *T* de la première théorie, en d'autres mots, il n'est pas toujours possible de retrouver dans l'autre théorie soit son équivalent *T'*, soit sa négation *non-T*. On ne peut assigner à la physique newtonienne l'idée d'Aristote selon laquelle « la forme est davantage nature que la matière »[3], mais on ne peut en tirer non plus la thèse inverse : « la forme *n'est pas* davantage nature que la matière », pour la bonne raison que les catégories aristotéliciennes de « forme », « matière » et « nature » sont étrangères à la théorie de Newton. Même si des termes semblables y figurent parfois, ils auront radicalement changé de sens.

Kuhn limite ses analyses à l'histoire des sciences, mais l'idée s'applique de toute évidence aux doctrines philosophiques, même lorsqu'elles se rapportent en dernière instance à un ordre commun de phénomènes. Il paraît à première vue difficile, par exemple, d'extraire des écrits de l'Américain Jerry Fodor une prise de position quant à la question de savoir si l'intellect théorétique et l'intellect matériel sont ou non identiques l'un à l'autre, qui au dire d'Averroès divisait Alexandre d'Aphrodise et Thémistius. Souvent bien motivés, les constats de ce genre sont au cœur de l'approche discontinuiste en histoire de la philosophie. Mais quel en est l'impact au juste ? Empêchent-ils vraiment toute confrontation théorique entre doctrines d'époques différentes ? Et l'incommensurabilité en ce sens compromet-elle toute pertinence des philosophies du passé pour les discussions actuelles ? Même les discontinuistes les plus résolus, je l'ai souvent fait remarquer, ne vont pas jusque-là. Mais pourquoi donc ?

1. T. S. Kuhn, *The Road since Structure*, *op. cit.*, p. 60.
2. *Ibid.*, p. 36.
3. Aristote, *Physique* II, 1, 193b6.

Une fois clarifiée sa notion d'incommensurabilité, Kuhn lui-même a reconnu qu'il ne s'agit jamais que d'un phénomène « local » qui, quelle qu'en soit l'importance, n'interdit pas la comparaison rationnelle des théories [1]. Et Paul Feyerabend, qui jouait aussi du thème de l'incommensurabilité dans *Contre la méthode* en 1975 – souvent vu comme l'une des œuvres phares du relativisme discontinuiste –, a convenu par la suite que ce qu'il appelait ainsi, dans un usage très proche de celui de Kuhn, était en fait « un événement rare » [2]. On l'a souvent noté – et Kuhn le concède volontiers –, deux partisans de théories incommensurables peuvent discuter l'un avec l'autre avec intelligence et à-propos, pour peu que chacun se donne la peine de se familiariser avec la terminologie de l'autre. Jerry Fodor après tout aurait pu apprendre le langage des aristotéliciens et finir par conclure que c'est – ou que ce n'est pas – le même module mental qui assume dans l'être humain les fonctions qu'Alexandre ou Thémistius voulaient confier à l'intellect théorétique et à l'intellect matériel, celle, par exemple, de produire de nouveaux concepts généraux et celle de les stocker et de les réactiver à l'occasion. Il lui aurait alors fallu transposer la question dans son propre vocabulaire et la revisiter à partir de sa théorie modulaire de l'esprit et de son atomisme conceptuel, laissant entre parenthèses du coup les liens que la notion grecque d'intellect entretenait avec celles de substance, de forme ou d'acte. L'incommensurabilité au sens de Kuhn ne serait pas abolie. Mais le dialogue pour autant n'en serait pas moins fécond.

L'historien de la philosophie *a fortiori* est bien placé pour mettre ainsi en rapport les vieux textes qu'il étudie avec ceux de ses contemporains. Il a consacré d'habitude beaucoup d'efforts à *comprendre* les premiers, apprenant avec précision la langue dans laquelle ils sont rédigés et scrutant le contexte de leur production comme le détail de leurs formulations. C'est là justement ce qui en fait un *historien*. Mais s'il a quelque formation philosophique, comme c'est normalement le cas, il peut s'y retrouver aussi dans les élucubrations et les polémiques de ses propres contemporains. Rien n'empêche dès lors qu'il fasse des liens entre les théories des uns et celles des autres. On a souvent objecté aux amis de l'incommensurabilité ce que Ian Hacking a joliment appelé « le problème du nouveau monde » [3] : si les

1. T. S. Kuhn, *The Road since Structure*, *op. cit.*, p. 35-37 ; voir aussi p. 55 : « What was and is at stake is not significant comparability. »

2. P. Feyerabend, « L'incommensurabilité selon Putnam », dans *Adieu la raison*, trad. fr. B. Jurdant, Paris, Seuil, 1989, p. 309.

3. I. Hacking, « Working in a New World : the Taxonomic Solution », dans P. Horwich (éd.), *World Changes : Thomas Kuhn and the Nature of Science*, Cambridge (Mass.), The MIT Press, 1993, p. 275-310.

intellectuels d'autrefois habitaient un monde qui n'est plus le nôtre – comme le dit parfois Kuhn lui-même –, comment l'historien arrive-t-il à en expliquer les doctrines à ses propres lecteurs ? « Dire que Galilée avait des notions "incommensurables" avec les nôtres *pour les décrire ensuite dans le détail* », écrit ainsi Putnam, « c'est être totalement incohérent » [1]. La réponse, tout à fait juste, de Kuhn et de Feyerabend est que l'historien peut *apprendre* le langage de Galilée (ou celui d'Aristote) et l'expliquer ensuite dans une langue d'aujourd'hui [2]. Mais s'il en est ainsi, il peut entreprendre dès lors de mettre en rapport de multiples façons ces anciennes idées qu'il expose avec celles qui sont débattues autour de lui.

J'y ai beaucoup insisté, les historiens de la philosophie peuvent poursuivre des projets bien différents les uns des autres. Certains mettent l'accent sur la mise en contexte, sur les antécédents et sur les influences, c'est un travail indispensable. Mais si des théories venues du passé présentent encore quelque intérêt proprement philosophique, malgré leur incommensurabilité avec celles de nos contemporains, il revient à ceux qui les connaissent le mieux de le faire voir. On peut ainsi vouloir introduire globalement une doctrine ancienne dans les débats d'aujourd'hui. Le thomisme dit « analytique », bien vivant en certains milieux, prétend tirer du système de Thomas d'Aquin dans son ensemble de quoi enrichir et corriger la philosophie analytique actuelle [3]. On a le droit de ne pas être d'accord, mais comment se permettre de récuser l'entreprise sans s'engager soi-même dans la confrontation interthéorique ? Et surtout, incommensurabilité ou pas, on peut détacher d'un système une thèse ou un groupe de thèses, un argument ou un groupe d'arguments, soit pour les évaluer soit pour en apprécier l'impact ailleurs que dans leur contexte d'origine. J'ai fourni de cette procédure de nombreux exemples au fil de mon travail sur Guillaume d'Ockham.

Prenons sa thèse de la toute-puissance divine : Dieu peut faire tout ce qui n'est pas logiquement contradictoire. Elle s'inscrit dans un contexte théologique précis, avec en arrière-plan la célèbre condamnation de 1277 à Paris, qui voulait (entre autres choses) contrer l'invasion du champ théorique par la vision d'un monde où les lois de la nature s'imposeraient à

1. H. Putnam, *Raison, vérité et histoire, op. cit.*, p. 131 (les italiques sont de Putnam).

2. Voir T. S. Kuhn, *The Road since Structure*, *op. cit.*, p. 37 *sq.* et P. Feyerabend, « L'incommensurabilité selon Putnam », art. cit., p. 303. Pour un résumé de cette discussion, voir C. Panaccio, « La philosophie analytique et l'histoire de la philosophie », art. cit., p. 333-337.

3. Voir par exemple les contributions réunies dans J. Haldane (éd.), *Analytical Thomism*, numéro thématique de la revue *The Monist* 80/4, 1997.

Dieu lui-même et dont les secrets se révéleraient à la réflexion rationnelle mieux qu'à la foi religieuse [1]. La thèse d'Ockham, en outre, est étroitement liée chez lui à sa distinction entre la « puissance absolue » de Dieu et sa « puissance ordonnée », des notions qui n'ont plus cours aujourd'hui en philosophie. L'historien, bien entendu, doit d'abord saisir tout cela [2]. Mais s'il est familier des développements récents en métaphysique analytique, il ne peut manquer d'être frappé par la parenté de l'idée ockhamiste avec le principe, purement philosophique, de séparabilité, selon lequel si une chose est réellement distincte d'une autre, alors il y a un monde possible où cette chose existe et pas l'autre. C'est ce que David Lewis appelle « la prohibition humienne des connexions nécessaires », dont il pense qu'elle nous donne « la meilleure prise qui soit sur la question de savoir quelles possibilités il y a » [3]. Ockham, de fait, recourt d'habitude à la toute-puissance divine pour montrer que certaines entités ne sont pas réellement distinctes l'une de l'autre (un corps et son étendue, par exemple, ou une relation particulière et ses *relata*). Dans une perspective purement philosophique, cela revient, on le voit, à invoquer la converse du principe de séparabilité de Lewis : s'il n'y a aucun monde possible où *a* existe mais pas *b*, alors *a* et *b* ne sont pas réellement distincts. Cela étant compris, l'historien-philosophe peut espérer apporter quelque chose au débat philosophique contemporain en explorant certaines des chaînes argumentatives dans lesquelles Ockham recourt à la toute-puissance divine, l'usage qu'il en fait, notamment, dans la discussion du statut métaphysique des relations, des quantités ou des universaux.

Ce n'est là qu'un exemple, tel qu'on en trouve à foison dans la pratique même de la philosophie actuelle, que ce soit en référence à la métaphysique de Platon, à l'éthique d'Aristote, à la pensée politique de Machiavel ou à l'épistémologie de Kant parmi bien d'autres. Dans tous les cas trois conditions sont nécessaires au succès de ce genre de transposition :

1. Voir notamment L. Bianchi et E. Randi, *Vérités dissonantes. Aristote à la fin du Moyen Âge*, Paris, Cerf, 1993 ; D. Piché, *La condamnation parisienne de 1277*, Paris, Vrin, 1999.

2. Voir à ce sujet A. Maurer, *The Philosophy of William of Ockham…*, *op. cit.*, p. 245-265.

3. D. Lewis, « Truth-Making and Difference-Making », dans E. J. Lowe et A. Rami (éd.), *Truth and Truth-Making*, Montreal/Kingston, McGill-Queen's University Press, 2009, p. 111.

1) celui qui s'y livre doit avoir acquis d'abord une compréhension satisfaisante des auteurs du passé qu'il entend ainsi mobiliser ; il doit pour cela, le plus souvent, en avoir étudié les textes mêmes et les avoir situés dans leurs propres contextes (même s'il ne lui faut pas pour autant faire état de toutes ces informations dans le discours nouveau qu'à son tour il produira) ;

2) l'historien-philosophe doit être en mesure de relier les théories qui l'intéressent, qu'elles soient anciennes ou contemporaines, à des phénomènes communs qui font problème pour les unes comme pour les autres (comme je l'ai expliqué, ces phénomènes sont le plus souvent d'ordre linguistique au départ et le dialogue transhistorique, par conséquent, sera d'autant plus éclairant qu'ils auront été plus clairement identifiés comme tels) ;

3) une reconstruction appropriée est toujours requise, le recours direct et exclusif à des citations littérales risquant fort d'être vain, trompeur ou illusoire vu, justement, les écarts terminologiques et catégoriels que les discontinuistes signalent avec tant d'insistance.

L'incommensurabilité (au sens de Kuhn) n'est un obstacle insurmontable pour aucune de ces trois conditions. La première est satisfaite par tout historien qui pénètre en profondeur une œuvre du passé. On l'a dit plus haut, la compréhension d'un texte est indéfiniment perfectible et des informations nouvelles ou des lectures complémentaires sont toujours susceptibles de l'enrichir. Mais les corpus qui intéressent l'histoire de la philosophie sont généralement présumés suffisamment intelligibles pour qu'un chercheur d'aujourd'hui s'y retrouve de façon satisfaisante, fût-ce au prix d'un examen poussé. La deuxième condition n'est guère plus problématique. Même si les doctrines étudiées comportent des termes techniques irréductibles en dernière analyse à ceux des philosophes d'aujourd'hui, elle recourent aussi très largement à un vocabulaire plus commun qui permet à l'historien de repérer certains au moins des phénomènes transtemporels dont elle entend rendre compte.

La troisième condition – celle de la reconstruction – est la plus délicate. Les catégories étrangères et intraduisibles, quand il y en a, doivent être transposées en des termes qui soient reconnaissables par les philosophes d'aujourd'hui (ou par certains d'entre eux) comme pertinents pour la discussion des questions qu'ils se posent. Cela ne se fait pas sans perte ou même sans quelque gauchissement à l'occasion – c'est ce qu'implique l'incommensurabilité justement –, mais la reformulation reste suffisamment adéquate quand elle préserve dans une large mesure le rapport logique des thèses originales avec la composante non technique du discours, de telle façon que l'impact des thèses en question soit repérable quant à des enjeux qui sont communs aux philosophes du passé et à ceux d'aujourd'hui, l'application, en particulier, à ces phénomènes transtemporels qui intéressent les uns aussi bien que les autres. Quand, par exemple, la thèse ockhamiste de la toute-puissance divine est reconstruite en termes de mondes possibles, on en laisse de côté la dimension théologique – historiquement cruciale sans aucun doute –, mais on en conserve les implications aujourd'hui les plus significatives pour la détermination du champ des possibles et pour les questions relatives à la distinction ou à la non distinction des entités qui peuplent le monde. Or ce genre d'opération est courant chez les historiens de la philosophie, même s'il passe souvent inaperçu. La notion platonicienne d'*eidos* n'a pas d'équivalent strict dans la philosophie contemporaine, mais Monique Canto-Sperber – comme bien d'autres – en montre l'intérêt en la mettant en rapport avec des questions philosophiques familières quant à l'objet du savoir, la sensation et l'erreur[1]. « *Status* » et « *dictum* », pour ne prendre encore qu'un seul autre exemple, sont des termes théoriques chez Pierre Abélard, mais Alain de Libera en fait voir la pertinence pour la réflexion philosophique sur les « états de choses » et les « tropes » en les associant à des notions plus courantes comme celles de vérité, d'individu, de phrase ou de caractéristique, qu'il traite, elles, comme non techniques[2]. La pratique habituelle de l'histoire de la philosophie telle que nous la connaissons suppose la légitimité de telles reconstructions.

L'incommensurabilité, bref, dans la mesure où elle est locale comme le pense Kuhn, est compatible avec le continuisme tel que je le comprends. En philosophie de toute façon on a renoncé depuis longtemps à l'image que combattait Kuhn en histoire des sciences, celle d'un progrès linéaire par réfutation ou par absorption. Mais cela n'empêche pas, bien au contraire, que les élaborations théoriques d'époques lointaines puissent être légitimement mises en dialogue, et de façon fructueuse, avec celles d'aujourd'hui.

1. M. Canto-Sperber, « Platon », dans *id.* (éd.), *Philosophie grecque*, Paris, P.U.F., 1997, p. 185-299.

2. A. de Libera, *La référence vide*, *op. cit.*, p. 120-130 et p. 283-294.

CHAPITRE IV

LA PORTÉE PHILOSOPHIQUE DES RÉCITS HISTORIQUES

Le résultat net de nos réflexions du chapitre précédent est que rien ne s'oppose en principe à ce que les œuvres philosophiques du passé soient pertinentes pour les discussions d'aujourd'hui. Les phénomènes qui faisaient problème pour la philosophie d'autrefois alimentent encore celle d'aujourd'hui et malgré la diversité des appareils conceptuels il y a moyen de retrouver dans les thèses et les arguments de nos prédécesseurs de quoi féconder la théorisation actuelle, la compléter, l'orienter même, ou la tester parfois en l'obligeant à se frotter à des approches pour elle surprenantes, susceptibles de remettre en question ses propres présupposés les mieux enracinés. La philosophie contemporaine, à la différence des sciences, est un espace de divergences plus que de consensus et son intérêt tient en grande partie à la façon dont elle explicite des désaccords souvent radicaux en approfondissant les implications et les difficultés des positions en présence. La prise en considération des doctrines du passé, ou de certaines d'entre elles, contribue à cette grande « conversation » – pour reprendre le terme de Richard Rorty[1] – dans la mesure où elles ont exploré avec intelligence et minutie, à propos des mêmes phénomènes, des possibilités théoriques qui de prime abord nous paraissent étranges et des chaînes argumentatives aux répercussions inattendues.

1. Voir par exemple R. Rorty, *La philosophie et le miroir de la nature*, trad. fr. T. Marchaisse, Paris, Seuil, 2017, p. 426-432 : « La philosophie dans la conversation humaine ».

Encore faut-il savoir en profiter. Les discontinuistes ont raison sur ce point du moins qu'il ne suffit pas en général à un philosophe d'aujourd'hui de lire Aristote, Ockham ou Leibniz pour en apprécier l'impact possible sur son propre travail. En plus des éditions de textes et des traductions, les historiens de la philosophie, on l'a vu, offrent à cet égard deux sortes de médiations, souvent indispensables et habituellement complémentaires : des récits historiques et des reconstructions doctrinales. Nos deux derniers chapitres examineront comment et à quelles conditions chacune d'elles permet à nos devanciers de contribuer aux débats en cours.

Les récits historiques, auxquels est consacré le présent chapitre, sont de divers types et même quand ils ont directement trait aux écrits que nous reconnaissons comme philosophiques, leur intérêt pour la connaissance ne se limite pas à ce qu'ils peuvent apporter à la philosophie proprement dite. Comme l'écrit Anthony Kenny :

> L'exégèse peut constituer la base de deux entreprises historiques bien différentes. Dans l'une, que nous pouvons appeler la philosophie historique, l'objectif est d'atteindre à la vérité philosophique, ou à la compréhension philosophique, quant au sujet ou à la question qui est en discussion dans le texte [...]. Dans l'autre entreprise, l'histoire des idées, l'objectif n'est pas d'atteindre à la vérité quant au sujet discuté, mais d'atteindre à la compréhension d'une personne, d'une époque ou d'une succession historique[1].

Deux intérêts de connaissance sont en jeu : l'intérêt historique, d'un côté, celui qu'il y a à mieux pénétrer la biographie ou la psychologie d'un humain d'une autre époque, à mieux comprendre une société passée ou la séquence des événements qui ont amené jadis tel ou tel résultat ; et l'intérêt philosophique, de l'autre, celui d'explorer et de critiquer les présuppositions les plus profondes des formes de discours que nous employons. En histoire de la philosophie, un même travail joue souvent sur les deux tableaux, mais, comme le suggère Kenny, les entreprises varient selon qu'elles mettent l'accent sur l'un ou l'autre objectif. Celles qui nous occuperont privilégient – ou cherchent à privilégier – l'intérêt philosophique. Non que les autres soient à discréditer, loin de là ; elles tombent simplement hors de notre propos, celui de comprendre ce qu'apportent à la philosophie d'aujourd'hui les récits historiques relatifs aux textes du passé. On distinguera de ce point de vue quatre types d'entreprises, que l'on examinera

1. A. Kenny, « The Philosopher's History and the History of Philosophy », *op. cit.*, p. 22-23 (notre traduction).

successivement : l'explication narrative, l'histoire des doctrines, l'exploration thématique et l'approche généalogique.

EXPLICATION NARRATIVE ET COMPRÉHENSION DES TEXTES

La mise en contexte narrative, dans beaucoup de cas, a tout simplement pour fonction d'aider à la compréhension des textes. Une fois reconnue la pertinence possible des écrits du passé pour la réflexion philosophique contemporaine, encore nous faut-il recevoir ce que ces œuvres ont à nous dire. N'importe quelle lecture peut évidemment susciter en nous des idées intéressantes par quelque association arbitraire, mais l'on n'entend pas discuter ici les contributions aléatoires de ce qu'Yvon Lafrance appelait une « histoire fantôme » de la philosophie, qui rattacherait indûment aux noms de penseurs célèbres des élucubrations théoriques qui sont les nôtres pour l'essentiel[1]. Il s'agit tout au long de ce livre d'apprécier le rôle en philosophie d'une compréhension *adéquate* de nos prédécesseurs. Or cette compréhension n'est pas toujours immédiate, même pour qui serait un grand connaisseur de la philosophie actuelle. Ni le vocabulaire, théorique ou non, ni l'enchaînement des phrases très souvent ne nous sont transparents. Gadamer évoque à ce sujet « l'expérience du choc que nous inflige un texte »[2]. Comme l'écrit avec justesse un Michael Frede, historien bien connu de la philosophie ancienne : « Nous ne serons capables d'identifier avec confiance une position du passé que si nous avons une bonne compréhension du contexte dans lequel elle fut soutenue »[3].

Ouvrons naïvement l'ouvrage de Jean Duns Scot que Gérard Sondag a traduit en français sous un titre susceptible d'attirer l'attention d'un métaphysicien d'aujourd'hui : *Le principe d'individuation*. Dès la

1. Y. Lafrance, « Pour une histoire non philosophique de la philosophie », dans G. Boss (éd.), *La philosophie et son histoire*, *op. cit.*, p. 312. Yvon Lafrance fait là référence à ce que R. A. Watson proposait sous l'appellation de « shadow history » (R. A. Watson, « Shadow History in Philosophy », *Journal of the History of Philosophy* 31, 1993, p. 95-109). Pour des critiques perspicaces de l'histoire fantôme en philosophie, voir notamment T. Sorell, « Pertinence et limites de la caricature en histoire de la philosophie : le cas de Descartes », dans Y. C. Zarka (éd.), *Comment écrire l'histoire de la philosophie?*, *op. cit.*, p. 113-129, et F. Beiser, « History of Ideas : a Defense », art. cit., p. 513-514.

2. H.-G. Gadamer, *Vérité et méthode*, trad. fr. P. Fruchon, J. Grondin et G. Merlio, Paris, Seuil, 1996, p. 289.

3. M. Frede, « The History of Philosophy as a Discipline », *Journal of Philosophy* 85/11, 1988, p. 668 (notre traduction).

première phrase un vertige nous prend: « Dans la troisième distinction, nous avons à nous enquérir de la distinction des anges en personnes »[1]. La structure même de cette phrase, pourtant courte, paraît étrange. Comment peut-on « avoir à s'enquérir » de quoi que ce soit « dans une distinction » ? Et pourquoi en outre s'agit-il de la *troisième* distinction ? Une explication narrative s'impose. Le médiéviste doit raconter, comme le fait Sondag dans sa longue introduction, que le texte traduit est extrait d'un commentaire de Scot sur les *Sentences* de Pierre Lombard, un ouvrage du XIIe siècle devenu au XIIIe le manuel de base de l'enseignement de la théologie, et que ce manuel était divisé en « distinctions » plutôt qu'en chapitres, à chacune desquelles correspondait chez les commentateurs postérieurs une série de questions, souvent codifiées. Il doit expliquer de surcroît que la question de « la distinction des anges en personnes » revenait aux yeux de Scot à se demander s'il est possible « qu'il y ait plusieurs anges dans une même espèce »[2], une énigme qui se posait à ses contemporains depuis, surtout, que Thomas d'Aquin avait soutenu quelques décennies plus tôt que chaque espèce d'ange ne pouvait être exemplifiée que par un seul individu puisque l'individuation des choses tient à leur matière et que les anges en sont dénués. Le lecteur d'aujourd'hui, au vu de ces éclaircissements, se rend compte que la question qui occupera Scot est métaphysique plus que théologique: par quoi deux individus d'une même espèce se distinguent-ils l'un de l'autre ? Et la présomption dès lors est que la discussion qu'il en donnera risque d'être stimulante du point de vue même de la métaphysique actuelle, comme le croient, par exemple, Frédéric Nef et Claudine Tiercelin[3], un soupçon que la mise en contexte a rendu possible et qui ne se confirmera dans la suite du texte, à chaque étape, qu'à la lumière de nouvelles explications du même ordre.

Relativement à un texte ou à un groupe de textes, l'explication narrative en histoire de la philosophie consiste à mettre en lumière certains antécédents qui ont joué un rôle dans la production de ce texte ou dans la façon précise dont il s'organise et se déroule. On peut y voir, en d'autres mots, l'identification de certains des facteurs qui ont *causalement* déterminé la succession des événements singuliers d'énonciation par lesquels ce texte

1. Jean Duns Scot, *Le principe d'individuation*, trad. fr. G. Sondag, Paris, Vrin, 2005, p. 71.

2. G. Sondag, « Introduction », dans *ibid.*, p. 13.

3. Voir F. Nef, *Qu'est-ce que la métaphysique ?*, Paris, Gallimard, 2004, en part. p. 334-347; et C. Tiercelin, *Le ciment des choses. Petit traité de métaphysique scientifique réaliste*, Paris, Ithaque, 2011, en part. p. 347-359.

est venu au monde. Mais on ne doit, bien évidemment, parler ici de causalité qu'en un sens large. Les facteurs en question peuvent être bien différents les uns des autres. On distingue couramment les explications internalistes, qui insistent sur des déterminants doctrinaux (le lien, par exemple, du texte de Scot avec la doctrine antérieure de Thomas d'Aquin), et les explications externalistes, qui recourent à des éléments biographiques, sociaux, politiques ou institutionnels (l'obligation pour Scot de commenter les *Sentences*, les contraintes ecclésiastiques qui pesaient sur lui, son origine familiale le cas échéant, son appartenance de classe, etc.). Et chacune de ces grandes catégories à son tour peut être subdivisée de multiples façons selon la sorte de déterminants auxquels il est fait appel. Parler de « causalité » dans chacun de ces cas ne doit pas suggérer qu'on y veuille retrouver le modèle des boules de billard qui se choquent ou celui des réactions chimiques dans une expérience de laboratoire. L'important est que les facteurs identifiés dans l'explication narrative aient contribué *d'une manière ou d'une autre* à la production du texte ou à l'allure qu'il a prise.

Si l'on y regarde de près, ces connexions, si diverses soient-elles de prime abord, se ramènent à ce que l'on appelle parfois la *causalité intentionnelle*, celle à laquelle on recourt dans la vie courante pour rendre compte du comportement de quelqu'un en lui attribuant des états psychologiques, des attitudes propositionnelles en particulier, comme des croyances, des intentions, des désirs ou des interrogations. William Dray, jadis, a beaucoup insisté, contre les positivistes, sur le rôle privilégié de ce genre d'explications en histoire[1] et cela vaut tout spécialement dans le domaine qui nous occupe. Quoique l'on s'exprime souvent comme si les œuvres, les doctrines et les traditions s'influençaient directement les unes les autres, ce ne sont là que des raccourcis, commodes certes, mais trompeurs en bout de ligne si on les prend à la lettre. À voir la philosophie dans l'histoire comme un foisonnement d'actes singuliers d'énonciation, on est conduit à reconnaître que ces « actes » requièrent des *agents*, tout aussi singuliers. Ce que le récit historique veut expliquer quand il a trait aux textes philosophiques, c'est que des auteurs aient écrit telle ou telle chose à tel ou tel moment et cela suppose en principe, quoique de manière souvent implicite, de leur attribuer des croyances, des intentions, etc. L'appel aux thèses de Thomas d'Aquin sur l'individuation pour mieux faire comprendre une phrase de Duns Scot requiert de reconnaître au Docteur

1. Voir notamment W. Dray, *Laws and Explanation in History*, Oxford, Oxford University Press, 1957.

subtil une certaine connaissance de ces thèses et l'intention de les discuter. Et cela vaut tout autant pour les récits à caractère externaliste. Les contraintes institutionnelles, par exemple, n'éclairent le contenu d'un écrit que si elles ont affecté d'une façon ou d'une autre les attitudes de l'auteur. Il n'est pas exclu, loin de là, que l'explication recoure à des motivations inconscientes, mais une mise en contexte narrative ne peut contribuer à la compréhension d'un texte en philosophie que si elle repose en dernière analyse sur des attributions d'états intentionnels à l'auteur (ou aux auteurs) de ce texte. Il serait trop lourd, bien entendu, de toutes les expliciter dans chaque cas particulier, mais il faut à tout le moins admettre en principe qu'il s'agit ici d'explication intentionnelle pour apprécier de façon générale le rôle des récits en histoire de la philosophie.

Dans la mesure où il vise à mieux faire comprendre un texte du passé, le récit historique en traite les auteurs comme des *agents rationnels*. Il fait apparaître leurs énonciations, de prime abord étranges, comme des actes raisonnables étant donné leurs croyances et leurs intentions. S'il semblait à première vue bizarre qu'un traité sur l'individuation commençât par: « Dans la troisième distinction, nous avons à nous enquérir de la distinction des anges en personnes », la mise en contexte narrative permet de reconnaître là un acte de langage bien motivé et tout à fait sensé. Le récit dans ce genre de cas éclaire le texte en fournissant à sa production et à sa formulation des raisons avec lesquelles on puisse sympathiser par-delà les siècles et les changements d'*épistémè*.

Mais il faut aller plus loin. D'avoir présenté un acte d'énonciation comme une initiative rationnelle dans un certain contexte peut n'avoir encore qu'un intérêt historique. Que voulait dire l'énigmatique dernière parole de Socrate sur son lit de mort: « Criton, nous devons un coq à Asclépios… »[1] ? Une explication narrative, si la documentation disponible nous permettait d'en fournir une, pourrait répondre à la question en faisant apparaître cet acte de langage comme une réaction compréhensible à quelque situation singulière. Mais rien n'assure qu'on y trouverait du coup une portée philosophique. Or c'est de cela qu'il est ici question : comment l'explication narrative peut-elle contribuer à l'exploitation des textes anciens par la philosophie d'aujourd'hui ? Qu'elle en montre la rationalité constitue à cet égard une condition nécessaire mais non suffisante. Encore faut-il que ces textes aient quelque chose d'enrichissant à nous apporter sur le plan philosophique. Si elle doit jouer là quelque rôle significatif, la mise en contexte doit aider à mieux cerner cette portée spécifique des écrits en

1. Platon, *Phédon* 118a.

question. Comment cela est-il possible ? Il faut revenir pour s'y retrouver à ce que l'on a dit ci-dessus des problèmes en philosophie et de la compréhension en général.

Au sens où on l'entend aujourd'hui, la philosophie, disions-nous, consiste à s'interroger de façon critique sur les présuppositions les plus radicales des autres discours, depuis celui de la vie quotidienne jusqu'à ceux des diverses sciences, et les questions précises qu'elle discute à chaque époque sont suscitées en dernière analyse par des phénomènes discursifs qui pour une raison ou pour un autre deviennent énigmatiques pour cette entreprise, comme la prédication, l'ambiguïté, l'évaluation ou l'autonymie. Pour que l'explication narrative fasse ressortir la pertinence philosophique d'un texte du passé, elle devrait donc en principe en faire voir le lien avec ce genre de phénomènes, montrer comment il s'y rapporte et ce qu'il avance à leur propos. Hans-Georg Gadamer a beaucoup insisté sur ceci que « se produit toujours au sein de la compréhension quelque chose comme une application du texte à comprendre à la situation présente de l'interprète »[1]. Dans le cas qui nous occupe, les éléments pertinents dans la situation des lecteurs philosophes d'aujourd'hui sont précisément ces phénomènes logico-linguistiques que doivent élucider leurs propres constructions théoriques pour prétendre elles-mêmes à quelque valeur philosophique. Il est vrai que les philosophes, même ceux d'aujourd'hui, ne comprennent pas tous leur entreprise de cette façon, tant s'en faut, mais la thèse qu'on a proposée au chapitre précédent est que telle est néanmoins la nature profonde de l'enquête philosophique, qu'elle soit reconnue ou non par ceux qui la pratiquent. La question, à ce point de notre démarche, est de savoir comment la mise en contexte narrative en histoire de la philosophie permet de rapporter les textes étudiés à cela qui dans notre propre environnement discursif fait problème pour nous.

La compréhension d'un texte, on l'a dit, tient pour l'essentiel à deux sortes de dispositions qu'un lecteur peut acquérir à son sujet : la capacité d'en identifier les référents (ou certains d'entre eux) et la capacité de produire ou de reconnaître des inférences acceptables selon les thèses endossées par le texte et la terminologie qu'il emploie. L'explication narrative, cela va de soi, est de la plus grande utilité aux deux niveaux, surtout pour un écrit venu d'une culture différente de la nôtre. Mais s'il s'agit bien d'apprécier l'intérêt *philosophique* du texte à l'étude, des exigences

1. H.-G. Gadamer, *Vérité et méthode*, *op. cit.*, p. 330. Sur le rôle de l'« application » dans l'herméneutique de Gadamer, voir en part. J. Grondin, *L'universalité de l'herméneutique*, *op. cit.*, p. 175-180.

spéciales s'imposent à elle. Il lui faudra notamment, pour évaluer les inférences acceptables dans la terminologie même du texte, repérer les rapports logiques qui se tissent entre les termes théoriques, entre les diverses affirmations et entre les questions et les réponses. L'étude des sources et des réseaux de discussions est à cet égard particulièrement éclairante. Lorsque Duns Scot pose à la deuxième phrase de son traité de l'individuation qu'avant d'aborder le cas des anges, « il faut commencer par s'enquérir de la distinction des substances matérielles en individus »[1], l'historien de la philosophie fera bien de rappeler l'appartenance chez Scot de « substance », de « matière » et d'« individu » à un complexe notionnel précis, celui des catégories aristotéliciennes, de l'hylémorphisme et des prédicables de Porphyre. C'est sur ce genre d'enracinement qu'Alain de Libera insiste à juste titre. Il faut inscrire, jusque dans le détail parfois, les composantes du texte étudié dans un « réseau de concepts, d'objets théoriques et de problèmes »[2]. Il faut retracer les sources, les chaînes et les traditions textuelles auxquelles le texte se rattache et dont il se nourrit[3].

À s'en tenir à cela, pourtant, on reste enfermé dans le jeu des termes théoriques. Pour apprécier l'intérêt philosophique des textes à l'étude, il faut crever cette bulle. Duns Scot présuppose la division aristotélicienne des catégories; et alors ? En quoi cela nous concerne-t-il ? La tâche est double. Il faut relier d'abord, autant que faire se peut, le vocabulaire théorique à celui du discours ordinaire et rejoindre par là le monde commun des référents reconnaissables. Quelles sont pour Scot les instanciations paradigmatiques de ce qu'il appelle des « substances matérielles » ? La mise en contexte, ici encore, est éclairante. Le penseur médiéval, nourri d'Aristote, devait avoir à l'esprit la façon dont le Stagirite lui-même associait à des objets de l'expérience courante le terme grec d'*ousia*, traduit par *substantia* chez les Latins, et les exemples qu'il en donnait au chapitre v des *Catégories* : un homme, un cheval, un arbre… Et deuxièmement, s'agissant de philosophie, il faut repérer surtout, par delà ce nécessaire enracinement des écrits du passé dans un monde que nous habitons toujours, les énigmes logico-linguistiques que devaient élucider,

1. Jean Duns Scot, *Le principe d'individuation*, *op. cit.*, p. 71.

2. A. de Libera, *La querelle des universaux*, *op. cit.*, p. 27.

3. On a essayé plus haut de caractériser sommairement ces notions de « chaîne textuelle » et de « tradition » à partir de celle d'« emprunt textuel », défini comme la reprise par un écrit original d'une partie quelconque d'un texte antérieur. Voir *supra* chapitre premier, p. 44-46, et C. Panaccio, « Mental Language and Tradition Encounters… », art. cit., p. 270-273.

en quelque mesure du moins, les développements théoriques de l'auteur concerné.

La discussion scotiste du principe d'individuation doit être ainsi rapportée au phénomène de la prédication singulière essentielle, dans lequel un terme général d'espèce naturelle comme « humain », « cheval » ou « arbre » est prédiqué d'un terme singulier : « Socrate est humain » et « Platon est humain » sont toutes les deux vraies et se distinguent en même temps, d'une façon qu'il s'agit de clarifier justement, des prédications singulières accidentelles comme « Socrate est assis » et « Platon est assis ». Contrairement à ces dernières, la prédication d'un terme d'espèce naturelle, celle qu'Aristote appelait la prédication « essentielle », doit répondre à la question « qu'est-ce que c'est ? » au sujet d'une chose[1]. Comment dès lors est-il possible que le même prédicat essentiel s'applique à des entités singulières distinctes ? Qu'il soit prédicable, pour le dire plus précisément, de termes singuliers qui ne sont pas coréférentiels ? Ce questionnement excite encore les philosophes d'aujourd'hui. L'entrée « Natural Kinds » de la *Stanford Encyclopedia of Philosophy* évoque le phénomène discursif en question dès sa première phrase : « Les disciplines scientifiques répartissent fréquemment les individus qu'elles étudient en espèces [...] »[2] ; et la bibliographie de l'article mentionne presque exclusivement des philosophes analytiques récents qui ont ardemment débattu des conditions de possibilité de ces classifications depuis Saul Kripke et David Armstrong jusqu'à Kit Fine, Brian Ellis, E. J. Lowe et Michael Devitt.

Que ce soit dans la tradition aristotélicienne ou dans la philosophie analytique d'aujourd'hui, les solutions proposées à cette énigme sont de nature métaphysique et concernent la structure ontologique du monde et des choses qui l'habitent. Mais ce qui au départ fait problème dans un cas comme dans l'autre et requiert d'être élucidé, c'est bien le phénomène de la prédication essentielle. Quant au développement de Scot, le rôle de la mise en contexte narrative, dans la mesure où elle souhaite en dégager la pertinence philosophique, sera d'en faire voir les connexions précises avec le phénomène en question, la façon notamment dont s'y rapporte la théorie scotiste des différences individuelles, de ce que l'on a appelé par la suite

1. Voir Aristote, *Topiques* I, 5, 102a, 31-33 : « Et on doit considérer comme prédicats essentiels tous les termes d'une nature telle qu'ils répondent d'une façon appropriée à la question : qu'est-ce que le sujet qui est devant vous ? » (trad. fr. J. Tricot).

2. A. Bird et E. Tobin, « Natural Kinds », dans E. N. Zalta (éd.), *The Stanford Encyclopedia of Philosophy*, 2017, URL : https://plato.stanford.edu/archives/spr2017/entries/natural-kinds/.

des « haeccéités ». Sans doute faut-il pour cela éclairer le texte par ceux d'Aristote, de Porphyre, d'Avicenne, de Thomas d'Aquin ou d'Henri de Gand que le Docteur subtil pouvait avoir à l'esprit au moment de sa propre rédaction. C'est ce que fait Sondag dans son Introduction, comme le font aussi Timothy Noone et Olivier Boulnois quand ils expliquent la position de Scot sur les universaux et sur l'individuation[1]. Mais cette mise en réseau n'a d'intérêt philosophique pour le lecteur d'aujourd'hui que dans la mesure où elle contribue à l'« application » du texte de Scot au phénomène problématique – et transtemporel – de la prédication essentielle.

Deux exigences ressortent, bref, pour qu'un récit historique aide à faire saisir la portée philosophique d'un texte du passé. D'abord, il doit présenter en principe la forme d'une explication intentionnelle, en faire apparaître la rédaction, en d'autres mots, comme une entreprise rationnelle étant donné le contexte, les croyances, les intentions et la langue de l'auteur. Cette forme n'est pas toujours explicite, tant s'en faut, mais la possibilité de la déployer n'en est pas moins présupposée. La narration, deuxièmement, doit aider à montrer comment le texte en question se rapporte à des phénomènes transtemporels qui font encore problème pour la philosophie d'aujourd'hui et ce qu'il soutient à leur propos. S'il est vrai, comme on l'a proposé, que ces phénomènes sont en général d'ordre logico-linguistique, l'explication narrative devrait faire voir, en conséquence, ce qu'il y a de métadiscursif dans le texte à l'étude. C'est à quoi peuvent contribuer, tout spécialement, l'examen minutieux du réseau de sources et de polémiques dans lequel il s'inscrit et celui, d'autre part, de la façon dont sa terminologie théorique s'articule au langage ordinaire de son temps et rejoint par là des objets et des phénomènes qui nous sont familiers.

L'HISTOIRE DES DOCTRINES

Les historiens de la philosophie recourent aussi à l'occasion à des récits dont l'objectif n'est pas seulement d'appuyer ou d'étoffer l'interprétation des textes étudiés. Je pense en premier lieu à ceux qui veulent montrer comment une doctrine philosophique donnée a évolué chez un ou plusieurs auteurs, quelles énigmes elle a suscitées, comment elle s'est enrichie ou simplifiée au fil des discussions, quelles composantes en ont été

1. T. B. Noone, « Universals and Individuation », dans T. Williams (éd.), *The Cambridge Companion to Duns Scotus*, Cambridge, Cambridge University Press, 2003, p. 100-128; O. Boulnois, *Lire le* Principe d'individuation *de Duns Scot*, Paris, Vrin, 2014.

abandonnées ou remplacées, comment elle s'est combinée, peut-être, à d'autres approches, pourquoi elle a connu du succès en certains milieux et pourquoi elle a été supplantée le cas échéant[1]. L'intérêt philosophique de ce type d'entreprise saute aux yeux. Pour peu que les doctrines en question présentent quelque pertinence pour la discussion contemporaine ou quelque ressemblance avec des théories actuellement débattues, l'examen détaillé de ce qu'il en est advenu historiquement est susceptible d'en mieux faire voir les tenants et aboutissants, les présupposés et les conséquences, les possibilités et les difficultés, un peu comme aux échecs l'étude des parties jouées aide à l'exploration fine des ouvertures et des stratégies.

Pour cerner les conditions de tels récits, il faut s'arrêter d'abord à l'idée même de *doctrine*. On a renoncé, au chapitre premier, à postuler dans l'être des propositions frégéennes flottant au ciel des intelligibles. Dans la perspective nominaliste, les doctrines n'existent que dans leurs incarnations textuelles singulières. Mais leur histoire, pour autant, ne se ramène pas à celle de la circulation des textes. L'intérêt philosophique exige en pareille matière que l'accent soit mis sur les *rapports logiques* qui se tissent entre des textes successifs. Certes, il faut que ces écrits soient historiquement localisés, que les liens soient retracés entre la production des uns et celle des autres, que les emprunts soient identifiés et les influences reconnues, que l'on retrouve parfois quelle version au juste, ou quelle traduction, tel auteur postérieur a pu connaître de telle ou telle œuvre dont il poursuit ou discute l'entreprise. On risquerait sans cela de retomber dans une « histoire fantôme », que les chercheurs, d'habitude, s'entendent à récuser. Mais pour autant qu'il veuille dépasser le seul intérêt historique, le récit dans ce genre de cas doit mettre en évidence des rapports proprement théoriques entre les écrits considérés. Comment cela est-il possible sans revenir du coup au troisième monde de Frege ?

La réponse tient à la forme canonique du discours indirect, celui par lequel on attribue de manière explicite un contenu aux paroles ou aux écrits d'autrui : Untel dit que *p*, soutient que *p*, etc. On discutera au chapitre suivant le rôle crucial du discours indirect dans les reconstructions doctrinales, mais il faut insister dès maintenant sur ceci que l'histoire des

1. C'est ce que Calvin Normore appelle « l'histoire interne » de la philosophie, pour laquelle il s'agit, dit-il, de comprendre et d'évaluer les *raisons* pour lesquelles les philosophes du passé ont adopté, modifié ou rejeté telles ou telles doctrines; voir C. Normore, « The Methodology of the History of Philosophy », art. cit., où ce type d'approche est mis en contraste avec une histoire sociologique de la philosophie comme celle, notoirement, de R. Collins, *The Sociology of Philosophies. A Global Theory of Intellectual Change*, Cambridge (Mass.), The Belknap Press of Harvard University Press, 1998.

doctrines, au sens où on l'entend dans le présent contexte, suppose de telles attributions. C'est à partir d'elles que l'on peut introduire les notions de *thèse* et de *doctrine*. Un texte *T*, dirons-nous, souscrit à la thèse que *p* seulement s'il affirme (explicitement ou non) que *p*. Sans doute faut-il en outre, pour qu'il s'agisse bien d'une « thèse », que la vérité de « *p* » fasse l'objet de désaccords, mais concentrons-nous pour l'heure sur la première condition. Tout ce qu'elle requiert sur le plan ontologique, c'est que *T* ait fait l'objet d'une énonciation sensée de la part de son auteur. Lorsqu'un locuteur a produit affirmativement un énoncé litigieux, ou un groupe de tels énoncés, qui d'une façon ou d'une autre soit équivalent à « *p* »[1], il est loisible à un interprète de dire que le locuteur en question affirme que *p* et de lui attribuer ainsi la thèse que *p*. Une doctrine, à partir de là, peut être définie comme un ensemble de thèses. Dire qu'un texte endosse une doctrine *D* revient à dire qu'il souscrit aux thèses qui constituent la doctrine en question.

Non que le texte original n'ait aucun contenu tant qu'un interprète ne l'a pas reformulé en discours indirect. Je ne discute pas ici de ce qui en général donne sens au discours, mais des conditions dans lesquelles il est possible à un historien de la philosophie d'associer une même doctrine à plusieurs textes et d'examiner à partir de là les transformations de cette doctrine d'un texte à l'autre, comment elle s'est modifiée par l'ajout ou l'abandon d'une ou plusieurs thèses, par l'introduction de nouveaux termes théoriques ou par la prise en considération de nouvelles questions et d'objections imprévues.

On peut être très souple dans ce contexte quant aux conditions d'identité des doctrines en question et il n'y a nul besoin de fixer a priori des paramètres précis. Leur taille, notamment, peut varier selon les objectifs des chercheurs, de même que celle des corpus étudiés. On peut s'intéresser à quelques thèses d'un auteur singulier sur un sujet précis et à la façon dont elles se sont modifiées au fil de ses propres écrits, ou à l'autre extrême au vaste périple à travers les siècles de quelque chose comme l'aristotélisme ou le stoïcisme, ou entre les deux encore, à l'histoire d'une école dans un cadre chronologique donné, celle du scotisme au XIVe siècle, par exemple, ou celle du cartésianisme à la fin du XVIIe. Dans tous les cas, cela suppose que l'on puisse cerner, fût-ce progressivement, un corpus d'une part et un groupe de thèses d'autre part qui soient l'un et l'autre relativement séparables de la multitude des autres écrits de la même époque. Aucun historien

1. On reviendra au chap. V sur la pluralité des sortes d'équivalences qui sont ainsi pertinentes pour le discours indirect.

ne peut endosser en pareille matière un holisme intégral selon lequel une doctrine ne serait jamais isolable de la production textuelle totale qui l'entourait.

Et quand il s'agit pour l'historien de dégager les implications spécifiquement philosophiques des thèses dont il retrace ainsi l'évolution, une façon féconde – et courante – de délimiter une doctrine pour les fins de ce genre de recherche est d'identifier d'une part un auteur ou un groupe d'auteurs traditionnellement reconnus comme philosophes, et d'autre part un sujet que l'on puisse associer *prima facie* à des enjeux philosophiques et à des phénomènes à caractère logico-linguistique qui font encore problème pour la philosophie d'aujourd'hui. L'étude du changement de position d'un Guillaume d'Ockham quant au statut ontologique de ce qu'il appelle des « concepts », par exemple, est révélatrice pour la réflexion philosophique dans la mesure où elle oppose deux façons rivales de rendre compte des énoncés intentionnels de forme « *A* pense que *p* », l'une qui recourt à des objets purement idéaux vus comme les corrélats des actes de pensée, et l'autre qui en fait l'économie en identifiant les concepts aux états internes des sujets connaissants, et dans la mesure aussi où cette étude peut retracer, jusque dans le détail, certaines des implications de l'une et l'autre approches et parcourir à cette occasion des chaînes argumentatives pertinentes[1]. À plus large échelle, pour ne donner qu'un autre exemple, l'histoire qu'a récemment proposée Robert Pasnau des aléas de l'hylémorphisme du XIVe au XVIIe siècle permet au philosophe d'aujourd'hui de suivre avec précision les nombreuses discussions qu'a suscitées dans la période considérée une doctrine d'inspiration aristotélicienne construite autour des termes de « substance », d'« accident », de « forme » et de « matière », par laquelle les scolastiques tardifs entendaient fonder au plan métaphysique la légitimité des prédications essentielles (comme « Bucéphale est un cheval ») aussi bien que celle des prédications accidentelles à propos d'un même objet perceptible (« Bucéphale est en mouvement »/« Bucéphale est à l'arrêt »), un problème, bien sûr, qui nous concerne toujours et pour lequel l'enquête de Pasnau est remarquablement éclairante si l'on se donne la peine de la suivre pas à pas[2].

1. Voir par exemple E. Karger, « Théories de la pensée, de ses objets et de son discours chez Guillaume d'Occam », *Dialogue* 33, 1994, p. 437-456; et C. Panaccio, *Ockham on Concepts*, Aldershot, Ashgate, 2004.

2. Voir R. Pasnau, *Metaphysical Themes 1274-1671*, Oxford, Oxford University Press, 2011.

L'histoire d'une doctrine, bref, expose, à partir d'un ensemble de thèses localisées dans un corpus donné, une séquence diachronique de discussions et d'argumentations, assurant ainsi l'exploration fine de pistes anciennes, souvent complexes, tortueuses et inattendues, mais potentiellement révélatrices au regard de nos propres préoccupations philosophiques. Les conditions de succès d'une telle entreprise rejoignent celles qu'on a dégagées à la section précédente. Le récit doit mettre en évidence les raisons pour lesquelles des agents rationnels ont pu en venir à compléter une doctrine, à la réviser ou à l'abandonner. Il devrait, en outre, présenter les thèses dont il retrace le destin historique, d'une façon qui en fasse saisir la pertinence pour l'élucidation d'énigmes proprement philosophiques. La différence est qu'il ne s'agit plus seulement de mieux comprendre les textes – cela est requis, certes, et les deux sortes de récits sont souvent complémentaires – mais de tirer maintenant quelque leçon des débats et des polémiques d'autrefois et de l'effet qu'ils ont eu *de facto* sur le sort des idées philosophiques. Cela suppose que l'on puisse ré-identifier des thèses ou des ensembles de thèses dans des écrits successifs – y fussent-elles rejetées – et repérer le cas échéant non seulement les emprunts mais aussi les rapports logiques qui se tissent d'un texte à l'autre. C'est le discours indirect, on l'a vu, qui rend la chose possible en recourant dans des attributions diverses à des occurrences numériquement distinctes d'une même clause de forme « que *p* ». L'historien dira, par exemple, que Descartes soutient que *p* et Malebranche aussi, ou que l'un affirme que *p* alors que l'autre le nie, et ainsi de suite. L'histoire des doctrines exige ainsi, d'une manière distinctive, la reconstruction en mode indirect pour établir adéquatement les liens de contenu dont elle a besoin entre les écrits successifs qu'elle met en rapport les uns avec les autres.

L'EXPLORATION THÉMATIQUE

L'histoire des doctrines telle que je viens de la décrire suppose une certaine continuité historique, comme l'appartenance de plusieurs textes à une même tradition. Elle travaille le plus souvent sur ce que j'ai appelé au premier chapitre des chaînes textuelles, dont les maillons sont liés entre eux par des emprunts – des citations, notamment, et des paraphrases. Mais l'on peut aussi cerner d'une autre façon l'objet d'un récit en histoire de la philosophie. Pensons à des entreprises comme celle d'une histoire de l'idée de nature qu'avait proposée jadis Robert Lenoble[1], celle d'un Morris Weitz d'une histoire des théories des concepts de Platon jusqu'à Frege, Russell et Ryle[2], ou celle encore que j'ai poursuivie moi-même dans *Le discours intérieur. De Platon à Guillaume d'Ockham*[3]. Le récit dans ce genre de cas ne requiert pas qu'une même doctrine parcoure une série de textes pour y être défendue, critiquée ou amendée. Il vise plutôt, par-delà l'étude d'auteurs singuliers, l'approfondissement de ce que j'appellerai une *thématique philosophique*.

À quoi l'unité de tels récits tient-elle au juste ? Peut-être sera-t-on porté à dire spontanément que c'est à l'*objet* même des discours étudiés. L'exploration thématique examinerait alors diverses positions théoriques à propos d'un *même* objet, qu'elles soient ou non reliées entre elles par des chaînes textuelles. Et cela, certes, est possible, on y reviendra. Encore faut-il qu'il y ait bel et bien un objet commun et qu'il soit identifiable par l'historien. Or il arrive dans bien des cas que cette unité soit illusoire et que la parenté des textes étudiés soit affaire de terminologie plus que de référents. J'ai récemment contribué, par exemple, à un ouvrage collectif intitulé *Rational Intuition. Philosophical Roots, Scientific Investigations*, où sont réunies une quinzaine d'études sur « l'intuition » chez des philosophes comme Ockham, Descartes, Spinoza, Kant ou Bergson, de même que dans la psychologie et les sciences cognitives contemporaines[4]. Mais comme le notent les directrices de publication, Lisa Osbeck et Barbara Held, le terme « intuition » (ou ses homologues latins, allemands ou anglais) est largement polysémique de l'une à l'autre de ces monographies

1. R. Lenoble, *Histoire de l'idée de nature*, Paris, Albin Michel, 1969.

2. M. Weitz, *Theories of Concepts. A History of the Major Philosophical Tradition*, London, Routledge, 1988.

3. C. Panaccio, *Le discours intérieur*, *op. cit.*

4. L. M. Osbeck et B. S. Held (éd.), *Rational Intuition. Philosophical Roots, Scientific Investigations*, Cambridge, Cambridge University Press, 2014.

et l'on a affaire en réalité à « quelque chose comme une longue étude de cas sur le lexique problématique de la psychologie comme discipline »[1]. Elles tiennent aussi, certes, que le rapprochement de ces usages est éclairant et pointe vers un intéressant éventail de phénomènes cognitifs qui ne sont pas sans rapport les uns avec les autres. Mais il est clair qu'on n'a pas ici une pluralité de théories à propos d'un même objet. L'unité du recueil est fournie en l'occurrence par des ressemblances lexicales.

On distinguera donc deux sortes d'explorations thématiques en histoire de la philosophie selon que le corpus dont elles traitent présente une réelle communauté d'objet ou une simple parenté terminologique. Contrairement à l'histoire des doctrines, l'exploration thématique examine la réapparition d'un thème à travers une série de textes qui peuvent ne pas appartenir à une même chaîne ou à une même tradition. Mais l'idée d'un thème commun doit être monnayée dans le présent contexte par une disjonction : je dirai que deux textes partagent un même thème s'ils s'apparentent l'un à l'autre de façon saillante soit par les objets auxquels ils se réfèrent soit par la terminologie qu'ils utilisent. L'important est de ne pas confondre les deux cas, comme cela arrive trop souvent chez les historiens des idées, et de ne pas dire, par exemple, sous le seul prétexte que des termes semblables comme « concept » ou « *conceptus* » occupent une place centrale dans deux doctrines distinctes, qu'elles sont dès lors toutes les deux des « théories du concept », comme si la coïncidence lexicale suffisait à en faire deux approches rivales d'un même ordre de réalités. Cette précaution, si élémentaire soit-elle, aiderait grandement à éviter l'erreur de perspective que dénonçait Collingwood et qu'il attribuait à « une espèce de myopie historique qui, trompée par des ressemblances superficielles, ratait les différences profondes »[2]. De cette salutaire mise en garde, cependant, il ne suit pas que l'exploration thématique, sous l'une ou l'autre de ses deux formes, ne puisse légitimement apporter à la discussion philosophique actuelle une contribution spécifique.

Le premier cas est le plus clair à cet égard. Si les textes étudiés par l'historien partagent un objet commun qui soit indépendant de ces textes et si l'objet en question occupe toujours les philosophes d'aujourd'hui, il y a fort à parier que ce qu'en ont dit certains au moins de nos devanciers soit pertinent pour la réflexion actuelle. Cela tient à ce que la philosophie,

1. L. M. Osbeck et B. S. Held (éd.), *Rational Intuition. Philosophical Roots, Scientific Investigations*, *op. cit.*, p. 15 (notre traduction).

2. R. G. Collingwood, *Toute histoire est histoire d'une pensée*, *op. cit.*, p. 82; voir à ce sujet le chap. III *supra*, à la section intitulée « L'insistance des problèmes ».

telle qu'elle se pratique autour de nous, ne peut miser sur aucun consensus qui l'autoriserait à reléguer son propre passé au rang de ce qui est définitivement révolu et qu'elle explore plutôt les tenants et aboutissants de certaines divergences fondamentales. Dans ces conditions, l'examen et la comparaison d'une variété d'approches historiquement exemplifiées au sujet d'un même phénomène transtemporel et des contextes à la fois théoriques et sociaux dans lesquels elles se sont développées sont de toute évidence susceptibles de nourrir et d'orienter les discussions en cours. Il n'est pas besoin pour cela que les phénomènes en question soient identifiables par nous indépendamment de tout appareil conceptuel et qu'ils nous soient donnés dans une sorte d'intuition brute. Mais l'historien doit pouvoir s'y référer lui-même dans son propre langage et repérer en même temps les références qu'y faisaient les auteurs du passé, dans un vocabulaire souvent différent à travers, parfois, des cadres théoriques incommensurables.

Encore faut-il, pour ce qui nous occupe ici, que les phénomènes en question soient d'intérêt philosophique. Le même genre d'exploration thématique est possible en d'autres domaines. On peut retracer en historien la façon dont la reproduction des animaux ou le mouvement des corps célestes ont été théorisés au fil des siècles et les diverses approches ainsi recensées auront bien dans chaque cas un objet commun et indépendant d'elles : l'accouplement des belettes et la révolution de la lune autour de la terre ne dépendent en rien des théories d'Aristote ou de Ptolémée. Mais ces phénomènes-là relèvent de l'histoire des sciences plus que de la philosophie. Selon la suggestion du chapitre précédent, les objets philosophiques, typiquement, sont d'ordre logico-linguistique. Une exploration thématique en philosophie pourra donc tenir son unité de celle d'un objet quand il s'agit bien d'un phénomène logico-linguistique. On peut retracer en philosophe l'histoire des solutions au paradoxe du Menteur à l'époque médiévale et dans la première moitié du XXe siècle, même si les théorisations en furent très disparates et sans connexions causales les unes avec les autres, parce que l'objet commun dans ce cas est repérable indépendamment d'elles et qu'il est d'ordre logico-linguistique. Le chercheur néerlandais Gabriel Nuchelmans, pour la même raison, a pu s'attaquer en philosophe dans deux ouvrages remarquables à l'histoire des théories de la proposition depuis l'Antiquité jusqu'à la Renaissance ; il ne se fait pas faute de retracer les influences de l'une à l'autre quand il en trouve, mais l'unité de son objet au départ est celle des phrases assertives, un phénomène à la fois transtemporel, de toute évidence, et logico-linguistique[1]. L'histoire de l'éthique philosophique, de même, peut être vue comme l'exploration des diverses manières dont on a voulu analyser et fonder les évaluations morales et celle de la philosophie politique comme l'examen diachronique des théories de la justification politique, évaluation et justification étant toutes les deux des phénomènes d'ordre discursif.

Il n'est pas nécessaire que ce genre d'exploration thématique couvre de longues périodes. On peut entreprendre l'histoire des traitements du Menteur au XIVe siècle ou celle de l'éthique philosophique au XVIIe. Plus le champ est étroitement circonscrit, plus il y a de chances, certes, que les textes étudiés appartiennent à de mêmes chaînes et réagissent les uns aux autres. Mais les récits dont je parle maintenant se distinguent en principe de l'histoire doctrinale en ce que leur cohésion tient aux objets des textes sur lesquels ils portent plutôt qu'à l'appartenance de ces écrits à des chaînes textuelles communes. Et c'est là que réside, justement, leur intérêt distinctif : ils rappellent à l'attention des philosophes un éventail d'options théoriques qui ont été intelligemment approfondies par nos prédécesseurs et qui se rapportent toutes à des phénomènes que nous essayons encore tant bien que mal de comprendre ; et ils font voir en même temps dans quelles circonstances diverses, sous quelles pressions et sur le fond de quelles présuppositions elles ont pu voir le jour. Que ces phénomènes soient, en bonne partie du moins, d'ordre logico-linguistique laisse à ce type d'explorations d'innombrables possibilités encore sous-exploitées : on gagnerait en philosophie à revisiter plus systématiquement les doctrines du passé qui se rapportent, par exemple, à la sui-référence, à l'indexicalité ou à l'intensionnalité (avec un « s »)[2].

L'exploration thématique, cependant, ne se réduit pas en histoire de la philosophie à ce genre d'entreprises. Une autre variété fonde l'unité de ses récits sur des parentés d'ordre terminologique entre les textes étudiés. Dans certains cas, c'est une simple ressemblance morphologique qui permet de regrouper en une même histoire des écrits d'époques ou de milieux différents. Le projet d'une histoire des théories du concept ou des théories

1. G. Nuchelmans, *Theories of the Proposition. Ancient and Medieval Conceptions of the Bearers of Truth and Falsity*, Amsterdam, North Holland Publ. Co., 1973 ; et *Late-Scholastic and Humanist Theories of the Proposition*, Amsterdam, North Holland Publ. Co., 1980.

2. On dit d'un énoncé qu'il est intensionnel lorsque le remplacement d'une de ses composantes par une expression coréférentielle n'en préserve pas toujours la valeur de vérité. Ainsi « Jean pense que Socrate était Grec » n'a pas nécessairement la même valeur de vérité que « Jean pense que le maître de Platon était Grec » même si le nom « Socrate » et la description « le maître de Platon » sont coréférentielles.

de la justice en seraient de bons exemples. Il est difficile de présumer que les diverses doctrines ainsi désignées concernent toutes un même objet réel, indépendamment identifiable : des termes comme « concept » ou « justice » sont trop abstraits et trop lourdement chargés de présuppositions théoriques pour cerner efficacement l'objet commun des doctrines qui intéressent alors l'historien. Comme dans l'exemple des théories de l'« intuition » évoqué tout à l'heure, les points d'ancrage sont fournis dans ce type de recherche par une série de termes morphologiquement apparentés comme « concept » ou « justice » en français, « *concept* » ou « *justice* » en anglais, « *conceptus* » ou « *iustitia* » en latin, etc. On peut à partir de là étendre le propos à des termes d'autres langues qui sans être étymologiquement liés à ceux-ci ont traditionnellement servi à les traduire ou ont été traduits par eux comme « *noèma* » ou « *dikè* » en grec et « *Begriff* » ou « *Gerechtigkeit* » en allemand, et comparer dès lors diverses théories, d'Aristote à Fodor ou de Platon à Rawls, où ces termes occupent une place centrale, en retraçant leurs connexions historiques quand il y en a et en signalant leurs affinités aussi bien que leur hétérogénéité.

Une parenté terminologique moins visible peut aussi dans d'autres cas délimiter le champ d'une exploration thématique et tenir, plus ou moins directement, à la référence des mots-clés plus qu'à leur morphologie sans pour autant qu'un objet commun soit présupposé. J'ai moi-même caractérisé, par exemple, le thème du « discours intérieur » dans l'ouvrage que j'ai consacré à son histoire depuis Platon jusqu'à Guillaume d'Ockham par l'occurrence d'expressions composées, en grec ou en latin surtout, dont un constituant référait à l'ordre du langage ou de la parole et un autre à celui du mental ou de l'intériorité. Des expressions comme « *logos endiathetos* », « *verbum mentis* » ou « *oratio mentalis* » m'ont alors servi de marqueurs pour inclure dans mon récit tel ou tel texte, tel ou tel passage[1]. Mais il n'était pas question de présumer au départ que toutes ces occurrences textuelles se rapportaient à une même réalité, que désignerait aujourd'hui chez un Jerry Fodor l'expression « *language of thought* ». Et de semblable façon, plusieurs chercheurs ont recours aujourd'hui à la présence du vocabulaire dit des émotions pour délimiter un corpus dans l'histoire des idées[2].

1. J'ai fourni à la fin du livre une liste de trente-six expressions de ce genre qui m'ont ainsi servi de repères (C. Panaccio, *Le discours intérieur*, *op. cit.*, p. 306-307).

2. Par exemple : S. James, *Passion and Action : The Emotions in Seventeenth-Century Philosophy*, Oxford, Clarendon Press, 1997 ; R. Sorabji, *Emotions and Peace of Mind : From Stoic Agitation to Christian Temptation*, Oxford, Oxford University Press, 2000 ; M. Pickavé et L. Shapiro (éd.), *Emotion and Cognitive Life in Medieval and Early Modern Philosophy*, Oxford, Oxford University Press, 2012.

Ce n'est pas chez eux le mot même d'« émotion » ou un autre morphologiquement apparenté qui sert de point de repère, ni l'existence indépendante d'un objet unique, mais tout un réseau terminologique plus ou moins associé par la référence de chacun de ses membres à l'un ou l'autre aspect de ce domaine flou que nous regroupons aujourd'hui sous le vocable d'« émotion », même si ce terme à strictement parler n'avait pas d'équivalent dans les milieux qui intéressent l'historien.

Le gain philosophique est alors moins évident que lorsque l'unité du thème retenu tient à celle d'un objet extérieur ré-identifiable par nous, mais il n'en est pas moins appréciable dans bien des cas. L'exploration thématique, quand elle s'articule autour de connexions terminologiques, permet souvent de distinguer, par-delà ces « ressemblances superficielles » qu'évoquait Collingwood, une pluralité de problématiques différentes, d'identifier des ruptures et des discontinuités de l'une à l'autre et de déployer à partir de là un récit complexe où se croisent – et parfois se fécondent – des traditions et des préoccupations diverses. Les études de ce genre peuvent fournir un excellent antidote au continuisme naïf qui se représente, illusoirement, le développement d'une problématique en philosophie comme un processus unifié et progressif où l'on passe d'une étape à l'autre par les vertus de l'argumentation ou de la dialectique. Elles font voir comment des notions de prime abord apparentées naissent historiquement de questionnements variés et de contextes disparates, recevant chaque fois une fonction et une portée différentes qui empêchent, justement, de les rabattre l'une sur l'autre sans autre précaution[1].

Ce n'est pas à dire que l'intérêt de ces explorations thématiques pour la philosophie soit purement négatif. Elles peuvent mettre au jour, dans la dispersion même de leur objet, des positions et des argumentations stimulantes, encore capables de nourrir la discussion de tels ou tels phénomènes philosophiquement problématiques. Les termes-clés qui leur servent de guides, comme ceux d'« émotion » ou de « discours intérieur », ont été choisis par l'historien le plus souvent parce que des expressions semblables à certains égards figurent de façon saillante dans les débats contemporains. Il s'agit alors de voir quels questionnements, quels arrière-plans théoriques et quels environnements socio-culturels ont pu donner lieu à l'usage de telles expressions chez nos prédécesseurs et comment ils

1. On pensera par exemple à l'« histoire des concepts », la *Begriffgeschichte*, de l'historien allemand Reinhart Koselleck, souvent ancrée au départ dans des parentés d'ordre terminologique; voir notamment R. Koselleck, *L'expérience de l'histoire*, trad. fr. A. Escudier, Paris, Seuil, 1997.

en font comprendre la portée. Nul besoin pour cela de supposer qu'elles soient coréférentielles d'un contexte à l'autre et que le *language of thought* de Jerry Fodor, par exemple, soit réellement identique au *verbum mentis* d'Augustin ou au *mental discourse* de Hobbes. Mais si les développements ainsi étudiés peuvent à bon droit être vus comme de la philosophie, ils doivent bien avoir trait eux aussi à certains de ces phénomènes que nous avons appelés « philosophiquement problématiques », même si ce ne sont pas les mêmes d'une situation à l'autre.

L'idée de parole intérieure avait chez les médiévaux des motivations spiritualistes et religieuses très étrangères à celles de Fodor. Mais certains des arguments qui l'appuyaient avaient trait, comme chez Platon déjà, au phénomène linguistique de l'attribution des attitudes propositionnelles dans des phrases de forme « A pense que *p* », ou à la possibilité de l'équivalence sémantique d'une langue à l'autre. Et ce sont là des sujets qui intéressent toujours la discussion actuelle sur le langage de la pensée. Le phénomène transtemporel de la composition sémantique de même – la signification d'une phrase est en grande partie fonction de celle de ses composantes –, bien qu'il ait été négligé par Augustin et même par Aristote, est régulièrement revenu hanter l'histoire que j'ai retracée dans *Le discours intérieur* pour se retrouver, comme chez Fodor, au cœur de la doctrine ockhamiste de l'*oratio mentalis*. Une enquête sur le thème des émotions à telle ou telle période, pour prendre un autre exemple, peut de prime abord intéresser l'histoire de la psychologie dans la mesure où les phénomènes transtemporels de colère, de peur ou de tristesse sont d'ordre psychologique. Mais elle peut être pertinente aussi pour la philosophie quand elle concerne, comme chez bien des auteurs, l'évaluation morale, l'assignation des responsabilités ou l'ontologie requise pour fonder l'attribution des états émotionnels.

Sous l'une ou l'autre de ses formes, bref, l'exploration thématique en histoire de la philosophie tire généralement sa perspective d'un regard rétrospectif jeté sur le passé à partir des préoccupations de la philosophie contemporaine. Qu'elle parte d'objets indépendamment identifiables comme l'assertion ou la justification politique, ou de notions linguistiquement marquées comme celles de « concept », de « justice », de « langage mental » ou d' « émotion », sa portée philosophique dépend de ce qu'elle parvienne à faire comprendre comment des phénomènes qui font toujours problème aujourd'hui ont pu donner lieu dans des contextes bien différents à des interrogations, des thèses et des argumentations qui soient encore éclairantes. Ses récits pour cela mettent l'accent selon les besoins sur toutes sortes de déterminants, sociaux aussi bien que doctrinaux, et plutôt qu'une progression continue, révèlent d'habitude une pluralité d'enchaînements diachroniques diversement interreliés, mais pour autant que leur intérêt ne soit pas purement historique, ils doivent bien eux aussi associer au bout du compte les textes qu'ils étudient à des phénomènes philosophiquement problématiques.

L'ENQUÊTE GÉNÉALOGIQUE

Un point de vue rétrospectif commande aussi ces récits qui visent à mieux saisir une situation actuelle en philosophie en en retraçant la genèse. L'idée en est bien exprimée dans cette formule succincte de Charles Taylor: « Pour comprendre adéquatement ce que nous faisons, nous devons comprendre comment nous sommes arrivés là où nous sommes. »[1]. L'ampleur des projets, dans cette optique, comme dans les autres, peut varier considérablement. On peut vouloir rendre compte du statut de la discipline Philosophie dans le monde contemporain ou de tout un courant comme la phénoménologie ou la philosophie analytique, ou à l'autre extrême, de l'intérêt pour certaines questions précises, de la portée d'une doctrine particulière ou de l'usage d'une terminologie donnée. Et l'on peut s'en tenir aux prédécesseurs immédiats ou remonter jusqu'aux Présocratiques s'il le faut. À la différence de l'exploration thématique, cette sorte d'enquête suppose une continuité historique réelle. Les positions récentes dont elle étudie l'arrière-plan sont censées provenir effectivement, en certains de leurs éléments au moins, de ce passé doctrinal que l'historien recherche. On ne saurait prétendre que telle question chez des philosophes d'aujourd'hui remonte à Kant si aucune chaîne textuelle ne relie ces philosophes aux écrits de Kant, fût-ce indirectement. On est plus près de l'histoire des doctrines à cet égard, mais avec cette spécificité que le *terminus ad quem* se trouve dans le milieu même de l'historien.

L'objectif est de mieux comprendre certains textes comme dans les explications narratives dont on a parlé au début de ce chapitre, mais l'historien maintenant est d'emblée partie prenante à ce qui s'y joue.

1. C. Taylor, « Philosophy and its History », dans R. Rorty *et al.* (éd.), *Philosophy in History*, *op. cit.*, p. 28 (notre traduction). Pour une défense des récits généalogiques en histoire de la philosophie, voir K. Vermeir, « Philosophy and Genealogy : Ways of Writing History of Philosophy », dans M. Laerke *et al.* (éd.), *Philosophy and Its History*, *op. cit.*, p. 50-70, où l'approche est illustrée par les travaux de Daston et Galison sur l'objectivité (L. Daston et P. Galison, *Objectivité*, trad. fr. S. Renaut et H. Quiniou, Dijon, Les Presses du Réel, 2012).

Il s'agit, comme le disait Taylor, de « comprendre comment *nous* sommes arrivés là où nous sommes ». Le gain espéré, dans ces conditions, prend une valeur spéciale. Les récits en question contribuent d'abord à relativiser des approches et des outils conceptuels que l'on aurait facilement pris pour allant de soi. Quand Michel Foucault prétend qu'un certain concept d'« homme » « est une invention dont l'archéologie de notre pensée montre aisément la date récente »[1], il suggère du coup la fragilité de ce concept, susceptible, pense-t-il, de disparaître à court terme « comme à la limite de la mer un visage de sable. »[2]. Et quand Richard Rorty fait remonter au XVIIe siècle la prévalence de la notion de représentation en philosophie, c'est dans l'intention polémique d'en proposer l'abandon contre ceux de nos contemporains pour qui cette prévalence va de soi[3]. L'effet le plus net de ces « déconstructions généalogiques », ainsi que l'écrit Diego Marconi, « est une *perte d'innocence* à l'égard d'un concept, d'un modèle ou d'un problème » : « ils ne nous apparaissent plus comme un trait nécessaire de notre panorama intellectuel, ou comme la seule façon de rendre compte de certains phénomènes »[4]. La leçon de l'historicité, ici, est la contingence de nos propres approches.

L'enquête généalogique, quand elle est bien conduite, met au jour des présuppositions inaperçues du travail actuel, qui peuvent elles-mêmes dès lors devenir l'objet de discussions explicites, être remises en question le cas échéant ou consciemment assumées. Sa perspective est souvent critique, comme chez Heidegger, qui tenait pour la grande tâche de la philosophie aujourd'hui de se « libérer de l'interprétation technique de la pensée dont les origines remontent jusqu'à Platon et Aristote »[5], ou comme

1. M. Foucault, *Les mots et les choses*, *op. cit.*, p. 398. Le passage, il est vrai, semble dire que l'homme même est une invention récente, plutôt que tel ou tel concept, mais ce n'est là de toute évidence qu'une façon de parler qui pour être spectaculaire n'en est pas moins trompeuse : il y avait des êtres humains, après tout, bien avant le XVIIe ou le XVIIIe siècle.

2. *Ibid.*

3. R. Rorty, *La philosophie et le miroir de la nature*, *op. cit.*

4. D. Marconi, « De certains usages théoriques de l'histoire de la philosophie », dans G. Vattimo (éd.), *Que peut faire la philosophie de son histoire ?*, *op. cit.*, p. 32-33. Mentionnons, dans la même veine, la défense par Frédéric Fruteau de Laclos de ce qu'il appelle une « anamnèse » de la philosophie contemporaine, qui retrouverait les conditions, souvent non philosophiques, de l'émergence et de l'effacement de pensées aujourd'hui considérées comme mineures ou dépassées (F. Fruteau de Laclos, « Comment on écrit l'histoire de la philosophie », dans V. Citot [éd.], *Problémes épistémologiques en histoire de la philosophie*, *op. cit.*, p. 155-182).

5. M. Heidegger, *Lettre sur l'humanisme*, trad. fr. R. Munier, Paris, Aubier Montaigne, 1964, p. 31.

chez Derrida dénonçant le primat de la présence à soi dans la pensée occidentale[1], ou comme chez Rorty encore qui présente son ouvrage, *Philosophy and the Mirror of Nature*, comme des prolégomènes à l'histoire d'un certain type de philosophie initiée par Platon et qu'il s'agirait maintenant de dépasser[2]. Il arrive à l'approche généalogique, d'un autre côté, d'être apologétique quand elle veut montrer comment un certain développement historique rend légitime de soulever aujourd'hui telle ou telle question ou d'adopter telle ou telle position. C'était l'attitude de Hegel envers l'histoire de la philosophie en général. Mais on la retrouve chez bien d'autres auteurs à moins large échelle. Kant, par exemple, selon l'historien américain Daniel Garber, « utilisait l'histoire de la philosophie, de Descartes à Hume, comme une façon de se placer lui-même au point où culmine la pensée européenne »[3]. Le propos d'un Gadamer, en retraçant l'histoire de l'herméneutique de Schleiermacher et Dilthey jusqu'à Heidegger, est de situer sa propre entreprise et d'en faire voir le bien-fondé[4]. Et la même chose vaut, pour ne donner qu'un autre exemple saillant, d'un Robert Brandom s'inscrivant expressément, études à l'appui, dans une « tradition » qui va de Kant et Hegel au moins jusqu'à Wilfrid Sellars, pour laquelle la spécificité des êtres pensants est d'être sujets à certains types de normativité[5]. L'essentiel, chaque fois, est que la « conscience historique », comme l'appelle Gadamer, permet à l'interprète de mettre à l'épreuve ses propres préconceptions en s'interrogeant à la fois « sur leur origine et leur validité »[6].

Une mise en garde s'impose, cependant. Il faut éviter à cet égard de confondre l'histoire de la philosophie avec celle, beaucoup plus générale, des idéologies ou des mentalités. On peut certes faire intervenir toutes sortes de facteurs pour expliquer les origines de la philosophie d'aujourd'hui ou de certaines de ses composantes. Il se peut après tout que les présuppositions que décèle l'enquête généalogique ne viennent pas seulement du travail antérieur des philosophes au sens strict et que l'histoire religieuse, culturelle ou sociale y ait contribué de façon décisive.

1. Voir en particulier J. Derrida, *La voix et le phénomène*, Paris, P.U.F., 1967, et *De la grammatologie*, Paris, Éditions de Minuit, 1967.

2. R. Rorty, *La philosophie et le miroir de la nature*, *op. cit.*, p. 427-428.

3. D. Garber, « What's Philosophical about the History of Philosophy ? », dans T. Sorell et G. A. J. Rogers (éd.), *Analytic Philosophy and History of Philosophy*, *op. cit.*, p. 132 (notre traduction).

4. H.-G. Gadamer, *Vérité et méthode*, *op. cit.*, p. 191-285.

5. R. B. Brandom, *Tales of the Mighty Dead*, *op. cit.*, en part. p. 21-32.

6. H.-G. Gadamer, *Vérité et méthode*, *op. cit.*, p. 288.

Mais s'il s'agit bien d'histoire de la philosophie, cela dont on retrace la genèse doit appartenir de plein droit à l'univers étroitement circonscrit de cette discipline contemporaine que l'on appelle « philosophie ». Les récits de Rorty, de Gadamer ou de Brandom mettent en perspective, pour les critiquer ou pour les défendre, telles ou telles pratiques actuelles *en philosophie*. La chose est beaucoup moins nette, par exemple, dans le cas de Foucault, qui n'a du reste jamais présenté ce qu'il faisait comme de l'histoire de la philosophie. Ce concept d'homme dont il raconte la mise en place dans *Les mots et les choses*, il le voit comme un « *a priori* historique » de la pensée contemporaine dans son ensemble et du projet des sciences humaines qui la traverse, plutôt que de telle position philosophique en particulier[1]. Rien n'empêcherait en principe son « archéologie du savoir » de rejoindre ici et là l'histoire de la philosophie si elle se souciait de retrouver chez les philosophes mêmes le jeu des a priori historiques qu'elle identifie par ailleurs. Mais ce n'est pas de fait ce qui se passe dans *Naissance de la clinique*, dans *Les mots et les choses* ou dans *Surveiller et punir*. Et Nietzsche, quand il propose sa « généalogie de la morale », veut rendre compte d'attitudes largement répandues dans la culture qu'il habite, plus qu'expliquer l'origine d'une position ou d'une pratique proprement philosophiques. Là aussi, bien entendu, l'application à la philosophie est possible comme à un cas particulier. Mais tant qu'elle n'est pas menée pour elle-même avec la précision voulue, on n'a pas affaire à de l'histoire de la philosophie au sens où j'en parle ici. Il faut juste éviter de confondre les entreprises, comme on le fait parfois à la faveur de l'équivocité du terme « philosophie », qui désigne tantôt un éventail d'attitudes générales envers le monde et tantôt, comme dans le présent ouvrage, une discipline spécialisée incarnée dans des publications, des colloques et des programmes d'enseignement spécifiques.

Ainsi limitée, l'approche généalogique est soumise, comme les autres, à des exigences fortes. Voulant faire apparaître tel développement contemporain comme issu d'une histoire, il lui faut d'abord s'assurer de l'efficace réelle de ces facteurs qu'elle trouve pertinents dans le passé. Si l'on tient qu'une certaine présupposition venue de Descartes marque encore l'épistémologie, il y a lieu en principe de retracer la filière, peut-être plurielle, par laquelle cette conception cartésienne a été transmise aux épistémologues d'aujourd'hui et le processus par lequel elle en est venue à jouer chez eux un rôle prépondérant. Une généalogie prétendue peut aisément être artificielle, voire trompeuse, quand elle néglige les chaînes textuelles réelles et

1. M. Foucault, *Les mots et les choses*, *op. cit.*, p. 355.

se limite à une succession d'auteurs choisis pour les besoins de la cause et reliés les uns aux autres par des enchaînements purement théoriques. Comment en sommes-nous arrivés à telle position aujourd'hui ? Descartes a soutenu ceci, Kant cela, Hegel autre chose et nous voilà ! Confinées au plan des idées, ces reconstructions narratives simplifiées peuvent avoir une valeur heuristique à l'occasion, mais elles n'acquièrent la force explicative d'une généalogie que si elles s'attardent à reconstituer les mécanismes effectifs de la transmission textuelle et qu'elles établissent ainsi la connexion historique qui unit de fait nos contemporains, ou certains d'entre eux, à ce passé précis d'où sont censés leur venir tels concepts ou telles présuppositions.

C'est dire que l'enquête a d'autant plus de chances d'être éclairante en pareille matière que sa visée est plus restreinte. Lorsque Gadamer relate l'histoire de l'herméneutique en Allemagne depuis Schleiermacher, il fait bien saisir à son lecteur l'arrière-plan théorique sur lequel se construit sa propre entreprise, comment notamment les apories de l'historicisme chez Dilthey sont dépassées par Husserl et surtout par Heidegger et pourquoi c'est ce dernier que Gadamer entend d'abord suivre pour sa propre analyse de la compréhension herméneutique comme expérience fondamentale. Le cas est exemplaire en ce que le récit court sur un siècle et demi à peine, s'en tenant à une aire culturelle et géographique étroitement circonscrite et à un petit nombre d'auteurs dont chacun connaissait en profondeur l'œuvre des précédents et qui tous, au *terminus ad quem* de l'histoire, ont été lus et médités par Gadamer lui-même. Limitée de la sorte au domaine allemand, l'approche serait moins plausible s'il s'agissait – comme le suggèrent certaines des formules de Gadamer – de rendre compte généalogiquement de là où en est aujourd'hui la théorie de l'interprétation en général. Peirce est entièrement ignoré, par exemple, la discussion de Davidson tient en deux lignes dans une note en bas de page et celle de son arrière-plan en philosophie analytique est inexistante[1]. Dans la mesure où l'approche généalogique appelle un récit continu, elle court toujours le risque, à vouloir se généraliser, d'oublier ses limites et d'occulter l'éclatement pourtant spectaculaire de la production textuelle dans le monde moderne et contemporain. Non qu'il faille disqualifier les grandes synthèses à la

1. G. Gadamer, *Vérité et méthode*, *op. cit.*, p. 316 n. Le contraste est frappant avec le *Companion to the Philosophy of Language* de Bob Hale et Crispin Wright, par exemple, où la notion d'interprétation n'est discutée qu'en rapport avec les œuvres de Quine et de Davidson ; voir notamment J. Heal, « Radical Interpretation », dans B. Hale et C. Wright (éd.), *A Companion to the Philosophy of Language*, Oxford, Blackwell, 1997, p. 175-196.

Rorty. Elles ont leur utilité et peuvent inspirer à titre d'hypothèse de travail des études plus ponctuelles et mieux documentées. Mais le travail historique, y compris en philosophie, requiert en principe une enquête minutieuse, capable en l'occurrence de repérer des liens précis entre les événements singuliers de parole et d'écriture qui constituent la philosophie même. Cela va de soi en général, mais il vaut spécialement la peine de le rappeler quand il s'agit de retracer, pour les critiquer ou les légitimer, la genèse de positions aujourd'hui litigieuses, le risque de dérive étant en pareil cas particulièrement criant.

Idéalement, le récit généalogique en histoire de la philosophie devrait aussi faire voir l'intérêt proprement philosophique des développements qu'il reconstitue. Il devrait montrer, en d'autres mots, comment ces développements, quand ils sont d'ordre théorique[1], se rapportent à des phénomènes philosophiquement problématiques. Il ne serait guère éclairant de ne décrire que des déplacements internes dans des réseaux d'oppositions conceptuelles ou terminologiques sans jamais les mettre en rapport avec des phénomènes indépendamment identifiables dont les philosophes d'aujourd'hui (ou certains d'entre eux) souhaitent rendre compte. À quoi servirait-il de savoir que l'idée de l'esprit comme substance non-spatiale et transparente à elle-même remonte au cartésianisme par certains de ses aspects, comme le soutient Rorty[2], si l'on ne faisait aucun lien entre cette idée, somme toute très abstraite, et des phénomènes plus familiers comme l'attribution à autrui ou à soi-même de croyances, de certitudes et d'intentions[3] ?

Prenons le cas de Robert Brandom. Son ouvrage majeur, *Making It Explicit*, oppose en philosophie de l'esprit une approche « inférentialiste » à ce qu'il appelle une tradition « représentationaliste », qui commence, pense-t-il, avec Descartes[4]. Alors que Descartes et ses successeurs, jusque chez nos contemporains, caractérisent le contenu des états intentionnels à partir de la portée référentielle de leurs constituants élémentaires

1. Comme je l'ai déjà signalé, les facteurs évoqués par une explication généalogique ne sont pas nécessairement d'ordre théorique. Ils peuvent être sociaux, institutionnels ou politiques à l'occasion. Même en de tels cas, cependant, il faut bien en venir, si l'on fait de l'histoire de la philosophie, à des développements proprement théoriques, ne serait-ce que dans les doctrines dont on prétend retracer la genèse.

2. Voir notamment R. Rorty, *La philosophie et le miroir de la nature*, *op. cit.*, p. 75-83.

3. Puis-je insister de nouveau ? Ce ne sont pas les états intentionnels eux-mêmes que je décris ici comme des phénomènes familiers, mais *leur attribution* à autrui ou à soi-même dans des *phrases* de forme « A pense que *p* », « A sait que *p* », etc.

4. R. B. Brandom, *Rendre explicite*, *op. cit.*

(le concept de cheval représenterait certaines réalités extérieures, le concept de fleur certaines autres, etc.), l'inférentialisme, initié principalement par Kant au dire de Brandom, comprend le « contenu conceptuel » en termes de fonctions dans le raisonnement plutôt que de représentation. L'histoire de la philosophie joue dans cette discussion un rôle de premier plan. Les références constantes à Descartes, Spinoza, Leibniz, Kant ou Hegel servent à faire comprendre comment s'est constituée au fil des quatre derniers siècles cette opposition cruciale du représentationalisme et de l'inférentialisme[1]. Or Brandom ne se contente pas de recourir, quand il explique à son lecteur l'enjeu de ce débat, à des concepts théoriques comme ceux d'intentionnalité ou de représentation, mais c'est à des phénomènes logico-linguistiques indépendamment repérables qu'il fait alors appel. Voulant définir, par exemple, ce qu'il nomme le « représentationalisme », il le caractérise comme une « approche sémantique » qui prétend doter de référence les éléments linguistiques élémentaires (les morphèmes donc) pour construire à partir de là les conditions de vérité des phrases et les conditions de validité des inférences[2]. Et il reproche ensuite à cette position d'étendre indûment aux phrases la notion de référence qui s'applique au premier chef à des unités linguistiques plus élémentaires et d'ignorer, ce faisant, cette « priorité pragmatique » des phrases sur laquelle Kant aurait d'abord attiré l'attention[3]. C'est par ce renvoi à la composition linguistique des phrases en mots que tout le débat est ultimement ancré par Brandom dans un ordre de phénomènes que le lecteur peut reconnaître sans s'être commis lui-même à l'un ou l'autre des systèmes en présence, ces phénomènes-là, précisément, qui sont, disions-nous, les plus typiquement problématiques pour la philosophie. Que Brandom ait raison ou non sur le fond, sa procédure à cet égard correspond à ce que l'on peut attendre en général d'une bonne approche généalogique en histoire de la philosophie[4].

Il y a, bref, plusieurs variétés de récits admissibles en histoire de la philosophie selon l'objectif que le chercheur se donne : des explications narratives, qui veulent éclairer des textes du passé en les mettant en contexte ; des histoires doctrinales, qui retracent le sort de certaines thèses

1. La chose est encore plus nette dans R. B. Brandom, *Tales of the Mighty Dead*, *op. cit.*

2. *Id.*, *Rendre explicite*, *op. cit.*, t. I, p. 62.

3. *Ibid.*, t. I, p. 171.

4. Brandom sous-estime à mon avis les ressources du représentationalisme en négligeant la forme qu'il avait prise, bien avant Descartes, dans le nominalisme médiéval, mais cette lacune tient à l'information historique qu'il exploite plus qu'à sa méthode.

ou de certains concepts dans une période donnée; des explorations thématiques, qui s'intéressent à des approches apparentées les unes aux autres par leur objet ou par leur terminologie; des enquêtes généalogiques, qui scrutent dans une optique évaluative les origines d'une position aujourd'hui adoptée en philosophie [1]. Rien ne garantit d'ailleurs que cette liste soit exhaustive et diverses combinaisons sont possibles entre ces entreprises. Il faut avant tout en respecter la disparité et ne pas les réduire à un modèle unique auquel devraient se conformer tous les chercheurs. Le pluralisme méthodologique s'impose en cette matière comme en beaucoup d'autres [2].

Cela dit, des exigences communes se dégagent, surtout quand on veut donner à ces récits un intérêt proprement philosophique et les faire contribuer à la discussion actuelle. Il y a d'abord, bien évidemment, les réquisits habituels de l'exactitude historique. Il est vrai que la construction du récit et le choix de ses composantes comme de ses épisodes dépendent pour une large part de la perspective adoptée par l'historien. C'est à quoi tient la priorité qu'on a reconnue au chapitre II à la contrainte de pertinence. Mais l'histoire de la philosophie n'en est pas moins de l'histoire et les connexions qu'elle prétend établir requièrent d'être documentées. Même subordonnée, la contrainte de fidélité reste impérative. On peut vouloir décrire la genèse des positions philosophiques, les influences qui les ont marquées ou qu'elles ont eues, les réseaux et les traditions dans lesquels elles se sont inscrites ou les déterminants externes qui les ont orientées, mais ces mises en rapport quand elles ne se limitent pas à des comparaisons théoriques supposent chaque fois une efficace réelle. La simple plausibilité des rapprochements conceptuels, quoiqu'elle fournisse de précieux indices, ne suffit jamais à les étayer. Des chaînes textuelles effectives sont généralement supposées. Et puisque l'explication narrative en philosophie repose – en principe du moins – sur l'attribution d'états intentionnels comme des croyances et des intentions, les récits dont on a traité n'ont

1. S'inspirant d'une communication que j'ai donnée en 2016, S. Lapointe et C. Pincock proposent une liste semblable, en y ajoutant l'« histoire disciplinaire », qui est un cas particulier – et spécialement intéressant – de ce que j'ai appelé l'« exploration thématique » : celle qui concerne les conceptions d'une discipline donnée, la philosophie elle-même notamment, ou l'une de ses parties ; voir « Introduction », dans S. Lapointe et C. Pincock (éd.), *Innovations in the History of Analytical Philosophy*, London, Palgrave Macmillan, 2017, p. 14-15.

2. Pour d'intéressantes considérations supplémentaires sur la pluralité des récits en histoire de la philosophie et sur leur rôle dans l'évaluation des doctrines, voir en part. R. Piercey, *The Uses of the Past from Heidegger to Rorty. Doing Philosophy Historically*, Cambridge, Cambridge University Press, 2009, p. 31-57.

d'intérêt philosophique, dans toutes leurs variantes, qu'à mettre en scène des agents rationnels historiquement situés, dont les attitudes réelles puissent être plausiblement reconstituées à partir de la documentation disponible.

Un deuxième trait commun à ces récits, tout aussi important, est qu'ils requièrent tous des reconstructions doctrinales, le plus souvent passablement élaborées. L'historien ne saurait faire l'économie d'une présentation en ses propres phrases des positions et des approches qu'il étudie. S'il veut *a fortiori* en faire ressortir, à certains égards au moins, la portée philosophique, il lui faut rendre manifestes certains des rapports logiques qui se tissent entre les thèses et les concepts d'une même doctrine ou entre les différentes conceptions qu'il associe les unes aux autres dans ses narrations. Et il lui faut surtout, qu'il l'admette ou non, mettre tout cela en rapport avec des phénomènes extrathéoriques qui sont encore philosophiquement problématiques. La reconstruction pour cela est indispensable. Il nous reste à voir de plus près en quoi elle consiste exactement.

CHAPITRE V

LES RECONSTRUCTIONS DOCTRINALES

L'historien de la philosophie, quand il ne se contente pas de lire, d'éditer ou de traduire, produit un nouveau discours dans lequel, inévitablement, il est amené à présenter en ses propres phrases les doctrines du passé. Par rapport aux textes originaux, ces présentations impliquent *toujours* sélection et réorganisation; c'est pourquoi il est approprié de les appeler « reconstructions ». Richard Rorty, on l'a vu, en distingue deux variétés : les reconstructions historiques, qui se donnent pour règle de ne s'écarter que le moins possible des intentions et de la terminologie des auteurs auxquels elles se rapportent; et les reconstructions rationnelles, qui entendent faire ressortir surtout la portée philosophique des doctrines étudiées[1]. Cette dernière perspective nous retiendra au premier chef dans ce chapitre comme dans le précédent, vu qu'elle différencie le mieux, par rapport à l'histoire des sciences et à l'histoire des idées, l'usage que la philosophie fait de son passé, mais il y a en pratique un *continuum* entre les divers types d'entreprise et une bonne partie de ce que l'on dira vaut aussi bien pour les approches plus strictement historiques que pour les reconstructions dites rationnelles.

Quelles que soient leur orientation et les méthodes qu'ils privilégient, les historiens de la philosophie restructurent et redécrivent, en fonction des projets particuliers dans lesquels ils sont engagés, le matériel textuel sur lequel ils travaillent. Pour examiner la façon dont ils procèdent et en dégager les conditions de légitimité, je distinguerai deux sortes d'énoncés qu'ils avancent tous à cette fin. Ces énoncés sont généralement entremêlés

1. R. Rorty, « Quatre manières d'écrire l'histoire de la philosophie », art. cit., p. 58-66.

les uns aux autres, souvent insérés dans des trames narratives et illustrés ou complétés parfois par des citations, mais toujours, si fidèles soient-ils, ils sont formulés dans la langue de l'historien et d'une manière que ses lecteurs en principe devraient pouvoir comprendre : il y a des *reformulations*, d'une part, qui exposent dans un ordre nouveau les thèses et les arguments des auteurs originaux, et des *explications métadiscursives*, d'autre part, qui en éclairent ou en évaluent la portée en les prenant pour objets d'un discours de second ordre. Quand Martial Gueroult attribue à Descartes l'idée « que le savoir a des limites infranchissables, fondées sur celles de notre intelligence »[1], il reformule quelque chose qui, s'il a raison, a dû être affirmé – ou à tout le moins présupposé – par Descartes. Quand il parle, plus loin dans le même ouvrage, du « positivisme rationnel » de Descartes, qui, dit-il, « contraste vivement avec les doctrines de saint Augustin et de saint Thomas »[2], il entend caractériser la pensée de son auteur, non plus, cette fois, en la reformulant, mais en prenant sur lui de la comparer à d'autres théories et en lui appliquant une étiquette (le « positivisme rationnel ») dont il assume lui-même la responsabilité. Dans les reconstructions doctrinales, qu'elles soient « historiques » ou « rationnelles », les reformulations sont ce qu'il y a de plus basique et l'on s'y attardera davantage, mais il faut dire d'abord quelques mots des explications métadiscursives, qui, pour être dérivées, n'en sont pas moins indispensables.

LES EXPLICATIONS MÉTADISCURSIVES

Le critère le plus révélateur pour séparer les explications métadiscursives des reformulations passe par ce que j'appellerai le test du discours indirect : ce qu'affirme l'historien au sujet des textes ou des doctrines dont il parle pourrait-il, au prix peut-être de quelques ajustements mineurs, prendre la forme d'une attribution indirecte comme « *x* dit que _ », « *x* pense que _ », « *x* présuppose que _ », « *x* admet l'idée que _ », etc.[3] ? Si oui, on a une reformulation, sinon c'est une explication métadiscursive.

1. M. Gueroult, *Descartes selon l'ordre des raisons, op. cit.*, p. 15 ; c'est le passage que je citais au début du premier chapitre.

2. *Ibid.*, p. 384.

3. Je ne distingue pas pour les fins de ce test le discours indirect proprement dit, qui renvoie à un acte de langage (*x* dit que — »), et l'attribution d'attitudes propositionnelles (*x* pense que — »), dans la mesure où l'un et l'autre dans la reconstruction doctrinale sont principalement basés sur la lecture de textes.

Dans l'exemple de tout à l'heure, Gueroult attribuait bien à Descartes l'idée *que* le savoir a des limites infranchissables. C'était une reformulation. Son évocation du « positivisme rationnel », en revanche, peut difficilement prendre cette forme : Gueroult ne veut pas dire que Descartes lui-même pensait que sa position était celle d'un positivisme rationnel qui contrastait fortement avec les doctrines d'Augustin et de Thomas d'Aquin. L'historien dans ces lignes prétend éclairer la pensée d'un auteur en produisant à son sujet une affirmation métadiscursive qui n'est pas de cet auteur lui-même. Dans certains cas, il est vrai, il peut être difficile de trancher puisque le rapporteur introduit souvent son propre vocabulaire dans le discours indirect même, comme on le verra dans les sections suivantes, et que les auteurs du passé, d'autre part, ont parfois exprimé des avis à caractère métadiscursif quant à leurs propres doctrines. Mais la distinction est claire en son principe et il est en général possible de reconnaître avec suffisamment de sûreté si un historien veut *rapporter* des contenus doctrinaux, ou plutôt les *décrire* ou les *évaluer* de son propre point de vue en les classant ou en les comparant à d'autres. Et elle est nécessaire en tout cas pour s'y retrouver avec quelque précision dans le fonctionnement réel des reconstructions doctrinales.

Les explications métadiscursives, au demeurant, peuvent être fort variées. Elles peuvent avoir une portée plus ou moins large et concerner tantôt des concepts ou des termes précis et tantôt des doctrines entières ou des familles de doctrines, avec entre ces extrêmes tous les degrés intermédiaires imaginables. Et elles peuvent avancer aussi à propos de leurs objets, quelle qu'en soit la taille, des affirmations de diverses sortes. J'en distinguerai quatre groupes et pour faire voir comment un même historien peut en exploiter l'éventail complet, je tirerai tous mes exemples d'un ouvrage unique. Pratiquement n'importe lequel eût fait l'affaire ; j'ai choisi l'étude de Christophe Erismann, *L'homme commun. La genèse du réalisme ontologique durant le haut Moyen Âge*, qui est à mes yeux une réalisation exemplaire en histoire de la philosophie [1].

1. C. Erismann, *L'homme commun. La genèse du réalisme ontologique durant le haut Moyen Âge*, Paris, Vrin, 2011. L'ouvrage étudie le développement d'une forme particulière de réalisme des universaux du IXe au XIIe siècle. Il relève de ce que j'ai appelé au chapitre précédent « l'histoire des doctrines », mais des exemples tirés de n'importe quelle autre des catégories que j'ai alors distinguées conviendraient tout aussi bien.

1) Il y a en premier lieu ce que l'on peut appeler des *caractérisations*. L'historien inscrit alors la doctrine dont il parle, ou un élément quelconque de cette doctrine comme une thèse ou un concept, sous une catégorie descriptive plus générale. Quand Erismann écrit que « l'ontologie réaliste » de Jean Scot Érigène « prend place dans une pensée métaphysique proche du système »[1], il utilise des catégories historiographiques qui ne sont pas celles de Jean Scot, comme « réalisme », « ontologie », « pensée métaphysique » et « système », mais qui n'en sont pas moins éclairantes pour classer sa position et en annoncer certaines caractéristiques saillantes.

2) L'historien, par l'*analyse*, fait régulièrement ressortir entre différents éléments d'une même doctrine des *rapports internes*, d'ordre logique notamment, sans attribuer pour autant aux auteurs dont il parle de les avoir explicitement reconnus. « Le réalisme ontologique du genre et de l'espèce », dit Erismann, « a pour conséquence logique un réalisme de l'*ousia/essentia* »[2]. Les catégories historiographiques de nouveau sont celles d'Erismann et son affirmation d'un rapport d'implication logique entre les deux positions ainsi décrites ne requiert pas pour être avérée que le lien en question ait été posé en toute connaissance de cause par les médiévaux eux-mêmes. Cela n'est pas exclus, certes, mais l'assertion ne le demande pas. Elle n'attribue pas aux auteurs évoqués la pensée *que* les thèses en question sont ainsi reliées l'une à l'autre.

3) On trouve très souvent pour fins d'éclaircissements des *comparaisons* entre positions d'époques diverses, auxquelles les auteurs concernés ne se sont pas – ou pas nécessairement – livrés eux-mêmes. Je ne parle plus ici des énoncés narratifs qui repèrent des influences, des polémiques effectives ou des séquelles historiquement attestées, mais de rapprochements ou de contrastes proprement doctrinaux que s'autorise l'exégète pour mieux faire comprendre les philosophies qu'il examine. Considérons l'extrait suivant du livre d'Erismann :

> La théorie de la constitution ontologique de l'individu par faisceau de propriétés semble avoir perdu chez Anselme la teneur dépréciative des individus qui était la sienne à l'origine aussi bien dans le néoplatonisme grec que pour certains de ses partisans durant le haut Moyen Âge, Jean Scot Érigène en premier lieu[3].

1. C. Erismann, *L'homme commun, op. cit.*, p. 200.
2. *Ibid.*, p. 21.
3. *Ibid.*, p. 323.

Une thèse est bien attribuée à Anselme dans ces lignes et dans celles qui les entourent, c'est que les individus d'une même espèce se différencient les uns des autres par des faisceaux de propriétés accidentelles. Un élément narratif y est également introduit par la référence à l'« origine » néo-platonicienne de cette théorie et à sa présence chez Jean Scot Érigène. Mais il s'y trouve de surcroît – et au cœur même de l'affirmation citée – une comparaison qui ne relève, elle, ni de la reformulation ni de la narration et qui est d'Erismann lui-même : la position d'Anselme, juge-t-il, n'a pas « la teneur dépréciative » de celles de ses prédécesseurs.

4) L'interprète enfin, même le plus rigoureusement historien, procède de temps à autre à l'*évaluation* intellectuelle des positions qu'il rapporte. Erismann défend au passage l'usage métaphysique que ses auteurs font de la logique aristotélicienne comme n'étant ni si « fautif » ni si « coupable » qu'on le croirait à première vue[1], il tient que leur réalisme ontologique est une « réponse *complète* et *cohérente* à la question du statut des universaux génériques et spécifiques et du rapport entre l'universel et le particulier »[2], il affirme d'Anselme qu'il n'est pas « le meilleur défenseur » de cette doctrine[3], dont il trouve par ailleurs « la version la plus aboutie » chez Odon de Cambrai et Guillaume de Champeaux[4]. D'autres parfois diront d'un argument qu'il est « solide » ou qu'il est « faible », d'un développement qu'il est « rigoureux » ou « ambigu » et ainsi de suite. Autant d'appréciations dont il est difficile – et du reste malavisé – de vouloir faire l'économie en histoire de la philosophie et que l'historien prononce en son propre nom, même s'il les présente parfois comme allant de soi.

Caractérisations, analyses internes, comparaisons, évaluations, aucun historien de la philosophie ne renonce en pratique à ces considérations métadiscursives et l'on voit mal ce qu'on gagnerait à le faire si même la chose était possible. Dans l'optique qui est la nôtre, deux points surtout doivent être soulignés à leur propos. Il est légitime, d'abord, dans chacun des quatre cas, d'utiliser des catégories métadiscursives qui ne sont pas celles des auteurs originaux. Pas plus que la psychologie, la sociologie, l'anthropologie ou la biologie, l'histoire de la philosophie n'a besoin de s'en tenir aux concepts des sujets qu'elle étudie. Sa terminologie, certes, comme dans toute discipline, doit être *adéquate* à son objet. Mais l'adéquation en pareille matière n'exige pas le mimétisme. Que l'on doive

1. *Ibid.*, p. 9.
2. *Ibid.*, p. 75 (nous soulignons).
3. *Ibid.*, p. 294.
4. *Ibid.*, p. 362.

recourir pour une large part au vocabulaire même d'une philosophie du passé pour la présenter aux lecteurs d'aujourd'hui n'empêche pas qu'il y faille aussi mettre du sien et c'est bien ce qui se passe *de facto*, même dans les reconstructions les plus « historiques ». Il vaut la peine d'y insister pour éviter à ce propos de faux débats. Il m'est arrivé, par exemple, de rencontrer ici et là des réticences à classer Guillaume d'Ockham comme un « nominaliste » sous prétexte qu'il n'employait jamais lui-même cette étiquette. Or la question n'est pas là. Elle est de savoir si la définition que *nous* en donnons s'applique ou non à la pensée d'Ockham. Le nominalisme des universaux, pour moi, est la thèse selon laquelle les termes généraux ne désignent pas des entités spéciales, intrinsèquement générales et distinctes des individus. Pour déterminer si Ockham est ou non nominaliste *en ce sens*, il faut voir s'il défendait, sous une forme ou sous une autre, la thèse en question, ce qui ne paraît guère douteux.

Prenons, pour m'en tenir encore à des questions d'étiquette, le cas, plus complexe, du « conceptualisme ». Alain de Libera a montré en détails dans son séminaire du Collège de France que cette catégorie n'est apparue qu'aux XVIIe et XVIIIe siècles pour désigner *rétrospectivement* dans la querelle médiévale des universaux une position intermédiaire entre le « réalisme » et le « nominalisme » et que son usage à cet égard n'a commencé à se répandre qu'avec Victor Cousin au XIXe : « les médiévaux eux-mêmes », écrit-il, « ne se définissaient pas comme “conceptualistes” »[1]. Cette mise au point remet utilement en cause l'évidence de la tripartition réalisme/conceptualisme/nominalisme, qui a souvent été présentée, dans l'enseignement du moins, comme un classement pour ainsi dire naturel des écoles médiévales. Mais le constat pour autant ne suffit pas à invalider l'appareil métadiscursif en question ni à compromettre la légitimité de son application à la pensée médiévale. De Libera va trop loin quand il conclut de son enquête archéologique que « le ternaire nominalisme/conceptualisme/réalisme ne capte pas la réalité historique » et qu'il faut par conséquent le remplacer par autre chose[2]. Non que je veuille à tout prix me porter à la défense de cette classification ; je n'ai guère eu tendance à l'utiliser moi-même dans mes propres travaux. Mais la révélation de son origine tardive et des schèmes conceptuels qui l'ont favorisée, si éclairante soit-elle à maints égards, n'en prouve pas l'inadéquation. Tout dépend, ici encore, des projets dans lesquels on est engagé et des définitions que l'on

1. A. de Libera, *L'archéologie philosophique*, *op. cit.*, p. 182.
2. *Ibid.*

adopte pour les catégories en question[1]. Toutes les classifications ne sont pas bonnes pour autant et même quand elles sont défendables, certaines sont plus fécondes que d'autres. Qu'elles aient été présentes ou non chez les auteurs originaux peut être pertinent, certes, pour certaines entreprises, mais le constat, à lui seul, ne permet ni d'en valider ni d'en disqualifier l'usage dans les explications dont l'historien assume la responsabilité. Cela vaut pour toutes les formes de considérations métadiscursives que l'on a identifiées ci-dessus.

Le deuxième point qu'il faut mettre en évidence à leur sujet est que les explications métadiscursives sont généralement dérivées par rapport aux attributions en mode indirect que j'ai appelées des « reformulations ». Ce sont ces dernières qui fondent et qui justifient, dans le discours de l'historien, les catégorisations, les analyses internes, les comparaisons doctrinales et les évaluations intellectuelles. Erismann, par exemple, se justifie, contre d'autres commentateurs, de classer la doctrine de Jean Scot Érigène comme une forme de « réalisme ontologique » en attribuant à son auteur l'idée *que* la création du monde sensible « passe par la création des universaux *in re* »[2], une attribution qu'il explicite à son tour par l'examen détaillé de plusieurs autres thèses de Jean Scot. Pour faire apparaître chez le même auteur les rapports logiques de ce « réalisme ontologique » avec ce qu'Erismann appelle le « réalisme de l'*ousia*/*essentia* », l'historien derechef assigne à Jean Scot, arguments à l'appui, la thèse *que* l'*ousia* ou *essentia* est une substance seconde » (un universel donc), qui se réalise dans les individus[3]. Sa comparaison d'Anselme et de Jean Scot, de même, prend appui sur les positions qu'il leur attribue en mode indirect : Scot, dit-il, « déniait aux individus toute autre substantialité que celle de leur espèce ou de leur genre »[4] (ce qui revient à dire qu'il affirmait *que* les individus n'ont pas d'autre substantialité que celle de leur espèce ou de leur genre), tandis que pour Anselme, la dépendance ontologique des individus par rapport à l'universel « n'a pas pour conséquence une remise en question de la dignité des individus »[5] (ce qui revient à dire qu'Anselme ne croyait pas *que* la dépendance des individus par rapport à l'universel en compromette la dignité propre). Et les évaluations d'Erismann *a fortiori*, comme

1. La définition du « nominalisme » que j'ai évoquée au paragraphe précédent ne permet pas, par exemple, de l'opposer au conceptualisme, celui-ci dans ce vocabulaire n'en étant au mieux qu'une variante. Mais d'autres usages sont possibles – et légitimes.

2. C. Erismann, *L'homme commun*, *op. cit.*, p. 219.

3. *Ibid.*, p. 239.

4. *Ibid.*, p. 324.

5. *Ibid.*

celles de n'importe quel autre historien de la philosophie, resteraient immotivées si elles ne s'appuyaient pas sur la manière dont il reformule les doctrines qui l'intéressent. C'est dans ces « reformulations » que se joue en dernier ressort la valeur des reconstructions doctrinales en histoire de la philosophie. Ce sont elles maintenant qu'il faut examiner en détails.

LE DISCOURS INDIRECT ET LES MODES D'ÉQUIVALENCE

« A dit que *p* » est la forme canonique du discours indirect. Si on ne la trouve pas à tout moment dans les écrits des historiens de la philosophie, c'est que de multiples variantes en sont admissibles. « A dit que » est souvent sous-entendu dans l'exposition d'une doctrine quand le contexte est clair, ou est remplacé par quelque autre locution : « selon A », « chez A », « pour A », etc. Le « A », qui marque de prime abord la place d'un terme singulier (« Platon », « Kant », etc.), peut devenir une description plurielle, définie ou non : « les nominalistes disent que _ », « certains médiévaux disent que _ ». Le verbe, évidemment, peut être au passé aussi bien qu'au présent, ou affecté de quelque modalité (« Aristote pouvait dire que _ », « aurait dû dire que _ », etc.). Il peut être remplacé, surtout, par une grande variété d'autres verbes illocutoires, assertifs très souvent (« prétend que », « suppose que », « objecte que », « répond que », etc.) ou non assertifs parfois (« [se] demande si », « exige que », « décrète que », etc.)[1]. Il prend même à l'occasion l'aspect des verbes d'attitudes propositionnelles (« pense que », « imagine que », « veut que », etc.), régulièrement utilisés en histoire de la philosophie pour rapporter le contenu des textes ou leurs présuppositions plus que pour attribuer des états psychologiques à leurs auteurs[2]. À travers cette variété, si grande soit-elle, le mode indirect reste l'outil essentiel par lequel l'historien de la philosophie reformule les positions et les arguments qu'il entend présenter à ses lecteurs.

1. Pour une analyse de plusieurs des verbes illocutoires du français, voir D. Vanderveken, *Les actes de discours*, *op. cit.*, p. 165-203.

2. Ces deux usages des verbes d'attitudes propositionnelles se confondent souvent en pratique si l'on présume, comme il est normal de le faire, que les auteurs sont généralement sincères quand ils écrivent. Mais on doit les distinguer en principe et l'historien qui s'intéresse à une doctrine plus qu'à la psychologie d'un auteur peut employer de tels verbes pour renvoyer à des actes de langage plutôt qu'à des états mentaux : « Descartes pense que » revient alors à quelque chose comme « Descartes soutient que ».

L'élément crucial en est la clause « *p* » du schéma général « A dit que *p* » et la compréhension juste de ce qui se joue en histoire de la philosophie requiert d'en faire ressortir les caractéristiques les plus saillantes. Notons d'abord que « *p* » peut être remplacé par n'importe quelle séquence propositionnelle, si longue et si complexe soit-elle. On pourrait écrire « Descartes dit que : » et exposer ensuite sur deux cents pages la doctrine que l'on veut attribuer à l'auteur en question (en intercalant, certes, toutes les explications métadiscursives que l'on voudra). Réagissant à cette idée que « la présentation d'une doctrine ancienne est, au départ, un cas particulier de discours indirect » et qu' « elle a la forme générale : " A a dit que *p* (*q*, *r*, etc.) " » – ainsi que je formulais la chose dans un article déjà vieux [1] –, Alain de Libera semble négliger cette convention implicite à propos de la variable propositionnelle « *p* » quand il écrit :

> En somme mon « relativisme » réside dans l'affirmation qu'un historien n'a jamais affaire à un énoncé comme : 1. Averroès dit que *p*. Il n'y a pas de *p* en histoire de la philosophie médiévale. Il y a des phrases complexes, qu'il faut souvent interpréter par d'autres phrases plutôt que par la référence supposée des termes qui la composent [2].

Je reviendrai sur cette affaire de « référence » ; ce que je veux souligner pour l'instant est qu'il ne faut pas être dupe de la superficielle simplicité de la lettre « *p* ». L'exemple proposé par de Libera dans le même passage met en jeu un emboîtement complexe d'attributions indirectes (« Averroès dit que Thémistius pense que [...] tandis qu'Alexandre pense que [...] ») [3] et recourt à un vocabulaire théorique élaboré dont le lecteur d'aujourd'hui, fût-il philosophe, n'est pas d'emblée familier (« intellect théorétique », « intellect matériel », « intellect habituel » etc.), mais il n'en prend pas moins, très nettement, la forme voulue : « Averroès dit que [...] ».

Cette clause « *p* » du discours indirect, qu'elle qu'en soit la complexité, est toujours formulée dans la langue du rapporteur. Cela ne signifie pas qu'il lui faille en accepter les présuppositions et les engagements ontologiques. Je peux écrire en tant qu'historien « Ockham croyait que les anges sont créés par Dieu », sans être commis moi-même à l'existence des anges ni à celle de Dieu. On distingue en général les attributions *de dicto*, comme celle que je viens de citer, des attributions *de re*, dans lesquelles le rapporteur entend faire lui-même référence à certains objets de l'intérieur

1. C. Panaccio, « De la reconstruction en histoire de la philosophie », art. cit., p. 176.
2. A. de Libera, « Archéologie et reconstruction », art. cit., p. 563.
3. *Ibid.* J'ai discuté cet exemple *supra* au chap. III.

même de la clause « *p* » (« Ockham pense que les humains sont supérieurs aux autres animaux » revient dans cette interprétation à quelque chose comme : « à propos des humains et des autres animaux, Ockham pense que les premiers sont supérieurs aux seconds »). C'est une distinction de première importance, on y reviendra, mais qu'elle soit *de dicto* ou *de re*, la clause « *p* » d'une attribution indirecte en histoire de la philosophie appartient dans tous les cas à la langue de l'historien. Quand de Libera écrit « Averroès dit que Thémistius pense que etc. », la phrase tout entière est en français. Les termes techniques peuvent en être dénués de référence, ils peuvent requérir de longues explications métadiscursives, mais la visée implicite de l'historien est que son énoncé au bout du compte soit intelligible à ses lecteurs francophones.

L'historien cite souvent les auteurs dont il parle et doit dans ces cas-là reproduire l'original ou en donner à tout le moins une bonne traduction. Mais les attributions indirectes ne sont pas des citations. Elles peuvent en incorporer à l'occasion [1] et leur vocabulaire peut mimer jusqu'à un certain point celui de l'auteur étudié, mais chez les historiens comme chez les autres la caractéristique distinctive du style indirect proprement dit est que la formulation de la clause « *p* » est prise en charge par le rapporteur lui-même. Pour tester le schéma « A dit que *p* » en histoire de la philosophie, Alain de Libera, dans l'exemple évoqué tout à l'heure, substituait d'abord à « *p* » dans « Averroès dit que *p* » la traduction littérale d'une phrase complexe du Grand Commentaire d'Averroès sur le *De Anima* d'Aristote et concluait – à juste titre – que le résultat n'était pas « de soi intelligible » et que la phrase devait encore être reformulée, reponctuée même et complétée par des explications diverses pour figurer à bon droit dans l'exposé de l'historien [2]. La leçon est cruciale et j'y souscris sans réserve : le « *p* » n'est pas *donné* à l'historien par le texte original. C'est précisément la raison pour laquelle je parle de « reconstruction ». Cela n'infirme pas la pertinence du schéma « A dit que *p* », mais la confirme au contraire.

1. Les philosophes du langage parlent à ce sujet de « citations partielles » (*mixed quotations*), comme dans « Aristote dit que les mots des langues conventionnelles comme le grec ou le latin sont "symboles des états de l'âme" », où une partie de la clause « *p* » est une citation d'Aristote lui-même (traduite dans ce cas-ci) alors que le reste ne l'est pas. Voir à ce sujet H. Cappelen et E. Lepore, « Varieties of Quotation », *Mind* 106, 1997, p. 429-450; M. McCullagh, « Understanding Mixed Quotation », *Mind* 116, 2007, p. 927-946; E. Maier, « Mixed Quotation : the Grammar of Apparently Transparent Opacity », *Semantics and Pragmatics* 7, 2014, p. 1-67.

2. A. de Libera, « Archéologie et reconstruction », art. cit., p. 562-563.

Quelle que soit son ouverture aux variations de formulation, cependant, la clause « *p* » du discours indirect reste soumise à une forte contrainte de fidélité : elle doit correspondre d'une manière ou d'une autre à ce que le locuteur original a effectivement dit, c'est là sa plus importante condition d'adéquation. Comme l'écrit Donald Davidson dans un article célèbre consacré à ce thème justement, « quand je dis que Galilée dit que la terre tourne, je représente Galilée et moi comme des même-diseurs (*same-sayers*). »[1]. Dans la situation la plus habituelle, la clause « *p* », en d'autres mots, doit être *sémantiquement équivalente* à quelque séquence discursive produite par celui ou ceux que désigne le « A » de « A dit que *p* ». La tradition frégéenne se représente cette équivalence comme l'expression d'une même proposition, vue comme un objet abstrait, intemporel et non-linguistique. Dans l'optique nominaliste qui est la nôtre, cependant, l'équivalence sémantique est un rapport entre des occurrences singulières d'énonciation. Pour l'historien de la philosophie en particulier, le « *p* » de ses attributions indirectes doit normalement équivaloir à quelque séquence inscrite jadis sur l'exemplaire étalon du texte dont il parle. Et ce rapport ne doit rien impliquer d'autre, directement ou indirectement, que des entités singulières, de la même façon, pour prendre un exemple très simple, que les noms propres « Cicéron » et « Tullius » sont sémantiquement équivalents en ceci qu'ils réfèrent l'un et l'autre à la même personne. Ce n'est pas à dire que la référence soit le seul ancrage sémantique qu'il nous faille prendre en considération. On doit tenir compte, on le verra, d'une multiplicité de relations plus indirectes avec le réel – plus « obliques », dirait Guillaume d'Ockham. Mais comme dans le cas de « Cicéron » et de « Tullius », ces relations, qu'elle qu'en soit la complexité, n'unissent jamais, selon l'optique adoptée ici, que des séquences d'occurrences linguistiques (celles du rapporteur et celles de l'original) et des entités mondaines individuelles (les choses mêmes auxquelles les deux discours renvoient en dernière analyse).

Comment donc faut-il comprendre la relation de la clause « *p* » du rapporteur avec les énonciations du locuteur original pour concilier la légitime variabilité des comptes rendus indirects avec cette exigence d'équivalence sémantique ? Cette question de philosophie du langage est cruciale pour élucider en théorie le travail des historiens de la philosophie : comment leurs reformulations peuvent-elles être plurielles quand elles se rapportent à une même source ? La réponse tient à ceci qu'il y a plusieurs relations différentes d'équivalence sémantique qui peuvent être

1. D. Davidson, *Enquêtes sur la vérité et l'interprétation*, *op. cit.*, p. 159.

pertinentes pour le discours indirect, selon le contexte et les projets du rapporteur. L'équivalence sémantique n'est pas un rapport simple et univoque, elle admet une grande variété de modes.

Le plus élémentaire d'entre eux, en ce qui concerne les phrases, est l'équivalence des valeurs de vérité : deux phrases sont équivalentes à ce niveau si et seulement si elles ont de fait la même valeur de vérité. Cette relation très faible est pertinente en logique pour le calcul des propositions et la caractérisation des connecteurs dits vérifonctionnels comme « et » ou « ou » ainsi que l'enseignent les manuels d'introduction, mais elle n'est d'aucun intérêt pour le discours indirect ni *a fortiori* pour l'histoire de la philosophie et je ne l'évoque ici que pour me donner un point de départ. Si Anne dit « la lune est un fromage », on ne peut adéquatement rapporter son propos en disant « Anne dit que les humains sont des chevaux », bien que « la lune est un fromage » et « les humains sont des chevaux » soient toutes les deux fausses.

Une forme nettement plus forte d'équivalence entre des phrases est celle de leurs conditions de vérité. Deux phrases sont équivalentes à ce niveau-là – vériconditionnellement équivalentes, peut-on dire – si et seulement si elles sont vraies dans les mêmes conditions l'une que l'autre et fausses dans les mêmes conditions ; il est logiquement impossible, en d'autres mots, que l'une soit vraie et l'autre fausse. Ce mode-là est pertinent pour le discours indirect tant qu'on se limite à rapporter des énoncés contingents et il autorise alors, qui plus est, une grande variété de reformulations dont la seule limite est l'équivalence purement logique. Si Anne dit « Socrate était l'idole de Platon », on peut adéquatement rapporter son propos par quelque chose comme « Anne dit que Platon avait énormément d'admiration pour Socrate » ou « Anne dit que Socrate a été la grande inspiration de Platon » etc. Pour l'historien de la philosophie, cependant, cette équivalence vériconditionnelle n'est pas toujours assez forte, puisque les philosophes s'intéressent souvent à ce qui est nécessairement vrai ou nécessairement faux et que toutes les phrases nécessairement vraies, quelles que soient leurs autres différences, sont équivalentes entre elles dans tous les mondes possibles et les phrases nécessairement fausses équivalentes entre elles, elles aussi, dans tous les mondes possibles. Or il ne revient pas au même de dire « Aristote a dit qu'une phrase et son contraire ne peuvent pas être vraies en même temps » et « Aristote a dit que deux et deux font quatre » même si le principe de non-contradiction et l'arithmétique élémentaire sont (supposons-le du moins) vrais dans tous les mondes possibles. L'histoire de la philosophie, et le discours indirect en général, ont besoin d'une équivalence sémantique plus fine que l'équivalence vériconditionnelle.

Rudolf Carnap a proposé jadis de faire appel pour l'analyse des attributions de croyances (« A croit que *p* ») à une notion qui pourra ici nous inspirer, celle d'« isomorphisme intensionnel »[1]. Deux phrases, pose-t-il, sont intensionnellement isomorphes l'une à l'autre si et seulement si 1) elles ont la même structure formelle, et 2) chaque constituant non formel de l'une (ce que Carnap appelle des « désignateurs ») est logiquement équivalent à celui qui lui correspond dans l'autre phrase. En admettant pour les besoins de l'exemple que les expressions numériques comme « deux », « trois », « quatre » etc. sont des désignateurs, la phrase française « deux plus trois font cinq » sera alors intensionnellement isomorphe à la phrase anglaise « *two plus three are five* » puisque chaque désignateur de l'une est logiquement équivalent à celui qui lui correspond dans l'autre. « Deux et trois font cinq » pourra même être considérée comme intensionnellement isomorphe à « trois et deux font cinq » si les constituants complexes correspondants, « deux et trois » dans l'une et « trois et deux » dans l'autre, sont logiquement équivalents. Mais même si les énoncés arithmétiques sont tenus pour logiquement nécessaires, « deux et trois font cinq » ne sera pas intensionnellement isomorphe à « deux et quatre font six » parce que les constituants « deux et trois » et « deux et quatre » ne sont pas logiquement équivalents l'un à l'autre, ni les constituants « cinq » dans la première phrase et « six » dans la deuxième. L'isomorphisme intensionnel est une relation d'équivalence sémantique plus restrictive que l'équivalence vériconditionnelle (et *a fortiori*, bien sûr, que l'équivalence des valeurs de vérité). Carnap pense qu'un tel rapport est requis pour l'analyse des attributions de croyance : « A croit que *p* » est adéquat, dans cette approche, si la phrase qui occupe la place « *p* » est intensionnellement isomorphe à une phrase que le locuteur A est disposé à affirmer.

Cette suggestion, quels qu'en soient les mérites, ne peut être transposée telle quelle à l'analyse du discours indirect. L'exigence d'isomorphisme intensionnel est trop forte et ne constituerait au mieux qu'une condition suffisante, mais non nécessaire. Il n'est pas toujours requis, tant s'en faut, que la clause « *p* » de « A dit que *p* » ait la même structure formelle qu'une phrase effectivement produite par A. On a d'habitude une bonne marge de manœuvre dans le discours indirect quant à la structure logique dans laquelle on rapporte les paroles d'autrui. On peut les résumer, en expliciter

1. R. Carnap, *Signification et nécessité*, trad. fr. F. Rivenc et P. de Rouilhan, Paris, Gallimard, 1997, paragr. 14, p. 118-123.

des sous-entendus, en transposer la forme active en forme passive, en mettre en substantifs des expressions originalement adjectives ou adverbiales, et ainsi de suite. Et même quand la structure est identique, les désignateurs employés par le rapporteur n'ont pas toujours besoin d'être *logiquement* équivalents à ceux du locuteur original. Si Anne me dit « ton ami Robert est bien sympathique », je peux adéquatement rapporter ses paroles à Robert en disant « Anne dit que *tu* es bien sympathique » même si « tu » et « ton ami Robert » ne sont ni synonymes ni logiquement équivalents. Les attributions *de re*, après tout, sont légitimes, même en histoire de la philosophie, et ne requièrent pas l'équivalence logique terme à terme des constituants élémentaires de la clause « *p* » du « A dit que *p* » avec ceux du discours original. Mais l'idée remarquable qu'il nous faut exploiter dans l'approche de Carnap est qu'il y a des modes d'équivalence qui tiennent à la *composition interne* des phrases, aux propriétés sémantiques de leurs constituants infrapropositionnels, plutôt qu'à leurs seules conditions de vérité.

Considérons en quelque détail le cas le plus simple, celui où la phrase rapportée et la clause « *p* » du compte rendu ont toutes les deux une même forme prédicative élémentaire comme « A est F », « tout F est G » ou « quelque F est G ». Deux propriétés des constituants élémentaires sont alors pertinentes pour l'équivalence sémantique : la référence (ou l'extension, si l'on veut) et le sens. Et leur combinaison génère déjà, même pour des structures syntaxiques aussi rudimentaires, au moins quatre relations d'équivalence admissibles, selon les contextes, pour le succès du discours indirect. La plus forte est celle où les deux sujets et les deux prédicats se correspondent terme à terme à la fois selon la référence et selon le sens. On a alors un isomorphisme intensionnel au sens de Carnap, le compte rendu suit au plus près l'ordre et le sens des paroles originales. Mais des rapports moins stricts peuvent aussi donner lieu dans certains contextes à des comptes rendus acceptables. Les deux sujets, par exemple, peuvent avoir la même portée référentielle mais pas le même sens tandis que les prédicats restent synonymes. C'est ce qui se passe souvent dans les attributions *de re* : si Anne dit « le maître de Platon était Grec », on peut adéquatement rapporter cela dans certains contextes par « Anne dit que Socrate était Grec ». Inversement, les prédicats peuvent être coréférentiels seulement alors que les sujets, eux, restent synonymes : si Anne dit « le plus grand philosophe grec était l'auteur de *La République* », cela peut devenir, dans certains contextes, « Anne dit que le plus grand philosophe grec était Platon ». Et il arrive aussi que sujets et prédicats ne soient que coréférentiels terme à terme, comme si Anne dit « l'auteur de la *République* fut le maître de l'auteur de la *Métaphysique*», je suis autorisé à dire, dans certains contextes, « Anne dit que Platon fut le maître d'Aristote »[1].

Mais les choses ne s'arrêtent pas là. La relation de synonymie peut elle-même être démultipliée et donner ainsi lieu à de nouveaux rapports d'équivalence. Dans une optique nominaliste, dire de deux expressions qu'elles ont «le même sens» requiert qu'elles entretiennent l'une et l'autre des rapports analogues avec certains individus du monde plutôt qu'avec des universaux extralinguistiques ou des entités abstraites à la Frege. Outre la référence des expressions (ou leur extension), on peut invoquer à ce propos ce que Guillaume d'Ockham appelait la *connotation*[2]. Un terme comme «cavalier», par exemple, a dans son extension tous les cavaliers (c'est ce qu'Ockham appelle sa « signification première »), mais il renvoie aussi d'une autre façon – « oblique », dit Ockham – à d'autres individus, les chevaux en l'occurrence. On dit en langage ockhamiste qu'il «connote» les chevaux. Il associe d'une certaine façon à ses référents – les cavaliers, donc – un ou plusieurs chevaux du monde. Ce n'est pas le lieu de développer cette sémantique nominaliste[3]. L'important pour notre démarche est qu'une même expression peut avoir plusieurs connotations à la fois, et de divers ordres. Une expression complexe comme « cavalière rousse dans une forêt», en plus de référer aux cavalières aux cheveux roux qui se trouvent dans une forêt, connote de manière distinctive les chevaux (à cause de «cavalière»), les cheveux roux (à cause de «rousse») et les forêts (à cause de « dans une forêt »). Une expression comme « menteur », en plus de référer à ceux qui mentent, connote des actes discursifs de

1. Le cas où les deux sujets (et/ou les deux prédicats) seraient synonymes sans être coréférentiels peut être laissé de côté : puisque le sens, en principe, détermine la référence, comme le voulait Frege, deux termes synonymes sont normalement coréférentiels. Mais il pourrait être réintroduit sans dommage si des exemples pouvaient en être trouvés. Cela ne ferait qu'ajouter à cette pluralité des modes d'équivalence sémantique sur laquelle je veux attirer l'attention.

2. Voir notamment Guillaume d'Ockham, *Somme de logique. Première partie*, *op. cit.*, chap. 10, p. 36-39 : « Division des noms en absolus et connotatifs ». Sur cette notion, voir entre autres : P. V. Spade, « Ockham's Distinctions between Absolute and Connotative Terms », *Vivarium* 13, 1975, p. 55-76; J. Boler, «Connotative Terms in Ockham», *History of Philosophy Quarterly* 2, 1985, p. 21-37; C. Panaccio, « Semantics and Mental Language », art. cit.

3. Je m'y suis employé dans quelques travaux, notamment dans : *Les mots, les concepts et les choses*, *op. cit.*; «Belief-Sentences: Outline of a Nominalistic Approach», dans M. Marion et R. S. Cohen (éd.), *Quebec Studies in the Philosophy of Science, Part II : Biology, Psychology, Cognitive Science and Economics*, Dordrecht, Kluwer, 1996, p. 265-277; « Semantics and Mental Language », art. cit. ; et *Ockham on Concepts*, *op. cit.*

mensonge et sans doute aussi, à un autre niveau, la désapprobation du locuteur. Une expression comme « pauvre mendiant », en plus de référer aux mendiants eux-mêmes, connote leurs actes de mendicité, mais aussi, à un autre niveau, la pitié du locuteur. De nombreuses expressions connotatives, bref, ont plusieurs séries de *connotata*, que les comptes rendus en mode indirect peuvent ou non vouloir restituer selon le contexte où ils sont produits et les intentions qui les animent. Si Anne dit « ce pauvre mendiant est malade », on peut légitimement dans certains contextes rapporter son propos par « Anne dit que ce mendiant est malade », laissant alors de côté la connotation de pitié qui accompagnait l'énonciation originale, mais en continuant de connoter les comportements de mendicité, comme le faisait le sujet original de la phrase. L'équivalence entre le sujet de la clause « *p* » et celui de la phrase originale est plus forte dans ce cas que la simple coréférence, mais ce n'est pas non plus la synonymie totale. Même à s'en tenir aux phrases prédicatives élémentaires, on voit l'éventail des modes d'équivalences s'enrichir ainsi de toute une gamme de nouvelles possibilités, d'autant plus variée que les connotations des termes en cause, sujets et prédicats, seront nombreuses.

Il relèverait d'une théorie sémantique complète de dresser une liste raisonnée des sortes de connotations que peut avoir une expression linguistique, simple ou complexe. La sémantique des cas grammaticaux, telle qu'elle s'est développée depuis un demi-siècle, peut sans doute contribuer à cette entreprise[1] : des rapports très généraux comme ceux d'agent à patient, de cause à effet, de moyen à fin, de possession, de ressemblance qualitative, de localisation spatiale ou temporelle, etc. qui sont pertinents pour la catégorisation des compléments grammaticaux le sont aussi selon toute vraisemblance pour l'analyse interne de la signification des expressions. Et les connotations évaluatives comme les connotations émotionnelles, manifestement, devraient aussi s'ajouter à la liste. Retenons en tout cas l'idée centrale : une expression linguistique donnée peut avoir en même temps plusieurs connotations et de diverses sortes, jusqu'à cinq ou six, plus peut-être, et certains modes d'équivalence sémantique

1. Le texte fondateur de la théorie sémantique des cas est l'article de Charles J. Fillmore, « The Case for Case », dans E. Bach et R. T. Harms (éd.), *Universals in Linguistic Theory*, New York, Rinehart and Winston, 1968, p. 1-90. Mentionnons aussi à titre de repères : D. Dowty, « Thematic Proto-roles and Argument Selection », *Language* 67/3, 1991, p. 547-619 ; M. Amberber et H. De Hoop (éd.), *Competition and Variation in Natural Languages : The Case for Case*, Amsterdam, Elsevier, 2005 ; A. Naess, *Prototypical Transitivity*, Amsterdam, John Benjamins, 2007 ; S. Grimm, « Semantics of Case », *Morphology* 21/3, 2011, p. 515-544.

légitimement utilisables dans le discours indirect requièrent de ne prendre en considération qu'une partie d'entre elles, laquelle en outre peut varier selon les contextes et les intentions du rapporteur[1].

Parmi toutes ces connotations possibles, il y a une sous-catégorie sur laquelle je voudrais insister parce qu'elle concerne en principe tous les mots et toutes les expressions linguistiques et qu'elle joue parfois un rôle distinctif dans le discours indirect : c'est ce que j'appellerai l'« autoconnotation ». L'idée ici, empruntée elle aussi à la sémantique médiévale, est que chaque signe, quoi qu'il représente par ailleurs, est en même temps signe de lui-même[2]. Or cette autosignification, si on l'admet, ne tient pas, sauf exception, à la référence normale des termes[3]. Il faut en faire un type spécial de connotation, universellement répandu, et l'on peut imaginer des contextes indirects où cette autoconnotation devient pertinente et d'autres où elle ne l'est pas. On aura ainsi l'esquisse d'une solution à ce qui a été appelé le « paradoxe de Mates ». Benson Mates a fait remarquer dans un article célèbre que si l'on définit la synonymie par la substituabilité *salva veritate* dans *tous* les contextes discursifs possibles, alors deux termes différents ne sont jamais parfaitement synonymes puisqu'il existe toujours des contextes indirects où ils ne sont pas substituables l'un à l'autre *salva veritate*[4]. Supposons que les mots « suisse » et « helvète » soient synonymes à tout autre égard. Il ne revient cependant pas au même de dire « Anne ne croit pas que les Helvètes soient tous des Suisses » et « Anne ne croit pas que les Suisses soient tous des Suisses », entre lesquelles phrases, pourtant, la seule différence est qu'on a substitué dans la deuxième le mot « Suisse » au mot « Helvète ». L'explication, dans l'optique adoptée ici, est que les deux termes en effet ne sont pas parfaitement synonymes puisque,

1. La notion ockhamiste de connotation est particulièrement intéressante pour une approche nominaliste en ce qu'elle permet de relier un terme linguistique à d'autres entités individuelles que ses référents, mais n'importe quelle sémantique, si tolérante soit-elle à l'endroit des entités abstraites, doit distinguer d'une manière ou d'une autre dans la signification des expressions linguistiques une pluralité de composantes susceptibles d'être exploitées ou non, selon les contextes, par le discours indirect.

2. « Toute chose », écrit Pierre d'Ailly à la fin du XIVe siècle, « peut être le signe d'elle-même » (Pierre d'Ailly, *Conceptus*, éd. L. Kaczmarek, *Modi significandi und ihre Destruktionen. Zwei Texte zur scholastischen Sprachtheorie im 14. Jahrundert*, Münster, Münsteraner Arbeitskreis für Semiotik, 1980, p. 83 ; notre traduction).

3. Des mots comme « mot » ou « nom » sont au nombre des exceptions auxquelles je pense, puisqu'ils font eux-mêmes partie de leurs référents habituels : « mot » est un mot et « nom » est un nom. Mais ce sont là des cas spéciaux.

4. B. Mates, « Synonymity », dans L. Linsky (éd.), *Semantics and the Philosophy of Language*, Urbana (Ill.), University of Illinois Press, 1952, p. 111-136.

quelles que soient leurs autres concordances, chacun d'eux se connote lui-même.

Il faut même aller encore plus loin et distinguer diverses formes d'autoconnotation. Une occurrence linguistique singulière – un «*token*», pour employer le mot anglais – peut se connoter elle-même comme *token*, ou connoter en même temps les autres *tokens* qui lui sont morphologiquement semblables à divers degrés (une occurrence de «cheval» connote de cette façon toutes les occurrences de «cheval»), ou bien connoter aussi, d'une autre façon, les *tokens* qui lui sont sémantiquement équivalents à certains égards (une occurrence de «cheval» connote de cette façon non seulement d'autres occurrences de «cheval» mais aussi des occurrences de «*horse*», de «*equus*», etc.)[1]. On comprend, une fois ces distinctions faites, qu'un compte rendu en mode indirect puisse requérir ou non, comme dans les autres cas, la prise en considération de l'une ou l'autre de ces connotations métalinguistiques. Si Anne dit «les Helvètes ne sont pas des Suisses», je peux rapporter son propos par «Anne dit que les Helvètes ne sont pas des Suisses», où la connotation des *tokens* français de «Helvète» et de «Suisse» est pertinente. Si Bob dit en anglais «*Helvetians are friendly*», je peux vouloir rapporter cela dans certains contextes par «Bob dit que les Helvètes sont accueillants» plutôt que par «Bob dit que les Suisses sont accueillants» (qui serait acceptable dans d'autres contextes), si je veux exploiter de nouveau la connotation d'une ressemblance morphologique, mais moins forte que tout à l'heure (puisque «*Helvetians*» et «Helvètes» ne se prononcent ni ne s'écrivent de la même manière).

On a repéré, bref, au fil de cette réflexion, trois sortes de connotations au moins qu'un même terme peut posséder en même temps et qui sont susceptibles chacune de se subdiviser de diverses façons :

– il y a d'abord celles qui reposent sur certains rapports généraux grammaticalement pertinents comme l'«agentivité» (l'*agency* en anglais), la causalité, la fin, le moyen etc. ;

– il y a ensuite celles qui ont trait à l'expression d'attitudes évaluatives ou émotionnelles ;

– et il y a finalement ces autoconnotations métalinguistiques dont on vient de parler.

1. Souvenons-nous que l'on n'admet ici comme *connotata* que des entités singulières, des *tokens* donc dans les cas qui nous occupent, et non des *types* linguistiques à proprement parler, comme *le* mot «cheval» ou *le* mot «Suisse» vus comme des entités abstraites.

Le discours indirect, selon les visées du rapporteur et le contexte dans lequel il se situe, peut exploiter toutes ces connotations à la fois quand elles sont présentes, ou certaines d'entre elles seulement[1]. Soit l'énoncé suivant, proféré par un dénommé Jean : « *La Métaphysique* est le chef d'œuvre d'Aristote ». Je peux le rapporter, bien entendu, par « Jean dit que la *Métaphysique* est le chef d'œuvre d'Aristote », me tenant ainsi au plus près de la formulation originale et de ses connotations. Mais même en conservant la structure prédicative élémentaire, bien des variations sont admissibles selon le contexte. Si la question qui m'intéresse, par exemple, au moment où je produis ce compte rendu est celle de l'authenticité de la *Métaphysique*, je peux me contenter de « Jean dit que la *Métaphysique* est une œuvre d'Aristote », ignorant ainsi la connotation évaluative de l'original parce qu'elle n'est pas pertinente dans *mon* propre contexte. La clause « *p* » de mon compte rendu entretiendra tout de même un certain rapport d'équivalence sémantique avec la phrase de Jean, mais qui ne sera que partielle dans ce cas et sélectivement fondée sur certaines connotations plutôt que d'autres. Je peux aussi dire dans d'autres contextes « Jean dit que la *Métaphysique* est l'œuvre la plus admirable du Stagirite », récupérant alors la connotation évaluative mais pas l'autoconnotation métalinguistique ; ou alors « Jean dit que la *Métaphysique* est le *chef d'œuvre* du Stagirite », où les italiques (ou quelque autre marque orale ou écrite) ont pour fonction d'évoquer l'autoconnotation, indiquant ainsi que Jean a utilisé lui-même dans la partie correspondante de sa propre phrase un *token* morphologiquement semblable. Et ces variations ne concernent encore que le prédicat de l'énoncé original. Dans un contexte où je viens moi-même de faire référence à la *Métaphysique*, je peux dire, par exemple « Jean dit que ce traité est le chef d'œuvre d'Aristote », me contentant pour le sujet de ma clause « *p* » d'un rapport de coréférence avec celui de l'énoncé original. Et ainsi de suite. Chaque compte rendu doit être fidèle, certes, en ce qu'il doit exploiter l'une ou l'autre forme d'équivalence sémantique, mais le plus ressemblant n'est pas toujours le plus approprié et la marge de manœuvre est grande. *Tout dépend de la place de ce compte rendu dans l'entreprise du rapporteur et du rôle qu'il doit y jouer.*

A fortiori, le nombre des possibilités explose si l'on tient compte des réorganisations structurelles admissibles. Il y a d'abord ce que les linguistes appellent, dans la foulée de Chomsky, des « transformations » syntaxiques, dont plusieurs sont aisément reconnues comme légitimes

1. Peut-être même peut-il les ignorer toutes dans certains cas limites, mais laissons ici cette possibilité de côté.

dans le discours indirect en vertu de la simple compétence linguistique des locuteurs[1]. Pensons à la permutation du sujet et de l'objet, ou du sujet et du prédicat. À partir toujours de la phrase de Jean « la *Métaphysique* est le chef d'œuvre d'Aristote », on pourra dire à bon droit, dans les contextes appropriés « Jean dit que le chef d'œuvre d'Aristote est la *Métaphysique* » ou « Jean dit qu'Aristote s'est surpassé en écrivant la *Métaphysique* », etc. La transformation interrogative, de même, peut-être exploitée dans certains contextes pour mieux souligner les équivalences sémantiques qui importent alors au rapporteur, comme dans « Quel est le chef d'œuvre d'Aristote ? Jean dit que c'est la *Métaphysique* » ou « Quel est l'auteur de la *Métaphysique* ? Jean dit que c'est Aristote » ; ou la transformation négative sous réserve de quelques autres modifications, comme dans « Jean dit qu'Aristote n'a rien produit de mieux que la *Métaphysique* » ; ou la nominalisation des groupes verbaux ou l'inverse, comme dans « Jean dit que la *Métaphysique* est ce qu'Aristote a fait de mieux ». Et ainsi de suite. Et il y a surtout la possibilité, tout à fait légitime dans certains contextes, d'abréger ou d'allonger le propos rapporté. Un résumé peut ne mettre en évidence que les attributions prédicatives qui dans le texte original paraissent les plus importantes en regard des objectifs du rapporteur. Une élaboration, inversement, peut expliciter les ellipses, les sous-entendus, les présuppositions et les enthymèmes ou remplacer les termes simples de l'original par de longues périphrases. Le compte rendu dans tous ces cas reste soumis à une condition d'équivalence sémantique forte, mais l'équivalence pertinente et les modes de sa réalisation lexicale et syntaxique peuvent varier considérablement selon le contexte, les intérêts et les intentions du rapporteur[2]. On a vu que les possibilités sont nombreuses même pour un énoncé original très simple, elles deviennent innombrables pour un texte ou un corpus complexes comme le sont les œuvres philosophiques. Il n'y a pas une façon unique, ni même une façon privilégiée, de reformuler les pensées des philosophes du passé. Celle qui est la plus appropriée pour un historien donné tient à deux ordres de facteurs : le texte original, certes, mais aussi les particularités de l'entreprise dans laquelle cet historien est

1. Cette notion de transformation syntaxique est à la base de la grammaire dite « transformationnelle ». Voir notamment N. Chomsky, *Structures syntaxiques*, trad. fr. M. Braudeau, Paris, Seuil, 1969, p. 67-92; et *Aspects de la théorie syntaxique*, trad. fr. J.-C. Milner, Paris, Seuil, 1971, p. 176-200.

2. J'ai proposé ailleurs une analyse nominaliste des attributions indirectes qui tient compte, justement, de leur variabilité contextuelle (C. Panaccio, « La notion de croyance : une approche inscriptionnaliste », *Philosophiques* 5/1, 1988, p. 41-58; et « Belief-Sentences : Outline of a Nominalistic Approach », art.cit.).

engagé, ses objectifs, le public qu'elle vise et les contraintes contextuelles auxquelles elle est soumise.

L'ATTRIBUTION DES THÈSES

Cas particulier du discours indirect, l'attribution des thèses et des doctrines dispose donc d'une grande marge de manœuvre. Pour autant, cependant, que l'on veuille faire ressortir l'intérêt philosophique des textes à l'étude, des conditions spéciales s'imposent, qu'il nous faut maintenant examiner.

La première est qu'on doit recourir à des attributions *de re*. Les attributions *de dicto*, certes, paraissent au départ les plus inoffensives. On peut en produire à peu de frais en se collant à l'original (ou à sa traduction) : « chaque substance », écrit Descartes au paragraphe 53 de la première partie des *Principes de la philosophie*, « a un attribut principal » ; l'historien dès lors, exploitant les vertus de la « déguillemetisation », peut affirmer sans trop d'effort : « Descartes soutient que chaque substance a un attribut principal. » Ou alors, prenant un peu plus de distance, il peut vouloir établir des connexions diverses entre les concepts de son corpus sans faire lui-même référence à quoi que ce soit d'extralinguistique. Rapprochant divers passages d'Ockham tout en préservant son vocabulaire, on peut affirmer, par exemple, même si l'auteur ne le dit pas en toutes lettres : « Ockham pense que tout acte abstractif présuppose un acte intuitif », sans se commettre pour autant à l'existence des opérations cognitives en question. De telles attributions *de dicto* peuvent être éclairantes jusqu'à un certain point, mais elles ne sauraient suffire à mettre en évidence la portée philosophique des thèses ainsi rapportées dans la mesure où elles n'établissent pas par elles-mêmes le lien de ces positions avec le monde dont nous sommes familiers ni avec les phénomènes problématiques sur lesquels nous nous interrogeons. En quoi et sur quoi ces thèses ou ces doctrines nous informent-elles si elles sont vraies ? Les attributions *de dicto* restent muettes à ce propos, surtout quand elles s'en tiennent au vocabulaire technique des textes étudiés. Des explications métadiscursives, à tout le moins, sont requises pour mettre les thèses en question en rapport avec le monde extérieur; et dans la mesure où elles y parviennent, elles supposent du coup des attributions *de re*.

Reprenons l'exemple de Descartes. L'idée que chaque substance a un attribut principal reste énigmatique et sa portée nous échappe tant qu'on ne sort pas du vocabulaire technique de la « substance » et de l'« attribut ». Descartes nous y invite lui-même, du reste, en s'appuyant sur l'expérience commune pour introduire ces notions. « Je remarque », disait-il au paragraphe 48 de la première partie des *Principes* en escomptant que son lecteur l'observe aussi, qu'« entre toutes les choses créées » – celles donc, que nous rencontrons ici-bas – »les unes sont intellectuelles [...] et les autres sont corporelles ». Les humains, dans la mesure où ils pensent, sont les membres paradigmatiques du premier groupe, les corps ceux du deuxième. Dans chaque catégorie, qui plus est, Descartes distingue entre les « substances » – les corps eux-mêmes, par exemple, ou les êtres pensants – et leurs « propriétés » observables par les sens ou par l'esprit, lesquelles deviennent des « attributs » au paragraphe 52. Le vocabulaire technique de la « substance » et de l'« attribut » est ainsi enraciné par l'auteur lui-même dans l'univers plus familier qu'habitaient ses lecteurs *et que nous habitons encore*, où se rencontrent des humains auxquels nous attribuons des pensées, et des corps aux propriétés perceptibles.

Non que le vocabulaire théorique de Descartes, ou de quelque autre philosophe, soit réductible à celui du sens commun, ni que leurs thèses soient toujours traduisibles en langage ordinaire. L'appareil technique avec sa complexité, ses nuances, ses interrelations précises et ses connotations propres constitue au contraire l'apport le plus riche et le plus original de chaque doctrine. Mais on n'y a encore rien entendu tant qu'on se limite à lier les termes techniques entre eux dans des attributions *de dicto* et qu'on n'en a pas repéré les connexions, au moins partielles, avec des réalités reconnaissables, comme les humains ou les corps dans le cas de Descartes. C'est ici qu'entre en jeu l'exigence de coréférentialité évoquée aux chapitres II et III : pour être philosophiquement intéressantes, les thèses que nous attribuons aux philosophes du passé doivent comporter dans les reformulations que nous en donnons des termes par lesquels nous nous référons nous-mêmes à des objets auxquels le philosophe visé se référait aussi. Les attributions *de re*, pour cette raison, sont indispensables. En se limitant, par exemple, au cas des corps dans les *Principes* de Descartes, on pourra dire en mode *de re* : Descartes soutient que les réalités corporelles ont pour caractéristique principale d'être spatialement étendues; où l'expression « les réalités corporelles » est employée par nous pour faire référence de l'intérieur de la clause indirecte à ces corps réels et familiers qui nous entourent, et où l'expression « spatialement étendues » renvoie, comme le voulait Descartes, à ce qui a « longueur, largeur et profondeur. »[1]. L'idée d'une caractéristique « principale » reste alors inexpliquée, mais cela ne tient pas à quelque sens spécial et technique qu'aurait ici le mot « principal » ; c'est seulement que la hiérarchie ainsi évoquée n'a pas encore été précisée. J'y insiste : je ne veux pas suggérer que les doctrines puissent être entièrement reformulées en termes non-techniques. Mais la mise en évidence de leur portée philosophique requiert *toujours* que nous soyons en mesure d'inclure dans les présentations que nous en donnons des attributions *de re* qui fassent référence à des objets reconnaissables dans le monde qui nous est commun à nous, historiens, et aux auteurs que nous étudions.

Il faut même aller plus loin. Ce que l'on vient de dire vaudrait après tout pour l'histoire des sciences. Quand un historien de l'astronomie dit « Galilée posait que la Terre tourne autour du Soleil » ou qu'un historien de la zoologie dit « Aristote croyait que les baleines étaient des poissons », ils font eux-mêmes référence à la Terre et au Soleil, aux baleines et aux poissons : les affirmations de Galilée et d'Aristote portaient bien, selon eux, sur ces choses-là dont s'occupent aujourd'hui l'astronomie ou la zoologie. Pour faire apparaître la teneur spécifiquement philosophique des doctrines étudiées, les attributions *de re* doivent de la même façon se rapporter, à un moment ou l'autre dans l'exposé de l'historien, à ces phénomènes extrathéoriques qui intriguent encore l'enquête philosophique. Et celles qui ne le font pas de manière manifeste devraient être au moins indirectement mises en rapport avec celles qui le font. Si les phénomènes en question sont d'ordre logico-linguistique, comme on l'a proposé, le compte rendu en mode indirect devrait inclure en bonne place des attributions *de re* dans lesquelles il est explicitement fait référence à des phénomènes de ce genre. L'historien qui veut nous convaincre de l'intérêt philosophique de son corpus doit au moins préciser quelles thèses y sont défendues à propos de phénomènes que nous tenons pour philosophiquement problématiques et comment se rapportent à celles-là les autres positions caractéristiques du corpus, comment elles en découlent, comment elles les soutiennent ou comment elles les éclairent.

Revenons ainsi au Descartes des *Principes de la philosophie*. Ce n'est pas parce que le mot « philosophie » figure dans le titre de l'ouvrage que celui-ci intéresse l'histoire de la philosophie. Il apparaît après tout, quelques décennies plus tard, dans celui, très apparenté, du livre de Newton, *Les principes de philosophie naturelle*, qui relève davantage, lui, de l'histoire de la physique. Mais c'est parce que les phénomènes dont

1. Descartes, *Les principes de la philosophie*, première partie, paragr. 48.

Descartes veut rendre compte au premier chef sont de ceux qui préoccupent les philosophes en tant que tels. Quels sont-ils en l'occurrence ? Notre propre conception de ce qu'est en général la philosophie nous pousse à chercher derrière les déclarations explicites de l'auteur quelque phénomène logico-linguistique communément reconnaissable qui serait devenu pour lui problématique. Une fois la question ainsi posée, la lecture des *Principes* – comme celle des *Méditations* – permet de voir en toute clarté de quoi il s'agit : Descartes est intrigué par les conditions dans lesquelles on est justifié de produire des *assertions* avec un degré élevé d'assurance ou de certitude[1] et par les conditions dans lesquelles on est justifié de *s'attribuer un savoir* à soi-même. Or les affirmations et les attributions de savoir (ou les auto-attributions dans le cas présent) se manifestent d'abord dans l'ordre du discours : ce sont des phénomènes d'ordre linguistique[2]. Elles sont en outre étroitement liées les unes et les autres à la validité d'inférences et de justifications discursives : c'est leur côté logique. Le commentateur à partir de là peut correctement attribuer à Descartes des prises de position relatives à ces phénomènes d'affirmation et d'attribution de savoir même si l'auteur ne s'y réfère qu'implicitement, et dire par exemple en mode *de re* sur la base du paragraphe 43 des *Principes* : Descartes pense que nos affirmations ne sont jamais erronées quand elles concernent ce que nous apercevons clairement et distinctement et que, par conséquent, les attributions de savoir sont légitimes en pareil cas. Et l'analyse interne du texte – le deuxième type de considérations métadiscursives identifié ci-dessus – autorise à situer par rapport à celle-là les autres thèses de l'ouvrage et à en faire voir le rôle eu égard à ces phénomènes d'affirmation et d'attribution de savoir, en expliquant, par exemple, que la thèse selon laquelle les réalités corporelles ont pour attribut principal d'être spatialement étendues sert à montrer comment il nous est possible d'avoir des pensées distinctes au sujet de ce que Descartes appelle les « substances corporelles » et donc de produire à leur propos certaines affirmations vraies que l'on sache être telles[3].

1. Dans le vocabulaire de la théorie des actes de langage, on parlerait ici d'un degré élevé de force illocutoire, lequel exprime normalement quand il s'agit d'assertion un degré élevé d'assurance ou de certitude ; voir J. Searle et D. Vanderveken, *Foundations of Illocutionary Logic*, Cambridge, Cambridge University Press, 1985, p. 98-101.

2. Ce n'est pas le savoir lui-même qui se donne à l'expérience du philosophe, mais les actes de discours par lesquels on prétend exprimer un savoir ou se l'attribuer.

3. On s'appuiera surtout pour cela sur les § 52 à 54 de la première partie des *Principes*.

Une première condition nécessaire, bref, pour l'attribution de thèses philosophiques intéressantes aux auteurs du passé est que l'on puisse faire référence dans des attributions *de re* aux mêmes objets qu'eux et quitte à s'éloigner parfois de leurs formulations littérales, rapporter certaines de leurs positions aux phénomènes transtemporels qui font encore problème aujourd'hui pour l'entreprise philosophique [1].

Une deuxième condition, non moins nécessaire, est que les thèses ainsi attribuées soient séparables jusqu'à un certain point du reste du corpus où elles apparaissent. C'est ce que Pascal Engel appelle « le principe d'atomicité » : il faut, écrit-il, « qu'on puisse isoler les concepts, les thèses et les problèmes dont on souhaite traiter chez un auteur, en faisant relativement abstraction des autres éléments conceptuels, doctrinaux ou problématiques qui n'intéressent pas l'utilisateur » [2]. On ne saurait requérir, bien entendu, que chaque séquence prédicative simple puisse être isolée de n'importe quelle autre dans le même corpus et être présentée au lecteur d'aujourd'hui comme une thèse autonome et intelligible par elle-même. Les termes techniques s'interdéfinissent parfois, certaines positions sont logiquement inséparables de certaines autres et la mise en contexte, surtout, est souvent indispensable pour simplement comprendre telle ou telle attribution. Engel d'ailleurs propose bien de ne faire que « relativement » abstraction des autres éléments du texte ou du contexte. Mais le holisme ne peut pas être intégral. Pour présenter un intérêt philosophique quelconque, certains blocs doctrinaux à tout le moins doivent être détachables.

S'il n'en était pas ainsi, seul le système dans son entièreté serait à prendre ou à laisser. Si Kant a tort sur quelque point central, rien de ce qu'il pense ne pourrait plus être sauvé sur le plan philosophique. Si Dieu n'existe pas, toute son épistémologie s'effondre en même temps que sa morale et son esthétique. Et l'on ne pourrait rejeter son impératif catégorique dans le domaine de l'éthique sans renoncer du coup à sa conception des mathématiques. Sauf une peut-être (et encore !), les doctrines philosophiques du passé ne seraient plus que de vastes curiosités intellectuelles dont la

1. Ainsi formulée, cette condition vaut même si l'on récuse ma suggestion de localiser les plus typiques de ces phénomènes dans l'ordre logico-linguistique. Il faut admettre en tout état de cause que le discours philosophique se rapporte à quelque chose d'autre qu'à lui-même et que les textes du passé lui importent, par conséquent, dans la mesure où ils peuvent éclairer ce « quelque chose d'autre », quelle que soit la façon dont on le conçoive.

2. P. Engel, « Retour aval », art. cit., p. 455. Voir aussi P. Engel, « La philosophie peut-elle échapper à son histoire ? », dans J. Boutier et D. Julia (éd.), *Passés recomposés. Champs et chantiers de l'histoire*, Paris, Éditions Autrement, 1995, p. 110 : « Ce pour quoi je plaide, c'est pour un droit à détacher certaines thèses d'autres pour les évaluer. »

discussion contemporaine n'a rien à tirer et chacune d'elles n'illustrerait qu'une façon grandiose et idiosyncratique de se fourvoyer.

Martial Gueroult, qui a tant insisté, justement, sur la notion de « système » en histoire de la philosophie [1], a voulu éviter cette conséquence désastreuse, mais c'est au prix d'une approche encore moins plausible. Pour sauver la valeur de chaque système, il en vient dans sa *Philosophie de l'histoire de la philosophie* à épouser un « idéalisme radical » selon lequel « chaque doctrine décrète le réel » [2]; « la réalité des philosophies », écrit-il, « est une réalité qu'elles produisent chacune, et non la vérité d'une image reflétant une réalité qu'elles ne produisent pas » [3]. Il en découle que « chaque philosophie est un monde clos sur lui-même, un univers de pensée refermé sur soi » [4] et Gueroult attribue à ces « systèmes » une saisissante liste de caractères : « autosuffisance, *causa sui*, totalité absolue, exclusion absolue à l'égard de tout autre être possible » [5]. Il n'y aurait donc pas de véritable compétition entre eux ; ils sont tous vrais, mais chacun dans le monde qu'il se crée lui-même. La raison, en définitive, pour laquelle on ne peut en détacher aucune « affirmation isolée relative au réel commun » [6] est qu'il n'y a tout simplement pas de réel commun que la philosophie aurait pour tâche de représenter.

Cet accommodant pluralisme ne réconcilie les systèmes entre eux qu'en tenant pour erronée la prétention de chacun à dire le vrai sur quelque chose qui lui est extérieur. Mais ce n'est là qu'une autre façon de les récuser tous ! Les textes philosophiques, on y a insisté tout au long de notre démarche, ne se constituent pas comme de purs assemblages de termes théoriques. Ils font fréquemment référence au monde commun qui nous entoure par le recours au langage ordinaire de leur propre communauté et cherchent toujours, comme Descartes introduisant les termes de « substance » et d'« attribut », à mettre en rapport d'une façon ou d'une autre leur vocabulaire théorique avec celui de la vie quotidienne et leurs thèses les plus abstraites avec l'univers des choses familières. En leur ôtant cette prétention à représenter un « réel commun », on ne les déleste pas

1. Voir notamment M. Gueroult, *Leçon inaugurale*, Paris, Collège de France, Chaire d'histoire et technologie des systèmes philosophiques, 1952. Gueroult occupa cette chaire de 1951 à 1962.

2. M. Gueroult, *Philosophie de l'histoire de la philosophie*, Paris, Aubier Montaigne, 1979, p. 107 ; l'étiquette d'« idéalisme radical » est introduite à la page suivante.

3. *Ibid.*, p. 232.

4. *Ibid.*, p. 234.

5. *Ibid.*, p. 151.

6. *Ibid.*, p. 220.

seulement d'une illusion contingente et superfétatoire, on doit les amputer d'une grande partie de ce qu'ils disent pourtant très explicitement et leur retirer du même coup ce qui fait leur intérêt pour la recherche philosophique actuelle. Et l'on doit ignorer, de surcroît, la façon même dont les philosophes du passé, comme ceux d'aujourd'hui, discutaient entre eux en se concentrant à chaque étape sur des points précis et en s'échangeant des arguments ponctuels, où les thèses les plus générales, très souvent, sont confrontées à l'expérience commune.

Une autre conséquence inadmissible du holisme intégral, d'ailleurs, est qu'il serait impossible à l'historien de rapporter adéquatement une partie quelconque d'une philosophie sans l'exposer tout entière. Or ce n'est pas ce qui se passe de fait dans la pratique de la discipline. Même dans les approches les plus strictement historiques, articles et monographies abondent sur tel aspect de la pensée d'un auteur ou d'une école, sur telle notion, telle thèse ou tel argument. La table des matières d'un récent numéro du *Journal of the History of Philosophy*, – celui de juillet 2017 en l'occurrence – annonce des articles, tous relativement courts, sur la méthode « endoxique » dans le livre VII de l'*Éthique à Nicomaque* d'Aristote, l'identité personnelle chez Locke, la conception kantienne du bien suprême, la propriété selon Hegel, la volonté selon William James et la théorie des catégories de Wilfrid Sellars. Une liste d'ouvrages de philosophie médiévale établie par Robert Pasnau pour l'année 2016 inclut, entre beaucoup d'autres, des études sur la noétique de Siger de Brabant, l'essentialisme de Guillaume d'Ockham, la théorie de la perception de Thomas d'Aquin, la critique du scepticisme par saint Augustin ou l'idée de loi naturelle au Moyen Âge[1], qui font chacune abstraction, à n'en pas douter, de pans entiers des corpus qu'elles parcourent. Dira-t-on que ces travaux ne s'adressent qu'à des spécialistes réputés bons connaisseurs déjà du reste des doctrines considérées ? Ce serait ignorer les exigences coutumières des revues et des maisons d'édition quant aux lecteurs visés, en même temps que les prétentions, très souvent, des historiens eux-mêmes à rejoindre un public plus large. Et ce serait oublier aussi que l'enseignement de l'histoire de la philosophie, tel qu'il s'exerce couramment, découpe, même pour les

1. Respectivement : C. Bazàn, *La noétique de Siger de Brabant*, Paris, Vrin, 2016 ; M. Roques, *L'essentialisme de Guillaume d'Ockham*, Paris, Vrin, 2016 ; A. J. Lisska, *Aquinas's Theory of Perception. An Analytic Reconstruction*, Oxford, Oxford University Press, 2016 ; B. D. Dutton, *Augustine and Academic Skepticism*, Ithaca (NY), Cornell University Press, 2016 ; R. Saccenti, *Debating Medieval Natural Law*, Notre Dame (Ind.), University of Notre Dame Press, 2016. La liste complète est accessible sur https://inmediasphil.wordpress.com.

débutants, des segments doctrinaux précis : le mythe de la caverne, la politique d'Aristote, la preuve ontologique de saint Anselme, l'éthique de Kant et ainsi de suite. Dans le cadre d'une démarche philosophique, *a fortiori*, quand il s'agit de discuter des positions du passé pour en tirer profit ou pour s'en démarquer, on se concentre généralement sur des thèses ou des arguments circonscrits : Gadamer consacre quelques pages à la conception du langage dans le *Cratyle* de Platon [1], Paul Ricœur dans *La métaphore vive* part d'une étude de la rhétorique d'Aristote [2], Robert Brandom scrute la théorie de la perception de Leibniz [3], Bernard Williams critique le fondationnalisme de Kant en éthique [4], sans que ces philosophes ne sentent chaque fois le besoin, pour que leurs discussions portent, de rappeler toutes les positions de Platon, d'Aristote, de Leibniz ou de Kant sur n'importe quel autre sujet. C'est là, bien entendu, la bonne façon de faire. Comment la philosophie pourrait-elle, autrement, se nourrir de son histoire

Il est vrai qu'un philosophe ou une école de quelque envergure aura mis en place la plupart du temps un édifice théorique complexe dont les composantes sont interreliées de multiples façons et que l'on peut à bon droit dans ces cas-là parler de « système » [5]. Mais cela ne signifie pas qu'aucun élément ne soit en principe détachable du tout pour fins d'exposition ou de discussion. Les interconnexions souvent ne sont qu'indirectes et tiennent à des connotations ou des associations qui ne sont pas essentielles. Guillaume d'Ockham, par exemple, a soutenu dans sa maturité que les concepts dans l'esprit sont des actes mentaux plutôt que des entités purement idéales produites par de tels actes [6]. Le commentateur, en approfondissant cette thèse, peut évoquer l'ontologie nominaliste d'Ockham dans laquelle les « actes » sont des qualités singulières, ou sa théorie de l'esprit pour laquelle l'âme intellective est une forme substantielle distincte, ou sa psychologie qui veut que les actes abstractifs naissent des

1. H.-G. Gadamer, *Vérité et méthode*, *op. cit.*, p. 428-441.

2. P. Ricœur, *La métaphore vive*, Paris, Seuil, 1975, p. 13-61.

3. R. B. Brandom, *Tales of the Mighty Dead*, *op. cit.*, p. 143-177.

4. Voir notamment B. Williams, *L'éthique et les limites de la philosophie*, trad. fr. M.-A. Lescourret, Paris, Gallimard, 1990; sur l'attitude de cet auteur vis à vis l'histoire de la philosophie, voir aussi B. Williams, *The Sense of the Past. Essays in the History of Philosophy*, éd. M. Burnyeat, Princeton, Princeton University Press, 2006.

5. Pour une défense équilibrée de l'étude des « systèmes » en histoire de la philosophie, voir A. Nelson, « Philosophical Systems and Their History », dans M. Laerke *et al.* (éd.), *Philosophy and Its History*, *op. cit.*, p. 236-257.

6. Voir par exemple à ce sujet M. M. Adams, *William Ockham*, 2 vol., Notre Dame (IN), University of Notre Dame Press, 1987, chap. III : « Names and Concepts » ; et C. Panaccio, *Ockham on Concepts*, *op. cit.*, chap. II : « Intellectual Acts ».

intuitifs, ou sa sémiotique encore, où les concepts sont des signes qui s'articulent entre eux dans des propositions mentales vraies ou fausses, ou sa théologie même, qui accorde à Dieu le pouvoir de supprimer instantanément un acte quelconque ou de le maintenir dans l'être, au contraire, sans la substance qui lui est normalement sous-jacente. On peut ainsi de proche en proche relier la thèse en question à n'importe quelle autre dans la doctrine du *venerabilis inceptor*. Mais la plupart de ces liens, si éclairants soient-ils pour qui veut comprendre l'ockhamisme dans toutes ses ramifications, peuvent être légitimement laissés de côté dans *certains* contextes d'exposition ou de discussion. On peut s'interroger, notamment, sur la question de savoir s'il faut ou non distinguer le concept de l'acte mental et ranger Ockham de ce point de vue avec ceux qui s'y refusent comme Thomas Reid dans sa critique de Locke ou Antoine Arnauld dans son débat avec Malebranche sur le statut des idées. On s'intéressera alors avec profit à ce qui peut valoir dans les arguments d'Ockham indépendamment des catégories aristotéliciennes, de la pluralité des formes substantielles et de la théologie de la toute-puissance[1].

Comment décider dans ces conditions de ce qui peut être séparé et de ce qui ne le peut pas ? Le premier principe à cet égard est qu'une thèse – ou une combinaison quelconque de thèses – est détachable, même dans sa formulation originale, de tout ce qu'elle n'implique pas logiquement. L'idée que les concepts sont des actes n'exige pas, par exemple, aux yeux d'Ockham lui-même, que l'intellect soit une forme substantielle réellement distincte de l'âme sensitive. Il y a bien chez lui un lien entre les deux puisque sa théorie, prise globalement, tient les actes conceptuels pour des accidents de substances dont une partie essentielle est un intellect précisément. Mais ce rapport n'est pas une implication logique. Ockham aurait pu en toute cohérence identifier les concepts à des actes sans endosser pour autant la pluralité des formes substantielles et il ne considère pas lui-même la première thèse comme un argument en faveur de la seconde. Dans les systèmes philosophiques comme dans la vie courante l'occurrence d'une même notion ou d'un même terme dans des affirmations diverses ne suffit pas à établir entre elles un rapport d'implication stricte. Il est vrai que les chevaux sont des mammifères et que les chevaux sont des quadrupèdes, mais l'un n'implique pas l'autre. Prises ensemble, les deux assertions ont des conséquences logiques, bien entendu, et peuvent coopérer dans un même développement, mais elles n'en restent pas moins logiquement

1. C'est ce que j'ai voulu faire, notamment, dans *Qu'est-ce qu'un concept ?*, *op. cit.*, p. 85-101.

indépendantes et l'on peut discuter, endosser ou rejeter l'une des deux sans se prononcer sur l'autre. La même chose vaut en histoire de la philosophie.

Un autre moyen pour détacher une thèse de son contexte d'apparition est de faire abstraction des connotations de sa formulation originale, ou de certaines d'entre elles. On a vu à la section précédente comment le mode d'équivalence sémantique requis pour un compte rendu en mode indirect varie, et même considérablement, selon les connotations du texte original que l'on souhaite préserver. Or les rapports entre deux énoncés d'une même doctrine philosophique tiennent souvent aux connotations plus qu'à l'extension des termes. Le mot « acte » chez Ockham, pour revenir à notre exemple, désigne, quand il est appliqué aux concepts, certains états accidentels des sujets pensants tout en évoquant par des connotations plus ou moins lâches d'autres notions ockhamistes à propos des habitus, des qualités, des substances, etc. Et ces connotations, même celles qui sont le plus étroitement associées au sens du mot dans le vocabulaire d'Ockham, peuvent à l'occasion être mises entre parenthèses selon les intérêts du rapporteur et les questions qu'il se pose. L'attribution de thèses, à la limite, peut même n'exploiter que l'extension présumée du terme « acte », sa portée référentielle, donc, dans la mesure où elle est déterminable. On peut ainsi attribuer à Guillaume d'Ockham l'idée que les concepts sont des états accidentels des sujets pensants, leur activité mentale elle-même pour ainsi dire. C'est là une thèse qui mérite l'attention dans le contexte des discussions actuelles sur le représentationalisme en philosophie de l'esprit, et la formulation que l'on vient d'en donner, pourtant adéquate, ne fait pas intervenir grand-chose du reste de l'ockhamisme. Le commentateur, certes, fera bien de s'interroger à partir de là sur les arguments qui appuient cette position chez le *venerabilis inceptor* et sur certaines au moins des conséquences qu'il en tire. L'intérêt philosophique, dans ce cas particulier, en sera décuplé. Mais ce que je veux faire voir pour l'instant, c'est que même ainsi délestée de la plupart de ses connotations originales, la thèse, comme on l'a reformulée, peut être légitimement attribuée à Ockham en même temps que sérieusement endossée par un philosophe d'aujourd'hui qui réfléchit sur le statut des représentations cognitives.

Il est clair que l'on ne trouvera pas toujours pour n'importe quel terme théorique d'une doctrine du passé une expression exactement coextensive dans le vocabulaire ordinaire ou dans celui de la philosophie contemporaine. Ainsi le veut cette « incommensurabilité » des théories dont on a évalué la portée au chapitre III. Mais on peut se rabattre avec profit en de tels cas sur ce que j'appellerai le jeu de la subsomption. Dans la mesure où les philosophies du passé se rapportent, fût-ce indirectement, à l'univers qui nous entoure, leurs concepts, même techniques – ou certains d'entre eux du moins – doivent bien avoir avec certains de nos propres termes, ordinaires ou non, quelque rapport d'inclusion extensionnelle et l'on sera justifié dès lors, pour peu qu'on ajuste correctement les quantificateurs, d'attribuer à nos prédécesseurs des thèses plus étroites ou plus larges que celles qu'ils défendaient en toutes lettres. La notion thomiste d'« espèce intelligible », par exemple, quelle qu'en soit la technicité, peut être subsumée sous l'idée plus large de « représentation mentale » telle qu'elle apparaît aujourd'hui chez les philosophes analytiques de l'esprit. Quand Thomas d'Aquin, donc, affirme qu'« une chose extérieure pensée par nous n'existe pas dans notre intellect selon sa nature propre », mais que « c'est son *espèce* qui doit être dans notre intellect »[1], on peut lui attribuer la thèse plus générale que les choses extérieures, quand elles sont pensées par nous, font l'objet d'un certain type de représentation mentale, quitte à en préciser ensuite dans les explications métadiscursives certaines caractéristiques distinctives[2]. Inversement, la notion d'« idée » chez John Locke doit inclure, entre autres choses, ce qu'un philosophe cognitiviste d'aujourd'hui comme Jerry Fodor appelle des « concepts ». Quand Locke affirme, donc, qu'il n'y a pas d'idées innées chez les humains[3], on peut lui attribuer la thèse plus restreinte que les humains n'ont pas de concepts innés et le mettre directement en opposition sur ce point précis avec l'innéisme de Fodor[4]. La subsomption extensionnelle permet ainsi dans bien des cas de s'extraire du vocabulaire théorique d'un auteur pour lui assigner une position déterminée dans quelque débat contemporain.

Qu'on me comprenne bien, il n'est pas nécessaire d'atomiser radicalement les doctrines du passé pour y trouver profit. Les plus inspirantes, au contraire, sont celles dont on puisse exploiter des réseaux conceptuels complexes et de riches ensembles de thèses. Et dans tous les cas de toute façon, il faut pour même repérer une thèse isolable en mettre en contexte les occurrences originales afin d'en dégager la portée et de cerner de la sorte ce

1. Thomas d'Aquin, *Somme contre les Gentils* I, 53, trad. fr. C. Michon, Paris, GF-Flammarion, 1999, p. 267 (avec les italiques du traducteur).

2. Pour plus de détails sur ce point, voir C. Panaccio, « Aquinas on Intellectual Representation », dans D. Perler (éd.), *Ancient and Medieval Theories of Intentionality*, Leiden, Brill, 2001, p. 185-201.

3. C'est la position défendue par Locke dans le livre I de l'*Essai sur l'entendement humain*.

4. Voir par exemple J. A. Fodor, *Representations*, Brighton, Harvester Press, 1981, chap. III : « The Present Status of the Innateness Controversy », où Locke est plusieurs fois mentionné.

qui peut être utilement soumis à la discussion contemporaine. Mais si les philosophies d'antan doivent féconder celles d'aujourd'hui, il doit être légitime, pour les exposer ou les discuter, de ne pas tout retenir à la fois dans chacune d'elles, fussent-elles systématiques. Un principe de séparabilité s'impose et l'on a voulu identifier ici les principaux moyens de déterminer ce qui peut être ainsi détaché : la prise en compte des limites de l'implication logique, la mise entre parenthèses des connotations originales ou de certaines d'entre elles, et l'exploitation des subsomptions extensionnelles qui peuvent unir les termes théoriques du passé à ceux qui nous sont plus familiers.

Pour maximiser, donc, l'intérêt philosophique des auteurs étudiés, deux conditions ressortent jusqu'à présent quant aux thèses qu'on peut leur attribuer : nos comptes rendus, d'abord, doivent être en mode *de re* plutôt que *de dicto* seulement et supposent, deuxièmement, une certaine séparabilité par rapport au reste du corpus ou du système. Faut-il y ajouter une condition de « traductibilité », comme le propose Pascal Engel[1] ? En un sens oui, bien entendu, mais des nuances s'imposent. On l'a plusieurs fois souligné, les attributions en style indirect sont toujours formulées dans la langue du rapporteur. Quand celle-ci diffère de celle des textes originaux, comme il est fréquent en histoire de la philosophie, il faut trouver le moyen de rendre dans une langue d'aujourd'hui les thèses ainsi attribuées à des penseurs du passé. Une certaine forme de traduction est alors inévitable. Cela ne signifie pas qu'à chaque terme de la doctrine ancienne doive correspondre une expression indépendamment disponible dans la communauté de l'historien, ni *a fortiori* que chaque proposition théorique doive trouver un équivalent exact dans le vocabulaire de la philosophie contemporaine. L'historien peut recourir à ce que j'appellerai en m'inspirant de Guillaume d'Ockham une « traduction par subordination ». La subordination d'un terme T à un terme déjà existant T' est, dans la sémantique d'Ockham, une opération conventionnelle par laquelle il est décrété que T aura dorénavant le même sens que T', quel que soit le sens en question et même si, d'ailleurs, ni l'historien ni ses lecteurs ne le maîtrisent parfaitement[2]. Un commentateur francophone de Thomas d'Aquin

1. *Cf.* P. Engel, « Retour aval », art. cit., p. 455 : « [il faut] qu'il soit possible de traduire, dans nos propres termes contemporains, les thèses, concepts, problèmes d'un auteur du passé ». Jonathan Bennett, notamment, a toujours insisté sur ce point; voir entre autres J. Bennett, « Response to Garber and Rée », dans P. H. Hare (éd.), *Doing Philosophy Historically*, Buffalo (NY), Prometheus Books, 1988, p. 62-69.

2. Ockham introduit la notion de subordination dès le premier chapitre de sa *Somme de logique* pour caractériser le rapport des mots oraux aux concepts mentaux qui leur préexistent

subordonne habituellement pour les fins de son exposé les mots français « matière », « forme », « substance » et « essence » aux termes latins « *materia* », « *forma* », « *substantia* » et « *essentia* » respectivement, dans le sens qu'ils ont chez Thomas, sans avoir à les définir au préalable[1]. Il peut dès lors les introduire en réseaux et les utiliser même dans des attributions *de re* pour peu qu'il en rende manifestes certaines connexions, fussent-elles indirectes, avec un vocabulaire déjà familier et des objets indépendamment reconnaissables. Son lecteur est invité de la sorte à apprendre une nouvelle terminologie, à l'incorporer à son propre langage et à l'appliquer au monde qui l'entoure.

Pour autant qu'il s'agisse, cependant, de faire ressortir la teneur philosophique des textes anciens et de les faire participer à quelque discussion actuelle, on aura avantage à les situer par rapport à des questions qui se posent aujourd'hui en philosophie et à en localiser les thèses dans l'éventail des positions en présence. Cela vient plus facilement quand les questions du passé s'apparentent à bien des égards à celles du présent. Il est courant, après tout, de classer Ockham comme un nominaliste ou Hume comme un empiriste au sens que l'on donne à ces termes dans les débats contemporains et cela revient à leur attribuer des positions que défendent encore des auteurs récents, quoique sous des formes différentes. On dira d'Ockham qu'il soutient, comme Keith Campbell ou Gonzalo Rodriguez-Pereyra, que les universaux n'ont pas de réalité hors de l'esprit ou du langage, et de Hume qu'il pense, comme Quine ou Van Fraassen, que nos connaissances s'enracinent dans l'expérience sensible, quitte à leur assigner ensuite, vu les particularités de leurs doctrines, une place distinctive dans ces courants très généraux. Mais il arrive aussi que les questions des uns et des autres ne se recoupent que très imparfaitement et que la

et qui sont considérés par lui comme des « signes naturels », mais il l'étend aussitôt après au rapport des mots écrits aux mots oraux qui leur préexistent et rien n'empêche de l'étendre encore, comme je le propose, à n'importe quel couple de termes dont l'un emprunte conventionnellement sa signification à l'autre. J'ai discuté la notion ockhamiste de subordination dans quelques travaux : *Ockham on Concepts*, *op. cit.*, p. 165-171 ; « Ockham's Externalism », dans G. Klima (éd.), *Intentionality, Cognition and Mental Representation in Medieval Philosophy*, New York, Fordham University Press, 2015, p. 168-173 ; et « Subordination et singularité. La théorie ockhamiste des propositions singulières », dans M. Pécharman et P. de Rouilhan (éd.), *Le philosophe et le langage. Études offertes à Jean-Claude Pariente*, Paris, Vrin, 2017, p. 75-97.

1. Dans cet exemple, comme dans la plupart des cas, des termes français déjà disponibles dans la langue d'aujourd'hui sont réassignés à un nouvel usage, mais il arrive aussi que des néologismes soient introduits par subordination, comme lorsque les médiévistes recourent à « haeccéité » en français pour rendre l'« haecceitas » des scotistes.

reformulation des thèses doive être plus audacieuse si l'on veut en faire voir la pertinence actuelle. C'est alors que se pose avec le plus d'acuité la question de la transposition d'une doctrine du passé ou de l'une de ses parties en des termes qui lui sont de prime abord étrangers.

J'ai moi-même soutenu, par exemple, qu'« une substance matérielle pour Ockham n'est rien d'autre qu'un faisceau de tropes coprésents »[1]. Or rien dans le vocabulaire d'Ockham, j'en suis conscient, ne correspond à l'expression « faisceau de tropes coprésents ». Celle-ci est empruntée à la métaphysique analytique contemporaine, qui appelle « tropes » des propriétés singulières comme telle plage de rouge ou telle lourdeur spatio-temporellement localisées. La théorie nominaliste selon laquelle le monde est tout entier constitué de telles propriétés regroupées en faisceaux est aujourd'hui beaucoup discutée[2] et mon intervention visait à faire place à l'ontologie d'Ockham dans ce débat, même si personne à son époque ne se demandait si l'univers était ou non ainsi organisé[3]. L'approche consistait à montrer que la notion contemporaine de « trope » s'applique tout compte fait à la manière dont Ockham concevait les éléments ultimes de l'être : les « parties essentielles » des substances d'une part et les « qualités » accidentelles d'autre part. Cela permet, si j'ai raison, non seulement de révéler l'ancienneté d'une position métaphysique souvent présentée comme une innovation récente et de lui donner des lettres de noblesse, mais aussi – et surtout – d'en faire voir en quelque détail une variante philosophiquement attrayante où la distinction est centrale entre propriétés essentielles et propriétés accidentelles et qui n'accorde aux relations aucun statut ontologique spécial.

1. C. Panaccio, « Ockham's Ontology », dans G. Guigon et G. Rodriguez-Pereyra (éd.), *Nominalism about Properties*, New York, Routledge, 2015, p. 71.

2. Le terme de « trope » en ce sens (« trope » en anglais) a été introduit par D. C. Williams dans « On the Elements of Being », *The Review of Metaphysics* 7, 1953, p. 3-18 et p. 171-192, trad. fr. partielle F. Pascal et F. Nef, « Des éléments de l'être », dans E. Garcia et F. Nef (éd.), *Métaphysique contemporaine. Propriétés, mondes possibles et personnes*, Paris, Vrin, 2007, p. 33-53. La théorie dite des « faisceaux de tropes » a été défendue depuis dans plusieurs autres publications, dont : K. Campbell, *Abstract Particulars*, Oxford, Basil Blackwell, 1990; F. Nef, *Les propriétés des choses. Expérience et logique*, Paris, Vrin, 2006; D. Ehring, *Tropes; Properties, Objects and Mental Causation*, Oxford, Oxford University Press, 2011.

3. Le colloque où ma contribution a d'abord été présentée faisait la part belle à l'histoire de la philosophie dans la discussion de la théorie des tropes avec des contributions sur Aristote, Abélard, Ockham et Hume; voir G. Guigon et G. Rodriguez-Pereyra (éd.), *Nominalism about Properties*, *op. cit.*

Ce n'est là qu'une illustration parmi tant d'autres. Jean-Claude Pariente tient que Leibniz s'appuie en un certain point de doctrine sur « ce que Russell appelle [...] le principe des relations internes »[1], Alain de Libera pose que « certaines théories médiévales admettent le "Principe du *Truth-maker*" et le "*Truth-maker essentialism*" »[2], Catarina Dutilh-Novaes formalise la théorie buridanienne des conséquences dans le langage de la théorie des modèles[3], et ainsi de suite. De telles transpositions sont courantes. Mais le processus en est rarement explicite et nos réflexions précédentes peuvent aider à tout le moins à en reconnaître les principes les plus saillants. Il faut d'abord être au clair, certes, quant à l'usage des termes techniques contemporains auxquels on veut ainsi recourir. À ne les employer qu'en dilettante, on risque d'embrouiller sans aucun profit la doctrine originale, comme il arrive parfois malheureusement. Mais deux aptitudes surtout sont nécessaires relativement aux écrits qui nous intéressent dans le passé de la philosophie, et ce sont celles-là mêmes que l'on a reconnues dès le chapitre II comme constitutives de la compréhension des textes : il faut pouvoir repérer, d'une part, à quoi ils réfèrent dans le monde qui nous entoure, à quels phénomènes philosophiquement problématiques notamment ; et savoir dégager, d'autre part, les implications logiques de ce qu'ils disent explicitement.

L'interprétation tropiste d'Ockham, par exemple, repose sur ceci que les « tropes » en ontologie contemporaine ne sont pas des substrats de propriétés, comme les substances traditionnelles, mais des entités « partielles », « incomplètes » ou « fragmentaires » (selon les mots de D. C. Williams)[4], dont les combinaisons méréologiques constituent les objets concrets de notre environnement, une description dont j'ai voulu montrer qu'elle s'applique à ce que Guillaume appelle les « parties essentielles » des substances (leurs formes et leur matière) aussi bien qu'à ce qu'il tient pour leurs qualités accidentelles. Il fallait pour cela reconnaître le lien commun des notions en présence avec les objets courants de notre expérience ordinaire comme avec le phénomène logico-linguistique de l'attribution de propriétés dans des phrases prédicatives. Et il fallait aussi inférer ici et là certaines conséquences des affirmations mêmes d'Ockham,

1. J.-C. Pariente, *Le langage et l'individuel*, Paris, Armand Colin, 1973, p. 139.

2. A. de Libera, *La référence vide*, *op. cit.*, p. 113.

3. C. Dutilh Novaes, *Formalizing Medieval Logical Theories. Suppositio, Consequentiae and Obligationes*, Dordrecht, Springer, 2007. L'auteure propose à cette occasion une fort intéressante discussion de ce qu'elle appelle la méthode des « traductions conceptuelles », p. 300-315.

4. D. C. Williams, « Des éléments de l'être », art. cit., p. 49.

conclure, par exemple, de ce qu'il dit de la matière première, qu'elle n'est pas un substrat dans sa doctrine. Bien qu'elle ne soit pas habituellement thématisée par ceux qui la pratiquent, cette façon de procéder est typique quand on transpose ainsi des idées anciennes en des termes qui n'en sont pourtant pas une traduction à strictement parler. Le commentateur exploite alors, à partir des questions et du vocabulaire de la philosophie contemporaine, les deux composantes essentielles de sa compréhension des textes : l'identification de la référence des termes et de leurs rapports à des phénomènes qui font aujourd'hui problème pour la réflexion philosophique ; et la capacité à dégager les implications de ce qui est explicitement dit.

On s'écarte alors non seulement de la lettre des œuvres originales, mais des intentions mêmes de leurs auteurs jusqu'à un certain point. C'est que l'intérêt du rapporteur en pareil cas porte sur les doctrines d'abord et avant tout, sur les possibilités qu'elles recèlent et sur leur capacité à jeter quelque éclairage révélateur sur des questions nouvelles ou des problèmes qui ne se posaient pas de la même manière aux philosophes d'autrefois. Il n'y a rien là d'illégitime en principe. Les textes théoriques, fussent-ils anciens, ont des conséquences logiques souvent inaperçues de leurs auteurs, ouvrent des perspectives qu'ils n'ont pas envisagées et proposent des pistes qu'ils n'ont pas explorées. Ce serait en limiter indûment la portée que de les confiner à leur propre littéralité. Et puisque leur compréhension même exige de s'ouvrir à leurs références et à leurs implications, on renoncerait tout simplement à les comprendre. L'anachronisme, il est vrai, menace toujours le genre d'entreprises dont je parle. Les transpositions en langage contemporain ne sont pas toutes justifiées, tant s'en faut, et comme il arrive dans n'importe quel autre type d'interprétation, elles gauchissent parfois les textes de manière inacceptable. Mais l'antidote n'est pas de renvoyer chaque philosophie à la clôture de son époque ou de son vocabulaire. C'est de lire attentivement les textes en les rapportant au contraire, par une sorte de triangulation, à ce monde commun auquel ils se référaient bel et bien et à ces phénomènes problématiques qui en stimulaient la production et qui nous préoccupent toujours. La mise en contexte pour cela est souvent indispensable, certes. Les récits historiques, l'examen des réseaux terminologiques et des complexes de questions et de réponses, l'étude détaillée de la démarche de l'auteur, des contraintes auxquelles il était soumis, des débats dans lesquels il était engagé, tout cela contribue à mieux déceler ces rapports qui nous intéressent et qui donnent aux textes en question leur pertinence philosophique. C'est à lire Ockham de près et sur le fond de son propre contexte qu'on voit le mieux comment sa théorie des formes substantielles, par exemple, se rapporte au phénomène logico-linguistique de la prédication essentielle et comment elle peut enrichir à ce titre les discussions contemporaines de ce même phénomène. À la condition d'établir méticuleusement les liens des textes du passé avec ce qui pour nous fait problème, nous avons le droit comme philosophes de leur adresser des questions que leurs auteurs ne s'étaient pas posées et de chercher à dire à quoi engage au juste, dans le langage qui est le nôtre, l'adhésion à ce qu'ils proposent.

Dans les reconstructions rationnelles, bref, l'attribution de thèses requiert :

1) que les reformulations en style indirect soient en mode *de re* et que le rapporteur puisse faire référence aux mêmes objets réels que les auteurs du passé ;

2) que l'on puisse détacher certaines thèses ou certains groupes de thèses de leur corpus d'origine en faisant abstraction des rapports qui ne sont pas d'ordre purement logique et des connotations qui ne sont pas pertinentes pour l'entreprise particulière dans laquelle le commentateur se trouve engagé ;

3) que l'on soit en mesure de situer par rapport aux préoccupations d'aujourd'hui les positions ainsi attribuées, quitte à les transposer *parfois* en termes contemporains.

Si la philosophie comme nous la comprenons s'attache surtout à élucider des phénomènes d'ordre logico-linguistique en en dévoilant les conditions sémantiques, épistémologiques ou métaphysiques, les reconstructions rationnelles devraient idéalement, avec l'aide d'explications métadiscursives, faire apparaître les liens des conceptions ainsi reconstruites avec certains des phénomènes en question. Cela ne signifie pas, loin de là, que l'on doive toujours rabattre les positions du passé sur celles qui sont défendues aujourd'hui et se contenter de ne repérer que des précurseurs. L'intérêt de l'opération, bien au contraire, sera d'autant plus grand qu'elle permettra de faire intervenir dans la discussion actuelle des points de vue, des suggestions et même des questions qui n'y ont pas déjà droit de cité ou d'approfondir à tout le moins les approches en présence.

La reconstitution des arguments

Encore faut-il comprendre les arguments proposés par les philosophes à l'appui de leurs thèses. Pour saisir l'intérêt philosophique des textes du passé, il ne suffit pas d'y reconnaître des prises de position sur des choses qui nous intéressent; on raterait une dimension essentielle de ces textes à n'y voir que des séquences d'affirmations dogmatiques. Que ce soit chez les Anciens, les médiévaux ou les modernes, peu de philosophes ont cru pouvoir se dispenser de l'argumentation rationnelle. Pascal Engel évoque à ce propos ce qu'il appelle le « principe d'argumentativité » : il doit être possible de « repérer chez les auteurs du passé des arguments et des raisonnements » que l'on puisse discuter, en se permettant même à l'occasion de les corriger s'il le faut[1].

Un argument dans un texte est une suite discursive destinée à fournir au lecteur une raison de souscrire à une assertion donnée, en vertu de ceci que la conclusion en question découle de façon plus ou moins stricte d'une conjonction de prémisses que ce lecteur puisse accepter. Si l'argument est bon, il devrait être peu plausible, voire impossible dans le meilleur des cas, que la conclusion soit fausse si les prémisses sont vraies. L'historien de la philosophie doit soigneusement distinguer à cet égard entre les arguments avancés par un auteur en faveur d'une position quelconque et les motivations qu'il peut avoir de l'adopter. Ils se rejoignent souvent, certes, puisque les croyances d'un agent rationnel peuvent être motivées par des raisons. Mais les motivations sont des processus psychologiques, souvent complexes et parfois idiosyncratiques ou même irrationnels, alors que les arguments sont d'ordre discursif et prétendent à une valeur objective que les lecteurs visés puissent reconnaître et partager. Même un philosophe peut être mû pour afficher une certaine position par la vanité, la cupidité ou la peur et ces considérations sont pertinentes, le cas échéant, pour les récits explicatifs que les historiens proposent afin de mieux faire comprendre la pensée d'un auteur. Mais la tâche propre de celui qui entend rapporter un argument est de dégager du texte qu'il étudie une structure logique à caractère inférentiel, qu'elle ait ou non joué un rôle effectif dans la démarche originale de l'auteur. Les médiévaux, par exemple, avançaient souvent à l'appui d'une thèse un grand nombre d'arguments dont il est douteux qu'ils aient tous réellement contribué à forger leurs propres convictions, mais dont certains, indépendamment de cela, peuvent présenter, s'ils sont bien

1. P. Engel, « Retour aval », art. cit., p. 455.

explicités, un intérêt philosophique, même pour la réflexion contemporaine.

On peut s'en tenir parfois, pour rapporter un argument, à une attribution en mode indirect qui ne fasse état que d'assertions explicitement assumées par l'auteur original. On exploitera alors un schéma simple comme : *A* argumente en faveur de la thèse que *p* en disant que *q*, que *r* et que *s*. Mais si l'intention de l'historien est de faire ressortir l'intérêt philosophique de l'argumentation, il lui faudra en général satisfaire à des exigences plus fortes. J'en vois au moins quatre :

1) Il convient d'abord d'identifier la fonction dialectique du raisonnement en question dans le texte étudié et de préciser en particulier s'il s'agit d'un argument direct à l'appui d'une thèse défendue par l'auteur, d'une objection adressée à une position rivale ou d'une réponse à une objection. Essentielle pour bien évaluer la portée de l'argument, la distinction de ces statuts repose sur la place de la conclusion dans la doctrine de l'auteur, selon qu'il s'agisse pour lui d'y intégrer positivement une thèse, d'en rejeter une autre ou de neutraliser une attaque réelle ou possible. Des explications métadiscursives sont requises dans tous les cas, celles en particulier qui relèvent de l'analyse interne du texte (la deuxième des catégories d'explications métadiscursives identifiées à la première section du présent chapitre) et un récit explicatif, de surcroît, sera souvent utile, pour identifier par exemple les interlocuteurs du philosophe étudié, les questions auxquelles il voulait répondre ou les débats auxquels il participait.

2) Il faut rendre manifeste la forme logique de l'argument. Elle sera familière dans la plupart des cas, comme un *modus tollens* (si *p*, alors *q*, or non *q*, donc non *p*), un *modus ponens* (si *p*, alors *q*, or *p*, donc *q*), un raisonnement disjonctif (*p* ou *q*, or non *p*, donc *q*), ou quelque figure du syllogisme. Il n'est pas vrai que nos prédécesseurs en philosophie utilisaient en pratique une logique foncièrement différente de la nôtre. Il peut se faire, bien entendu, que le schéma inférentiel employé n'apparaisse pas de prime abord en toute clarté et c'est pourquoi, justement, la reconstruction peut être éclairante en pareille matière. Les arguments ne sont pas toujours présentés de façon continue dans les textes étudiés; les prémisses peuvent être entrecoupées d'explications et de digressions diverses ou d'argumentations subsidiaires destinées à établir l'une ou l'autre d'entre elles; la forme logique de chacune des prémisses peut être plus ou moins occultée par la syntaxe de surface, par des variations stylistiques dans la terminologie et par des ellipses de toutes sortes. Mais s'il

s'agit bien d'un argument, et pas seulement d'une envolée oratoire dont la force persuasive ne tiendrait qu'à des artifices rhétoriques comme le ton, la répétition ou l'usage insistant d'un vocabulaire évaluatif, il doit toujours être possible d'y reconnaître une structure inférentielle, fût-elle fautive. C'est du reste un exercice particulièrement formateur à demander aux apprentis philosophes à la lecture d'un classique.

3) Le commentateur doit pouvoir rendre chaque prémisse intelligible au lecteur d'aujourd'hui. Si elles ne le sont pas immédiatement, comme il arrive souvent, une mise en contexte narrative et des explications méta-discursives seront sans doute nécessaires, comme pour l'attribution de n'importe quelle thèse. C'est que les prémisses d'un argument peuvent être traitées comme des thèses que l'auteur endosse. Même dans les raisonnements par l'absurde, où l'auteur part d'une position qu'il rejette pour en montrer les conséquences inacceptables, l'argument véritable est un *modus tollens* dont les prémisses sont acceptées par celui qui le propose, l'une étant de forme conditionnelle et l'autre non : si p alors q, or non q, donc non p. Ce que l'on a dit ci-dessus de l'attribution des thèses vaut donc aussi pour l'identification des prémisses d'un argument. La forme canonique en est le discours indirect et pour autant que l'on veuille faire voir la portée philosophique de l'argument et le rendre discutable à nos propres contemporains, il faut recourir à des attributions *de re* et l'on peut alors exploiter les mêmes marges de manœuvre que dans les autres cas pour ce qui est du mode d'équivalence requise et des transpositions permises. À ceci près, cependant, puisqu'il s'agit de reconstruire une inférence, que la reformulation de chaque prémisse devrait en rendre manifeste autant que faire se peut le rôle exact dans la dérivation de la conclusion recherchée, en mettant en évidence, par exemple, la répétition de mêmes termes d'une prémisse à l'autre ou le recours à tel connecteur ou à tel quantificateur.

4) Il y a lieu dans bien des cas de retracer des prémisses qui ne sont que tacites dans le texte étudié. La plupart des arguments avancés par les philosophes du passé, comme par ceux d'aujourd'hui, sont à strictement parler incomplets et la dérivation de la conclusion ne devient formellement valide que lorsqu'en sont explicités des éléments de prime abord inaperçus. Il serait vain, certes, de toujours chercher des formulations achevées dont la forme logique soit parfaitement nette. La tâche pourrait bien être désespérée dans certains cas si la démarche de l'auteur est plus intuitive que rigoureuse; et il serait fastidieux, d'autre part, de vouloir dégager tous les sous-entendus qui vont de soi. Mais l'ellipse en matière de raisonnement cache souvent des présupposés substantiels ou des omissions plus ou

moins conscientes qu'il vaut la peine de dévoiler si l'on veut évaluer la portée d'un argument. Cela est d'autant plus opportun quand le texte étudié relève d'un contexte culturel ou intellectuel différent du nôtre, comme la chose est courante en histoire de la philosophie. Ses présuppositions et ses lacunes mêmes risquent alors d'être particulièrement révélatrices.

Considérons à titre d'exemple un passage un peu compliqué de l'*Ordinatio* de Jean Duns Scot, qui nous permettra d'illustrer chacun des points ci-dessus pour en mieux faire apparaître la signification pratique dans le travail de l'historien de la philosophie. En traduction française, le texte en est le suivant :

> Sixièmement, si toute unité réelle est numérique, toute diversité réelle est numérique. Or cette conclusion est erronée car toute diversité numérique, en tant que numérique, est de même degré et, par suite, toutes choses seraient également distinctes les unes des autres; il s'ensuivrait donc que l'intellect ne pourrait pas davantage abstraire quelque chose de commun de Socrate et de Platon que de Socrate et d'une ligne, et que tous les universaux seraient de pures inventions de l'intellect [1].

Sans entrer dans les détails, on peut voir sur ce cas, eu égard à chacune des quatre conditions, ce que devrait accomplir idéalement le commentateur soucieux de rendre manifeste à son lecteur l'intérêt philosophique de l'argumentation de Scot [2]. On sera plus en mesure ensuite d'examiner comment jouent en général l'une par rapport à l'autre les contraintes de fidélité et de pertinence dans la reconstitution des arguments.

1) Pour cerner la portée dialectique du passage, il y a lieu de le situer dans son contexte textuel. Celui qui nous occupe prend place dans la première d'une série de six questions discutées par Scot au sujet de l'individuation des substances matérielles à l'intérieur d'une même espèce. Il rejette d'abord cinq positions à ce sujet dans les questions 1 à 5 et présente ensuite sa propre solution, qui repose sur l'introduction d'un type spécial d'entités incomplètes, les différences individuelles ou haeccéités. Les lignes qui nous intéressent figurent dans la discussion de la première

1. Jean Duns Scot, *Ordinatio* II, distinction 3, partie 1, quest. 1, trad. fr. G. Sondag (légèrement amendée) dans Jean Duns Scot, *Le principe d'individuation*, *op. cit.*, p. 85.

2. Les lignes en question ont souvent été analysées; voir entre autres : A. B. Wolter, « John Duns Scotus », dans J. J. E. Gracia (éd.), *Individuation in Scholasticism*, New York, State University of New York Press, 1994, p. 275; M. Tweedale, *Scotus vs Ockham. A Medieval Dispute over Universals*, Lewiston (NY), Edwin Mellen Press, 1999, vol. 2, p. 592-594; O. Boulnois, *Lire le* Principe d'individuation *de Duns Scot*, *op. cit.*, p. 76-77.

position rivale, celle qui soutient que les substances matérielles sont individuelles par elles-mêmes et qu'il n'y a nul besoin par conséquent de rechercher un quelconque facteur d'individuation. Cette doctrine, à toutes fins pratiques, est celle de ce que l'on appelle aujourd'hui le *nominalisme*. L'enjeu philosophique est ainsi rendu clair : si la réfutation scotiste est probante, le nominalisme est intenable et l'élucidation du phénomène de la prédication générale requiert de faire appel à des entités autres que purement individuelles. L'argumentation déployée par Scot à ce sujet est structurellement complexe et le passage cité y occupe une place précise que le commentateur devrait expliquer. À la thèse nominaliste, Scot oppose deux arguments principaux [1] et prétend démontrer ensuite par un argument subsidiaire la prémisse mineure du deuxième d'entre eux, selon laquelle la nature spécifique d'une chose singulière (celle d'une pierre, par exemple, plutôt que d'un cheval) a une unité autre que simplement numérique. Cet argument subsidiaire prend la forme d'un *modus tollens*, qui repose sur la négation de la thèse, essentielle au nominalisme selon Scot, selon laquelle il n'y a d'unité réelle que numérique [2]. Et ce rejet crucial est appuyé à son tour par six arguments détaillés dont le dernier est celui qui nous retient maintenant. On a donc affaire à un emboitement argumentatif à plusieurs étages, dont l'objectif est de réfuter le nominalisme par l'affirmation d'une unité réelle autre que numérique. Cela étant clarifié, une mise en contexte historique – dans laquelle je ne m'engagerai pas ici – aiderait à mieux voir encore la portée du débat, en en rapportant les termes par exemple à la distinction aristotélicienne entre l'identité numérique, l'identité spécifique et l'identité générique [3], et en identifiant si on le peut les auteurs et les doctrines auxquels Scot entendait s'opposer dans ce développement [4].

1. Jean Duns Scot, *Le principe d'individuation*, *op. cit.*, p. 75.

2. *Ibid.*, p. 77.

3. Voir Aristote, *Topiques*, I, 7, 103a5-38.

4. On a évoqué à ce propos les noms de Roger Marston, de Pierre de Falco et de Guillaume de Ware, mais des recherches sont encore nécessaires pour trancher la question. Pour une excellente mise en contexte doctrinal de toute la discussion scotiste de l'individuation, voir M. Pickavé, « The Controversy over the Principle of Individuation in *Quodlibeta* (1277-ca. 1320) : a Forest Map », dans C. Schabel (éd.), *Theological Quodlibeta in the Middle Ages. The Fourteenth Century*, Leiden, Brill, 2007, p. 17-79.

2) Quant à la forme logique, il faut comprendre que l'extrait qui nous retient est composé de trois arguments emboîtés. Le premier, principal par rapport aux deux autres, est un *modus tollens* très court, dont la conclusion est sous-entendue dans le texte :

a) si toute unité réelle est numérique, alors toute diversité réelle est numérique ;

b) or il est faux que toute diversité réelle soit numérique ;

c) [donc – en sous-entendu – il est faux que toute unité réelle soit numérique].

Comme dans tout *modus tollens*, la première prémisse est une proposition conditionnelle, une *consequentia*, disaient les médiévaux ; Scot entreprendra de la démontrer dans les paragraphes qui suivent immédiatement notre passage[1]. Quant au second argument, plus long mais subsidiaire, il a pour objectif de démontrer la prémisse *b* et présente lui-même la forme d'un *modus tollens*, mais complexe, qui peut se reconstruire ainsi (je place entre crochets les éléments sous-entendus) :

d) [si toute diversité réelle était numérique], toutes choses seraient distinctes au même degré les unes des autres ;

e) [si toutes choses étaient distinctes au même degré les unes des autres], l'intellect ne pourrait pas davantage abstraire quelque chose de commun de Socrate et de Platon que de Socrate et d'une ligne ;

f) [si l'intellect ne pouvait pas davantage abstraire quelque chose de commun de Socrate et de Platon que de Socrate et d'une ligne], tous les universaux seraient de pures inventions de l'intellect ;

g) [or il est faux que tous les universaux soient de pures inventions de l'intellect] ;

h) [donc il est faux que l'intellect ne puisse pas davantage abstraire quelque chose de commun de Socrate et de Platon que de Socrate et d'une ligne] (par *f* et *g*) ;

i) [donc il est faux que toutes choses soient distinctes au même degré les unes des autres] (par *e* et *h*) ;

j) [donc il est faux que toute diversité réelle soit numérique] (par *d* et *i*).

1. Jean Duns Scot, *Le principe d'individuation*, *op. cit.*, p. 85-87.

Le troisième argument, enfin, qui ne tient qu'à quelques mots dans le texte, permet d'établir la prémisse *d* du second par le biais de la considération intermédiaire que toute diversité numérique, en tant que telle, est de même degré, ce qui est donné par Scot comme allant de soi. La séquence dans son ensemble ne peut être complètement comprise – ni *a fortiori* évaluée – sans que cette structure inférentielle ne soit à tout le moins intuitivement perçue. Mais plus la démarche est complexe, moins l'intuition est sûre en pareille matière. La reconstruction explicite permet alors d'être au clair quant à la fonction logique de chacune des clauses du raisonnement et d'en repérer les moments les plus délicats.

3) Comme il est fréquent en philosophie, les prémisses des arguments considérés combinent des termes techniques avec d'autres qui ne le sont pas. Une élucidation détaillée requerrait d'expliquer, en référence à la tradition aristotélicienne, les notions d'unité numérique, d'abstraction et d'universel telles que Scot les emploie ici et ailleurs. Mais il est frappant que, même à s'en tenir au développement qui nous occupe, les termes techniques sont grandement éclairés, déjà, par leur mise en rapport explicite avec des objets de l'expérience commune. Ce qu'il s'agit de démontrer, dans les termes mêmes de Scot, c'est que « la nature qui existe *dans cette pierre-ci* a une unité propre, réelle ou suffisante, mais inférieure à l'unité numérique »[1]; Socrate, Platon et la ligne sont évoqués dans la prémisse *e* à titre d'exemples d'objets familiers, dont les deux premiers sont de même nature l'un que l'autre, alors que le troisième ne l'est pas; et la mention de l'intellect et de l'abstraction, dans la même prémisse, quelle qu'en soit la technicité, renvoie clairement au phénomène logico-linguistique de l'emploi des termes généraux. Une fois le vocabulaire théorique de Scot expliqué, même sommairement, par des considérations historico-narratives, les prémisses de l'argumentation pourront donc être rapportées en mode *de re* et leurs liens avec des phénomènes philosophiquement problématiques pourront être mis en lumière. On dira, par exemple, au vu des prémisses *d*, *e* et *f*, que l'usage légitime de termes généraux non arbitraires requiert pour Scot qu'il y ait entre les choses du monde des modes de distinction qui ne soient pas purement numériques.

1. Jean Duns Scot, *Le principe d'individuation*, *op. cit.*, p. 75 (nous soulignons).

4) Pour ce qui est de faire ressortir les prémisses sous-entendues, il y a lieu de distinguer deux sortes de cas. Il y a ceux, d'abord, où l'auteur s'est tout simplement permis des raccourcis stylistiques en laissant à son lecteur de percevoir des connexions suffisamment claires à son avis pour qu'il puisse se dispenser de les rendre explicites. C'est ce qui se produit pour une partie de chacune des prémisses que nous avons appelées *d*, *e* et *f* (les parties entre crochets en l'occurrence), de même que pour les étapes *g*, *h* et *i* dans leur totalité. L'explicitation dans ce genre de cas peut être indiquée parfois, mais elle n'est pas toujours indispensable et n'aurait pour effet, bien souvent, dans le contexte qui est celui de l'historien, que d'alourdir indûment son propre exposé[1]. Il y a, cependant, une autre sorte de prémisses cachées, qui sur le plan doctrinal sont presque toujours intéressantes à dévoiler, parce que leur explicitation, justement, ne peut aller de soi pour le lecteur d'aujourd'hui (et ne le pouvait peut-être pas pour l'auteur lui-même ni pour ses propres lecteurs). On en trouve un bon exemple à la prémisse *e* de notre reconstruction :

> si toutes choses étaient distinctes au même degré les unes des autres, l'intellect ne pourrait pas davantage abstraire quelque chose de commun de Socrate et de Platon que de Socrate et d'une ligne.

Comme aucun des termes de l'antécédent ne se retrouve dans le conséquent, il faut supposer pour passer de l'un à l'autre quelque intermédiaire sous-entendu. Mais la formulation n'en est pas évidente et doit faire intervenir quelque chose comme une théorie des fondements ontologiques de l'abstraction, dont le commentateur peut rechercher les composantes ailleurs dans l'œuvre de Scot (ou dans ses sources) ou, s'il le faut, tenter lui-même de les reconstituer. Étant donné l'importance de l'enjeu dans un cas comme celui-ci, l'opération, d'une manière ou d'une autre, ne saurait manquer d'être instructive sur le plan philosophique.

On peut comprendre à partir de là comment jouent en principe les contraintes de fidélité et de pertinence relativement à nos quatre conditions. La place de l'argument, d'abord, dans son contexte dialectique est en général fixée par le texte même et par la nature de la conclusion recherchée par l'auteur original, selon qu'il s'agisse pour lui d'appuyer l'une ou l'autre de ses thèses, de réfuter celles d'un rival ou de contrer une objection, et selon le rôle plus ou moins subsidiaire du ou des

1. De fait, aucun des commentateurs cités *supra* à la n. 2 p. 195 n'a cru bon, à propos du passage de Scot que nous regardons maintenant, d'en expliciter les prémisses d'une manière aussi détaillée que ce que j'ai fait ici.

raisonnements en question dans une argumentation plus large. Il peut, bien entendu, y avoir ambiguïté à ce sujet chez le philosophe lui-même, mais dans la mesure où le commentateur entend *présenter* un argument venu du passé, l'exigence de fidélité lui impose de dire ce qu'il en est de sa fonction dans l'œuvre originale. Jusqu'où au juste il doit pousser l'analyse, cependant, dépend de ce qui l'intéresse dans le développement qu'il étudie et la contrainte de pertinence reprend ici ses droits. Dans l'exemple de tout à l'heure, on a voulu circonscrire la place du passage considéré dans la réfutation scotiste du nominalisme, parce qu'on a présumé que c'était ce qu'il y avait en l'occurrence de plus pertinent sur le plan philosophique. Mais on aurait pu signaler aussi, dans un autre contexte, que toute cette discussion dans l'*Ordinatio* de Scot – qui est, après tout, un traité de théologie – vise à clarifier ultimement la façon dont les anges individuels peuvent ou non se distinguer les uns des autres à l'intérieur d'une même espèce, une interrogation explicitement soulevée au tout début de la question 1 et reprise de front à la question 7[1]. Ou l'on aurait pu, inversement, passer même sous silence l'inscription du passage étudié dans la discussion du nominalisme si ce qui nous avait alors intéressé se limitait, pour une raison ou pour une autre, à la question de savoir si toute différence réelle est numérique ou non. Et de même l'identification des interlocuteurs de Scot dans ce passage particulier et des questions que ceux-ci se posaient serait plus ou moins pertinente pour un historien donné selon qu'elle permettrait ou non d'éclairer la portée des arguments étudiés eu égard à l'une ou l'autre question qui intéresse le commentateur lui-même dans sa propre démarche d'historien ou de philosophe[2].

L'identification de la forme logique, deuxièmement, est le moment le plus distinctif dans la reconstitution d'un argument. Et dans la mesure où l'on entend attribuer l'argument en question à l'auteur original, cette étape aussi impose de fortes contraintes de fidélité. On y a, certes, une marge de manœuvre, due à ce qu'il peut y avoir de flou dans le texte, mais règle générale, il ne dépend pas du commentateur ni de sa perspective que le raisonnement considéré soit un *modus tollens*, un *modus ponens* ou un syllogisme; c'est une propriété objective du passage étudié. Le degré

1. Jean Duns Scot, *Le principe d'individuation*, *op. cit.*, p. 71 et p. 225-249. La question est de savoir « s'il est possible qu'il y ait plusieurs anges dans une même espèce » (p. 225).

2. Que ces interlocuteurs n'aient pas été identifiés de façon décisive n'a pas en général empêché les commentateurs de trouver un grand intérêt à cette discussion de Scot dans la question 1, quand il s'agit tout particulièrement de l'opposer au nominalisme d'Ockham, qui lui est pourtant postérieur.

d'explicitation, cependant, tient, lui, à ce que l'historien veut mettre en évidence. L'analyse que j'ai proposée du passage de Scot avait pour objectif d'illustrer l'allure que peut prendre une reconstruction détaillée où chaque prémisse est nettement distinguée des autres, mais en pratique plusieurs des clauses sous-entendues dans le texte peuvent le rester chez le commentateur si leur présence ne fait pas problème à ses yeux; et certaines des étapes qui étaient explicites dans l'original peuvent être passées sous silence par le rapporteur si pour lui elles vont de soi ou si leur mention, pour quelque raison, lui paraît inutile. Olivier Boulnois, par exemple, dans son propre compte rendu des mêmes lignes de Scot, présente bien l'argument principal comme un *modus tollens* (même s'il n'emploie pas ce terme)[1]. Mais ayant ainsi rapporté les prémisses que j'ai appelées *a* et *b*, il laisse sous-entendue comme dans l'original la conclusion principale *c* (il est faux que toute unité réelle soit numérique), dont la dérivation lui paraît, comme à Scot, aller de soi. Il insiste ensuite plus longuement que je ne l'ai fait (et plus que Scot lui-même) sur la prémisse *d* (si toute diversité réelle était numérique, toutes choses seraient distinctes au même degré les unes des autres) en la formulant de deux manières différentes et en l'illustrant par un exemple; et il passe de *d* au conséquent de *f* (tous les universaux seraient de pures inventions de l'intellect) sans mentionner l'opération d'abstraction, explicitement évoquée par Scot dans la prémisse *e*, en recourant plutôt pour étayer cette transition à l'idée de « ressemblances de famille », une expression pourtant étrangère au vocabulaire de Scot[2]. De tels écarts entre des présentations diverses d'un même argument n'ont rien d'illégitime pour autant que l'essentiel en soit préservé. Boulnois, après tout, peut avoir raison de penser que la mention explicite de l'opération d'abstraction, quoique présente chez Scot, n'est pas indispensable à son propre propos et qu'elle ouvre la voie à des complications qui ne lui sont pas nécessaires. Ici comme ailleurs, les exigences de la pertinence déterminent la façon exacte dont joue la contrainte de fidélité, le degré de précision du compte rendu, notamment, et l'intégration ou non de certains éléments relativement marginaux.

1. Voir O. Boulnois, *Lire le* Principe d'individuation *de Duns Scot*, *op. cit.*, p. 76 : « Duns Scot part de la prémisse (hypothétique) suivante : "Si toute unité réelle est numérique, toute diversité réelle est numérique". Or cette conclusion (le "conséquent" ainsi déduit) est fausse. »

2. *Ibid.*

La même chose vaut *mutatis mutandis* pour l'explication des prémisses. L'entreprise de reconstruire un argument exige que ses prémisses soient présentées de manière à ce que leur rôle dans la dérivation soit rendu manifeste et cela requiert, quand la chose n'est pas évidente, de mettre en rapport la formulation des prémisses avec celle de la conclusion par l'examen du vocabulaire même de l'auteur étudié. La fidélité en cela est de mise. Pour saisir, par exemple, le lien des prémisses *e*, *f* et *g* de l'argument de Scot avec la conclusion intermédiaire *h* (il est faux que l'intellect ne puisse pas davantage abstraire quelque chose de commun de Socrate et de Platon que de Socrate et d'une ligne), il convient d'élucider certains rapports qu'il y a chez Scot lui-même entre les notions d'« intellect », d'« abstraction » et d'« universel ». Mais ces rapports n'ont besoin d'être précisés dans ce contexte particulier qu'en autant qu'ils assurent le passage des prémisses à la conclusion et cela ne demande pas nécessairement que tout soit dit sur la doctrine scotiste de l'intellect, de l'abstraction et de l'universel. Si l'on veut en plus faire ressortir la portée philosophique de l'argument, il faudra, certes, pousser l'explication plus loin et connecter, au moins minimalement, les notions techniques en question avec quelque phénomène d'expérience commune susceptible d'être philosophiquement intéressant (l'emploi des termes généraux, par exemple). Mais là encore, le degré de fidélité approprié et les éléments doctrinaux qu'il faut clarifier sont fixés par l'entreprise dans laquelle l'historien se trouve alors engagé.

Quant au décèlement des prémisses tacites, enfin, tout dépend de nouveau des objectifs du rapporteur et de ce qu'il veut mettre en évidence. Même pour les prémisses que l'auteur a sous-entendues ou abrégées pour de simples raisons d'élégance ou de brièveté, le commentateur, lui, peut trouver les formulations originales trop elliptiques pour son propre lecteur ou estimer que des liens qui allaient de soi pour l'auteur sont aujourd'hui sujets à controverse, ou devraient l'être. La fidélité en pareil cas exige que les prémisses en question soient explicitées, si l'on décide de le faire, en des termes que l'auteur lui-même aurait pu accepter, mais la décision de les expliciter ou non est affaire de pertinence.

La situation est plus intéressante et plus complexe pour les prémisses manquantes dont la formulation ne va pas de soi. Il s'y cache souvent des prises de position substantielles ou des présuppositions litigieuses, dont le dévoilement laisse davantage de manœuvre au commentateur selon la perspective qu'il adopte et diverses approches sont ici légitimes. L'historien, d'abord, peut vouloir retracer les thèses implicites que l'auteur lui-même avait à l'esprit. On pourrait soutenir par exemple que l'étape *f* du raisonnement de Scot (si l'intellect ne pouvait pas davantage abstraire quelque chose de commun de Socrate et de Platon que de Socrate et d'une ligne, tous les universaux seraient de pures inventions de l'intellect) recelait à ses propres yeux une théorie qu'il aurait élaborée ailleurs des rapports entre intellect, abstraction et universel. Mais l'exégète pourrait se donner pour tâche, dans une autre veine, de reconstruire cette partie de l'argument de la façon qu'il estime, lui, être la meilleure dans le cadre de la théorie générale de Scot, sans attribuer au Docteur subtil d'y avoir pensé au moment d'écrire ces lignes. Il s'agit alors de chercher la reconstitution la plus satisfaisante philosophiquement en fonction de la doctrine scotiste, indépendamment des intentions ponctuelles de l'auteur. Une troisième possibilité, encore, consisterait à expliciter les connexions manquantes de manière à maximiser la force de l'argument indépendamment du reste de la doctrine de Scot. On pourrait ainsi entreprendre de la reformuler en gommant les mentions typiquement médiévales de l'intellect, de l'abstraction et des universaux pour parler plutôt, en termes aujourd'hui plus familiers, de la « formation des concepts ». La prémisse *e* deviendrait quelque chose comme :

e') [si toutes choses étaient distinctes au même degré les unes des autres], on ne formerait pas plus facilement un concept commun à Socrate et à Platon qu'à Socrate et une ligne.

On pourrait alors, pour assurer le passage de l'antécédent au conséquent dans *e'*, esquisser ou invoquer une théorie de la formation des concepts qui ne soit pas nécessairement scotiste. Les étapes *f*, *g* et *h* de l'argument devraient être retouchées en conséquence, mais les conclusions *i* et *j* resteraient les mêmes. Ainsi revu, l'argument ne serait plus à strictement parler celui de Scot, mais il en serait très étroitement inspiré, comme l'est par exemple la reformulation de Boulnois en termes de « ressemblances de famille »[1]. L'intérêt philosophique dans ce genre de reconstruction prend le pas sur l'intérêt historique, mais l'entreprise n'en est pas moins légitime pourvu que les paramètres en soient clairs.

La leçon est la même que pour les autres opérations qui sont courantes en histoire de la philosophie : qu'il s'agisse de reconstituer des arguments ou d'attribuer des thèses, l'interprétation ne peut se permettre n'importe quelle distorsion par rapport aux intentions de l'auteur original et à la lettre de l'exemplaire étalon, mais des reformulations très diverses sont néanmoins admissibles. On a voulu spécifier ici cette marge de manœuvre en

1. O. Boulnois, *Lire le* Principe d'individuation *de Duns Scot*, *op. cit.*, p. 76.

dégageant les conditions de possibilité et de légitimité de la reconstruction doctrinale et en situant par rapport à elle le rôle de la mise en contexte historique et des divers types d'explications métadiscursives auxquelles recourent les historiens de la philosophie. Que les reformulations de l'interprète, soient en mode indirect ouvre la voie à l'exploitation légitime d'une grande variété d'équivalences sémantiques, liée notamment à la diversité des connotations que pouvaient porter les termes originaux. Que ces reformulations, en outre, soient en mode *de re* quand il s'agit de mettre en évidence la portée philosophique des textes étudiés permet de relier les écrits en question à des objets d'expérience commune et à des phénomènes que *nous* puissions reconnaître comme philosophiquement problématiques. La transposition alors, tout en demeurant adéquate, peut faire plus ou moins abstraction du contexte, du vocabulaire et des intentions d'origine selon les objectifs poursuivis par l'exégète.

CONCLUSION

J'ai voulu partir des pratiques les plus habituelles parmi les historiens de la philosophie, professionnels ou dilettantes, pour en dégager des présuppositions souvent inaperçues et en faire voir certaines exigences intrinsèques. L'usage abondant que la philosophie fait de son passé dans l'enseignement, dans la recherche et dans les publications confère à celui-ci au sein de la discipline un rôle bien spécial. Outre la lumière qu'elle jette sur les époques révolues, il est généralement admis que l'étude de doctrines anciennes, médiévales et modernes, des présocratiques à Nietzsche, de Platon à Husserl ou d'Aristote à Russell, présente pour la discussion actuelle un intérêt proprement philosophique. Elle contribue à définir la nature même de la discipline, elle révèle un riche éventail de vastes systèmes paradigmatiques auxquels il est encore inspirant de se frotter et propose un étonnant réservoir de thèses et d'argumentations précises, de distinctions et de concepts, de suggestions et d'échanges auquel il est souvent instructif de puiser. Comment cela est-il possible ? me suis-je demandé. Comment comprendre que soit résolu en pratique ce que j'ai appelé le dilemme de MacIntyre, entre l'anachronisme appréhendé des reconstructions dites rationnelles et la triste caducité de vieux appareils doctrinaux inextricablement liés à leurs contextes d'apparition ? Comment doser continuité et discontinuité en histoire de la philosophie

La perspective que j'ai adoptée pour cette enquête est résolument nominaliste. Seules des entités individuelles ont été admises comme référents du discours des historiens de la philosophie, des événements d'énonciation au premier chef, des occurrences linguistiques, orales ou écrites, et leurs locuteurs ensuite, leurs auditeurs ou leurs lecteurs, ainsi que les autres réalités singulières, quelles qu'elles soient, qui en habitaient le contexte. Et l'historien *a fortiori* n'a pu nous apparaître que comme une personne individuelle historiquement située, travaillant sur des documents matériels et produisant à son tour de nouvelles occurrences linguistiques. Il y a des arguments en faveur de cette ontologie, j'en ai rappelé quelques-uns, mais à s'en tenir même au seul plan méthodologique, le point de vue présente d'insignes avantages. Il attire l'attention sur la concrétude de l'activité philosophique à travers les siècles et remet utilement en question l'illusion fréquente, quoique souvent inconsciente, que les forces vives en histoire de la philosophie sont des entités abstraites comme des « idées », des « concepts » ou des « théories » qui s'incarnent accessoirement dans des êtres humains ici ou là et qui s'engendrent les unes les autres par des effets directs d'influence ou de réaction. Le nominalisme invite à une autre compréhension des connexions causales en histoire de la philosophie : des agents intentionnels singuliers, mus par des motivations de tous ordres et marqués par leur formation, leurs lectures, leur milieu et les nombreuses contraintes qui pesaient sur eux, ont accompli, en des lieux et des moments précis, des actes de langage, d'écriture notamment, qui en ont à leur tour affecté d'autres. L'historien a affaire à ce que Michel Foucault appelait une « population d'événements dispersés », une pluralité de gestes énonciatifs et de réalités discontinues comme des corpus ou des groupes d'auteurs qu'il peut structurer de multiples manières selon ses intérêts propres.

De voir ainsi les choses a permis de mettre en place des catégories utiles pour la description de cela même qui constituait dans les faits le passé de la philosophie. Parmi les actes d'énonciation, on a distingué les actes créateurs et les actes reproductifs, aussi singuliers les uns que les autres, et pour chacun d'eux l'énonciation elle-même et son produit matériel, oral ou écrit, qui est toujours une séquence de « *tokens* » spatiotemporellement localisés. On a pu parler alors, pour chaque produit ainsi engendré, d'un « exemplaire étalon », endossé pour fins de diffusion par un ou plusieurs agents, créateurs ou reproducteurs, et qui norme ensuite ce que l'historien affirme au sujet des « textes ». L'exemplaire étalon étant un objet singulier – dont la détermination d'ailleurs tient au projet particulier de l'historien – cette perspective porte à concevoir la diffusion d'une thèse ou d'une doctrine comme une chaîne de copies singulières, plus ou moins fiables, qui remonte à l'exemplaire en question, et d'actes individuels de lecture ou d'audition suscitant chez leurs agents des dispositions nouvelles comme la compréhension (ou la mécompréhension) de ce qu'ils ont lu ou entendu, l'acceptation (ou le rejet) de ce qu'ils y ont trouvé, l'intériorisation de questionnements, de façons de voir, de façons de parler etc. Le tableau global est celui d'un vaste réseau diachronique d'agents et d'occurrences linguistiques ponctuelles, avec entre les textes, des « emprunts » de diverses sortes qui donnent lieu à des « chaînes textuelles », lesquelles deviennent des « traditions » quand elles sont suffisamment nombreuses à s'abreuver aux mêmes sources.

La réflexion théorique sur le langage s'est révélée essentielle tout au long de notre démarche pour une bonne compréhension des rapports entre le discours de l'historien et ceux qu'il étudie. L'approche nominaliste commande une sémantique où ne soient mis en relation que des *tokens* linguistiques d'une part et des objets singuliers de l'autre, sans qu'aucune entité générale ou abstraite n'intervienne dans le processus : qu'ils soient concrets ou non, techniques ou non, les termes qu'emploient les historiens, comme ceux des philosophes, ne renvoient en dernière analyse qu'à des êtres individuels. Ces renvois, cependant, peuvent être de diverses sortes, comme on l'a vu. La référence, au premier chef, relie les mots à ce qui dans le monde réel en constitue l'extension, un individu unique dans le cas d'un nom propre comme « Socrate », ou une pluralité d'entre eux pour ce qui est d'un terme général concret, les chevaux, par exemple, pour le mot « cheval » ou les objets rouges pour le mot « rouge ». Mais par-delà la référence – parfois vide – on a reconnu aussi d'autres rapports plus indirects entre les mots et les choses, qu'on a regroupés sous l'étiquette de « connotation », empruntée à Guillaume d'Ockham, et dont on a repéré diverses variantes. Cela permet d'invoquer l'*équivalence sémantique* des *tokens* les uns par rapport aux autres, quand leur portée référentielle et leurs connotations singulières se rejoignent suffisamment, et d'éviter de la sorte d'identifier à quelque mystérieuse entité répétable le contenu de signification d'un mot, d'une phrase ou d'un texte entier. On peut dire que deux auteurs défendent la *même* thèse quand certaines de leurs affirmations respectives renvoient selon des modes suffisamment semblables aux mêmes réalités individuelles. Et l'on dira qu'un commentateur rapporte adéquatement le contenu d'un texte ou d'un passage quand la reformulation qu'il en propose entretient avec le réel des rapports de référence et de connotation qui soient suffisamment semblables à ceux de l'original. Les relations d'équivalence peuvent ainsi se démultiplier selon qu'on tient compte de toutes les connotations ou d'une partie d'entre elles seulement, et des comptes rendus bien différents les uns des autres se révèlent acceptables selon les exigences imposées à cet égard par le projet de l'historien.

Le nominalisme, bref, aide à saisir, et de diverses façons, comment se concilie en histoire de la philosophie l'exigence d'adéquation historique avec la variété des entreprises et des reconstructions. Mais que l'on soit nominaliste ou non, cette pluralité, il faut le reconnaître, est l'un des traits les plus saillants dans la pratique de la discipline. Les opérations mêmes de l'historien sont de multiples sortes, comme le rappelle dans le tableau ci-dessous la liste de celles que l'on a identifiées. Et chacune d'elles, on y a insisté, peut être diversement accomplie, avec des critères d'exactitude et de conformité variables selon les objectifs du chercheur. C'est ce que j'ai voulu exprimer en évoquant la subordination de la contrainte de fidélité à la contrainte de pertinence en histoire de la philosophie.

- Lecture et recueil d'informations contextuelles
- Édition et traduction
- Production de textes nouveaux :
  - récits historiques :
    - explication narrative
    - histoire des doctrines
    - exploration thématique
    - généalogie des positions actuelles
  - reconstructions doctrinales, constituées par :
    - des explications métadiscursives :
      - caractérisations
      - analyses internes
      - comparaisons
      - évaluations
    - des reformulations en style indirect :
      - attribution de thèses
      - reconstitution des arguments

Tableau 1 : La diversité des opérations en histoire de la philosophie

Ces opérations, telles qu'elles se pratiquent habituellement, recèlent les présuppositions fortes. Quelle que soit l'approche privilégiée par l'historien, elles requièrent d'abord que les textes qu'il étudie puissent être compris de lui, fût-ce au prix d'efforts parfois considérables et d'enquêtes approfondies, et qu'il soit en mesure, quand il entreprend d'en parler, de les rendre intelligibles à ses propres lecteurs. Cela suppose notamment la possibilité pour l'historien comme pour son lecteur de se référer à l'occasion aux même entités réelles que les auteurs originaux. Le monde dans lequel ceux-ci évoluaient et auquel ils entendaient se rapporter dans leurs écrits ne peut pas être foncièrement différent du nôtre. On a énuméré au chapitre III trois modalités de cette continuité : causale, nomologique et sémantique, toutes trois pertinentes pour la compréhension de ce que font les historiens de la philosophie. Et l'on doit aussi pouvoir reconnaître les inférences qui sont admissibles dans les doctrines étudiées, dégager les implications logiques de ce que disent les textes et attribuer pour cela aux agents du passé une rationalité somme toute semblable à la nôtre en même temps que des capacités perceptuelles et des dispositions émotionnelles dont nous soyons encore familiers. Quand il émet un nouveau discours, notamment, ce qui est très souvent le cas, l'historien de la philosophie, quelle que soit sa fascination pour les particularités du contexte et pour les récits historiques, recourt à un moment ou l'autre au discours indirect pour rapporter les positions dont il parle et doit alors les reconstruire dans sa propre langue en produisant des reformulations qui entretiennent avec les énoncés originaux l'une ou l'autre forme d'équivalence sémantique.

Et quand il s'agit de mettre en évidence l'intérêt philosophique des textes du passé, l'historien doit être en mesure d'attribuer à leurs auteurs, en mode de *re*, des thèses relatives à des réalités encore reconnaissables et à des phénomènes qui continuent de faire problème en philosophie. Il doit pouvoir les détacher de leurs contextes d'émergence et les transposer même, le cas échéant, en idiomes contemporains en laissant de côté certaines des connotations de leurs formulations originales et certaines connexions pourtant historiquement importantes.

Ainsi se résoud le dilemme de MacIntyre. On peut certes aborder les textes du passé dans une optique principalement historique ou sociologique pour mieux comprendre la culture et la société d'une époque. Mais il est légitime aussi, vu la continuité du monde, la constance de la rationalité et l'insistance transtemporelle des phénomènes philosophiquement problématiques, de lire ces textes avec les préoccupations d'aujourd'hui. On a le droit de leur poser des questions que leurs auteurs n'avaient pas explicitement formulées ou, dans certains cas même, qu'ils n'avaient pas entrevues du tout. Et puisqu'il faut de toute façon reconstruire les thèses, les doctrines et les arguments quand on entreprend de les exposer, et qu'une grande diversité d'objectifs est admissible à cet égard, on peut s'autoriser certains écarts, parfois considérables, de présentation, de terminologie et d'organisation pour mieux en faire ressortir la pertinence pour la discussion actuelle si telle est notre intention. La variabilité des projets en histoire de la philosophie, cependant, et celle des critères d'adéquation qui en est la conséquence n'empêchent pas que des exigences fortes s'imposent dans tous les cas à qui prétend rapporter correctement les pensées d'autrefois, fût-ce pour les intégrer à la réflexion contemporaine. Des mises en contexte précises sont en général nécessaires pour cerner la référence des vocables employés, les connexions des termes techniques entre eux et avec le monde qui nous entoure, le rapport des doctrines étudiées avec les phénomènes que nous tenons pour philosophiquement problématiques et la portée des arguments avancés par nos auteurs. En repérant les sources des philosophes, leurs interlocuteurs, les contraintes sociales et les règles institutionnelles qui s'imposaient à eux, la réception dont leurs œuvres firent l'objet et les aléas de leur biographie, des récits historiques détaillés sont d'habitude nécessaires pour comprendre avec quelque finesse ce qu'ils ont écrit et permettent d'explorer dans la diachronie les tenants et aboutissants des doctrines et des thèmes qui nous intéressent, aussi bien que la genèse et les présuppositions des philosophies d'aujourd'hui. À moins de se complaire dans des histoires fantômes, l'exploitation philosophique des textes du passé requiert le plus souvent de les avoir replacés dans leurs contextes d'émergence et de les avoir inscrits avec exactitude dans des trames narratives richement documentées.

Il faudrait pousser la réflexion plus loin, bien entendu. J'ai essayé de comprendre ce qui rend *possible* l'usage philosophique des textes anciens malgré les différences de contexte et de vocabulaire qui nous en séparent. Mais on peut se demander aussi si ce recours est vraiment nécessaire ou même utile. J'ai avancé là-dessus quelques remarques en cours de route, mais l'interrogation requerrait un développement propre, qui prolongerait celui que j'ai proposé dans ce livre. C'est la spécificité de la philosophie par rapport aux autres disciplines qui serait alors au cœur de l'enquête : pourquoi lui faut-il attribuer à son passé, dans l'enseignement et dans la recherche, un statut que les mathématiques, la physique ou même la psychologie ne reconnaissent pas aux leurs ? La réponse, on l'a suggéré à quelques reprises, doit tenir à ce que les consensus sont particulièrement difficiles en philosophie. Cela vient de ce que la discipline explore et critique les présuppositions les plus fondamentales de toutes les sortes de discours, quotidien ou scientifique, religieux ou politique, moral ou esthétique, etc., et de ce que les questions qu'elle soulève, ce faisant, sont en bout de piste étroitement liées les unes aux autres : l'ontologie requise pour la physique et la biologie doit être à tout le moins compatible avec celle dont on a besoin pour la psychologie et la sociologie ; l'épistémologie des normes morales – si on les admet – doit pouvoir s'accorder avec celle des mathématiques comme avec celle de la connaissance ordinaire, et ainsi de suite.

Ce n'est pas que les progrès soient exclus, loin de là, ni que la philosophie, comme certains le pensent, ne soit pas en quête de vérité. Mais la tâche est colossale et bien que je ne connaisse aucun argument décisif qui en établisse l'impossibilité de principe, sans doute exigera-t-elle encore longtemps des renouvellements de perspective et des constructions théoriques inédites, mais aussi des retours en arrière et des reconsidérations incessantes. Chaque philosophe, bien sûr, a ses convictions propres, certains ont raison parfois – espérons-le ! – et certains ont tort, même s'il n'est pas facile de les départager, mais à défaut d'un accord sur les principes généraux et sur les règles de la méthode, l'exploration des divergences elles-mêmes, dans le labyrinthe des détails et jusque dans les conséquences les plus indirectes, paraît être aujourd'hui la seule voie à suivre pour la philosophie comme discipline académique, et c'est bien celle qu'elle suit effectivement. L'étude des textes du passé, comme l'expérience le montre, est pour cela précieuse en ce qu'elle redécouvre des réseaux conceptuels complexes, des thèses inattendues et des argumentations pénétrantes qui, vu les présupposés ambiants, ne seraient pas facilement venus à l'esprit sans elle et sont pourtant, directement ou indirectement, pertinents pour les discussions en cours, même les plus techniques. Si l'on a eu raison de soutenir que maints phénomènes qui font aujourd'hui problème pour l'enquête philosophique et qui ne sont pas élucidés à la satisfaction générale intriguaient aussi nos lointains prédécesseurs, on aurait bien tort de se priver de leurs lumières. Leurs contributions peuvent porter sur des points précis et il y a beaucoup de notions, de distinctions, de thèses et d'arguments relativement isolables à leur emprunter. Mais plusieurs théories sectorielles aussi sont encore inspirantes, en éthique et en philosophie politique comme en épistémologie ou en ontologie, pour peu qu'on les comprenne correctement, et les grands systèmes même, quand on les parcourt avec minutie, font voir l'interconnexion des thèses et des arguments d'un domaine à l'autre de la philosophie. Les sciences ont connu un développement spectaculaire depuis quelques siècles, mais je ne vois aucune raison de croire que nous nous débrouillerions mieux sans l'aide de nos devanciers dans la déroutante complexité des phénomènes qui, typiquement, font problème en philosophie.

BIBLIOGRAPHIE

La bibliographie qui suit propose une liste de travaux relatifs aux questions de méthode en histoire de la philosophie ou en histoire des idées. Y sont mentionnés, entre autres, plusieurs recueils consacrés à ce sujet, ainsi que ceux de leurs chapitres qui m'ont paru les plus directement pertinents pour la réflexion poursuivie dans ce livre.

AUBENQUE P., « L'histoire de la philosophie est-elle ou non philosophique ? Oui et non », dans B. Cassin (éd.), *Nos Grecs et leurs modernes,* Paris, Seuil, 1992, p. 17-36.

– « Le conflit actuel des interprétations : analytique ou herméneutique ? », dans Y. C. Zarka (éd.), *Comment écrire l'histoire de la philosophie ?,* Paris, P.U.F., 2001, p. 45-58.

BEANEY M., « Analytic Philosophy and History of Philosophy : the Development of the Idea of Rational Reconstruction », dans E. H. Reck (éd.), *The Historical Turn in Analytic Philosophy*, New York, Palgrave Macmillan, 2013, p. 231-260.

BEISER F. C., *The German Historicist Tradition*, Oxford, Oxford University Press, 2011.

– « History of Ideas : a Defense », dans H. Cappelen, T. S. Gendler et J. Hawthorne (éd.), *The Oxford Handbook of Philosophical Methodology*, Oxford, Oxford University Press, 2016, p. 505-524.

BENNETT J., « Response to Garber and Rée », dans P. H. Hare (éd.), *Doing Philosophy Historically*, Buffalo (NY), Prometheus Books, 1988, p. 62-69.

– « Introduction », dans J. Bennett, *Learning from Six Philosophers*, vol. 1, Oxford, Oxford University Press, 2003, p. 1-9.

BOSS G. (éd.), *La philosophie et son histoire*, Zurich, Éditions du Grand Midi, 1994.

– « Contradiction et différences des philosophes », dans G. Boss (éd.), *La philosophie et son histoire*, Zurich, Éditions du Grand Midi, 1994, p. 197-228.

BRÉHIER É., *La philosophie et son passé*, Paris, P.U.F., 1940.

BRUNSCHWIG J., « L'histoire de la philosophie est-elle ou non philosophique ? Non et oui », dans B. Cassin (éd.), *Nos Grecs et leurs modernes,* Paris, Seuil, 1992, p. 37-66.

CASTELLI E. *et al.*, *La philosophie de l'histoire de la philosophie*, Paris, Vrin, 1956.

CATANA L., « Philosophical Problems in the History of Philosophy : What are They ? », dans M. Laerke *et al.* (éd.), *Philosophy and Its History : Aims and Methods in the Study of Early Modern Philosophy*, Oxford, Oxford University Press, 2013, p. 115-133.

CHARBONNAT P., « Vers un modèle écologique pour l'historiographie des énoncés philosophiques », dans V. Citot (éd.), *Problèmes épistémologiques en histoire de la philosophie*, Montréal, Liber, 2017, p. 245-260.

CHAUVIER S., « Compréhension réelle et compréhension simulée : deux façons de lire les philosophes du passé », dans V. Citot (éd.), *Problèmes épistémologiques en histoire de la philosophie*, Montréal, Liber, 2017, p. 223-243.

CITOT V. (éd.), *Problèmes épistémologiques en histoire de la philosophie*, Montréal, Liber, 2017.

– « L'histoire de la philosophie comme science rigoureuse », dans V. Citot (éd.), *Problèmes épistémologiques en histoire de la philosophie*, Montréal, Liber, 2017, p. 65-101.

COLLINGWOOD R. G., *An Autobiography*, revised ed., Oxford, Clarendon Press, 1978 ; trad. fr. G. Le Gaufey, *Toute histoire est histoire d'une pensée. Autobiographie d'un philosophe archéologue*, Paris, Epel, 2010.

– *The Idea of History*, revised ed., Oxford, Clarendon Press, 1993.

COLLINS R., *The Sociology of Philosophies. A Global Theory of Intellectual Change*, Cambridge (Mass.), The Belknap Press of Harvard University Press, 1998.

COUTEL C., « Histoire des idées ou histoire de la philosophie : les enjeux d'une controverse », dans Y. C. Zarka (éd.), *Comment écrire l'histoire de la philosophie ?,* Paris, P.U.F., 2001, p. 79-94.

CURLEY E. « Dialogues with the Dead », *Synthese* 67, 1986, p. 33-49.

DEPREZ S., « Pour une histoire rhétorique et critique de la philosophie », dans V. Citot (éd.), *Problèmes épistémologiques en histoire de la philosophie*, Montréal, Liber, 2017, p. 121-152.

DUBRA J. A. C., « La actualidad de la filosofia medieval : un reciente debate historiografico », dans A. Cassini et L. Skerk (éd.), *Presente y futuro de la filosofia*, Buenos Aires, Universidad de Buenos Aires, 2010, p. 195-244.

DUTILH NOVAES C., « Conceptual Translations », dans C. Dutilh Novaes, *Formalizing Medieval Logical Theories. Suppositio, Consequentiae and Obligationes*, Dordrecht, Springer, 2007, p. 278-292.

ENGEL P., « La philosophie peut-elle échapper à son histoire ? », dans J. Boutier et D. Julia (éd.), *Passés recomposés. Champs et chantiers de l'Histoire*, Paris, Éditions Autrement, 1995, p. 96-111.

– *La dispute. Une introduction à la philosophie analytique*, Paris, Éditions de Minuit, 1997.

– « La philosophie analytique doit-elle prendre un tournant historique ? », dans J.-M. Vienne (éd.), *Philosophie analytique et histoire de la philosophie,* Paris, Vrin, 1997, p. 139-152.

– « Retour aval », *Les Études philosophiques*, 1999, p. 453-463.

FEYERABEND P., « Putnam on Incommensurability », *British Journal for the Philosophy of Science* 38, 1987, p. 75-81 ; trad fr. B. Jurdant, « L'incommensurabilité selon Putnam », dans P. Feyerabend, *Adieu la raison*, Paris, Seuil, 1989, p. 302-310.

FLASCH K., « Wie schreibt man Geschichte der mittelalterlichen Philosophie ? Zur Debatte zwischen Claude Panaccio und Alain de Libera über den philosophischen Wert der philosophiehistorischen Forschung », *Medioevo* 20, 1994, p. 1-29.

FOUCAULT M., *L'archéologie du savoir*, Paris, Gallimard, 1969.

FREDE M., « Introduction », dans M. Frede, *Essays in Ancient Philosophy*, Oxford, Clarendon Press, 1987, p. IX-XXVII.

– « The History of Philosophy as a Discipline », *Journal of Philosophy* 85/11, 1988 p. 666-672.

FRUTEAU DE LACLOS F., « Comment on écrit l'histoire de la philosophie », dans V. Citot (éd.), *Problèmes épistémologiques en histoire de la philosophie*, Montréal, Liber, 2017, p. 155-182.

GADAMER H.-G., *Vérité et méthode*, trad. fr. P. Fruchon, J. Grondin et G. Merlio, Paris, Seuil, 1996.

GARBER D., « Does History Have a Future ? Some Reflections on Bennett and Doing Philosophy Historically », dans P. H. Hare (éd.), *Doing Philosophy Historically*, Buffalo (NY), Prometheus Books, 1988, p. 27-43.

– « Au-delà des arguments des philosophes », dans Y. C. Zarka, (éd.), *Comment écrire l'histoire de la philosophie ?,* Paris, P.U.F., 2001, p. 231-245.

– « What's Philosophical about the History of Philosophy ? », dans T. Sorell et G. A. J. Rogers (éd.), *Analytic Philosophy and History of Philosophy*, Oxford, Oxford University Press, 2005, p. 129-146.

GARRETT D., « Philosophy and History in the History of Modern Philosophy », dans B. Leiter (éd.), *The Future for Philosophy*, Oxford, Clarendon Press, 2004, p. 44-73.

GILBERT P., « Problèmes de l'analyse », dans J.-M. Vienne (éd.), *Philosophie analytique et histoire de la philosophie*, Paris, Vrin, 1997, p. 105-120.

GLOCK H.-J., *What is Analytic Philosophy ?*, Cambridge, Cambridge University Press, 2008.

– « Analytic Philosophy and History : a Mismatch ? », *Mind* 117, 2008, p. 867-897.

GOUHIER H., *L'histoire et sa philosophie*, Paris, Vrin, 1952.

GRACIA J. J. E., *Philosophy and Its History : Issues in Philosophical Historiography*, Albany, State University of New York Press, 1992.

GRAHAM D. W., « Anachronism in the History of Philosophy », dans P. H. Hare (éd.), *Doing Philosophy Historically*, Buffalo (NY), Prometheus Books, 1988, p. 137-148.

– « The Structure of Explanation in the History of Philosophy », *Metaphilosophy* 9, 1988, p. 158-170.

GUEROULT M., *Leçon inaugurale*, Paris, Collège de France, Chaire d'histoire et technologie des systèmes philosophiques, 1952.

– « Le problème de la légitimité de l'histoire de la philosophie », dans E. Castelli *et al.*, *La philosophie de l'histoire de la philosophie*, Paris, Vrin, 1956, p. 45-68.

– « La méthode en histoire de la philosophie », *Philosophiques* 1/1, 1974, p. 7-19.

– *Philosophie de l'histoire de la philosophie*, Paris, Aubier Montaigne, 1979.

HACKING I., « Five Parables », dans R. Rorty *et al.* (éd.), *Philosophy in History*, Cambridge, Cambridge University Press, 1984, p. 103-124.

– « Working in a New World : the Taxonomic Solution », dans P. Horwich (éd.), *World Changes : Thomas Kuhn and the Nature of Science*, Cambridge (Mass.), The MIT Press, 1993, p. 275-310.

HARE P. H. (éd.), *Doing Philosophy Historically*, Buffalo (NY), Prometheus Books, 1988.

HATFIELD G., « The History of Philosophy as Philosophy », dans T. Sorell et G. A. J. Rogers (éd.), *Analytic Philosophy and History of Philosophy*, Oxford, Oxford University Press, 2005, p. 83-128.

INGLIS J., *Spheres of Philosophical Inquiry and the Historiography of Medieval Philosophy*, Leiden, Brill, 1998.

ISHIGURO H., « La philosophie analytique et l'histoire de la philosophie », *Critique* 399-400, 1980, p. 743-750.

KENNY A., « The Philosopher's History and the History of Philosophy », dans T. Sorell et G. A. J. Rogers (éd.), *Analytic Philosophy and History of Philosophy*, Oxford, Oxford University Press, 2005, p. 13-24.

KING P. T. (éd.), *The History of Ideas : An Introduction to Method*, Totowa (NJ), Barnes and Nobles, 1983.

KOBAYASHI C. et M. MARION, « Gadamer and Collingwood on Temporal Distance and Understanding », *History and Theory* 50, 2011, p. 81-103.

KOSELLECK R., *L'expérience de l'histoire*, trad. fr. E. Escudier, Paris, Seuil, 1997.

KREMER M., « What is the Good of Philosophical History ? », dans E. H. Reck (éd.), *The Historical Turn in Analytic Philosophy*, New York, Palgrave Macmillan, 2013, p. 294-325.

KRÜGER L., « Why Do We Study the History of Philosophy ? », dans R. Rorty *et al.* (éd.), *Philosophy in History*, Cambridge, Cambridge University Press, 1984, p. 77-101.

– *Why Does History Matter to Philosophy and the Sciences ?*, Berlin, Walter de Gruyter, 2005.

KUHN T. S., *The Structure of Scientific Revolutions*, 2e éd., Chicago, The University of Chicago Press, 1970; trad. fr. L. Meyer, *La structure des révolutions scientifiques*, Paris, Flammarion, 1983.

– *The Essential Tension. Selected Studies in Scientific Tradition and Change*, Chicago, The University of Chicago Press, 1977.

– *The Road since Structure. Philosophical Essays, 1970-1993, with an Autobiographical Interview*, Chicago, The University of Chicago Press, 2000.

LAERKE M., SMITH J. E. H. et E. SCHLIESSER (éd.), *Philosophy and Its History: Aims and Methods in the Study of Early Modern Philosophy*, Oxford, Oxford University Press, 2013.

LAFRANCE Y., « Pour une histoire non philosophique de la philosophie », dans G. Boss (éd.), *La philosophie et son histoire*, Zurich, Éditions du Grand Midi, 1994, p. 47-79.

LAKS A., « Histoire critique et doxographie. Pour une histoire de l'historiographie de la philosophie », *Les Études philosophiques*, 1999, p. 465-477.

LAPOINTE S. et C. PINCOCK, « Introduction », dans S. Lapointe et C. Pincock (éd.), *Innovation in the History of Analytical Philosophy*, London, Palgrave Macmillan, 2017, p. 1-23.

LEDUC P., *La notion d'incommensurabilité chez Thomas Kuhn*, thèse de doctorat en philosophie, Montréal, Université du Québec à Montréal, 2006.

LIBERA A. de, *Penser au Moyen Âge*, Paris, Seuil, 1991.

– *La querelle des universaux. De Platon à la fin du Moyen Âge*, Paris, Seuil, 1996.

– « Le relativisme historique : théorie des "complexes questions-réponses" et "traçabilité" », *Les Études philosophiques*, 1999, p. 479-494.

– « Archéologie et reconstruction. Sur la méthode en histoire de la philosophie médiévale », dans K. O. Apel *et al.*, *Un siècle de philosophie 1900-2000*, Paris, Gallimard, 2000, p. 552-587.

– *L'archéologie philosophique*, Paris, Vrin, 2016.

MACHEREY P., « Entre la philosophie et l'histoire : l'histoire de la philosophie », dans G. Boss (éd.), *La philosophie et son histoire*, Zurich, Éditions du Grand Midi, 1994, p. 11-45.

MACINTYRE A., « The Relationship of Philosophy to Its Past », dans R. Rorty *et al.* (éd.), *Philosophy in History*, Cambridge, Cambridge University Press, 1984, p. 31-48.

MAKIN S., « How Can We Find out what Ancient Philosophers Said ? », *Phronesis* 33, 1987, p. 121-132.

MALHERBE M., « Faire l'histoire de la philosophie ; qu'est-ce qu'un professeur de philosophie ? », dans G. Boss (éd.), *La philosophie et son histoire*, Zurich, Éditions du Grand Midi, 1994, p. 81-107.

MARCONI D., « De certains usages théoriques de l'histoire de la philosophie », trad. fr. C. Alunni dans G. Vattimo (éd.), *Que peut faire la philosophie de son histoire ?*, Paris, Seuil. 1989, p. 17-38.

MARION J.-L., « Quelques règles en histoire de la philosophie », *Les Études philosophiques*, 1999, p. 495-510.

MULLIGAN K., « Sur l'histoire de l'approche analytique de l'histoire de la philosophie (de Bolzano et Brentano à Bennett et Barnes) », dans J.-M. Vienne (éd.), *Philosophie analytique et histoire de la philosophie,* Paris, Vrin, 1997, p. 61-103.

NELSON A., « Philosophical Systems and Their History », dans M. Laerke *et al.* (éd.), *Philosophy and Its History : Aims and Methods in the Study of Early Modern Philosophy*, Oxford, Oxford University Press, 2013, p. 236-257.

NICHOLS R., « Why is the History of Philosophy Worth our Study ? », *Metaphilosophy* 37, 2006, p. 34-52.

NORMORE C., « Doxology and the History of Philosophy », *Canadian Journal of Philosophy*, suppl. vol. 16, 1990, p. 203-226.

– « What is to be Done in the History of Philosophy ? », *Topoi* 25, 2006, 75-82.

– « The Methodology of the History of Philosophy », dans H. Cappelen, T. S. Gendler et J. Hawthorne (éd.), *The Oxford Handbook of Philosophical Methodology*, Oxford, Oxford University Press, 2016, p. 27-48.

PANACCIO C., « De la reconstruction en histoire de la philosophie », dans G. Boss (éd.), *La philosophie et son histoire*, Zurich, Éditions du Grand Midi, 1994, p. 173-195.

– « La référence transtemporelle et l'étude de la philosophie médiévale », dans J.A. Aartsen et A. Speer (éd.), *Was ist Philosophie im Mittelalter ?*, Berlin, Walter de Gruyter, 1998, p. 360-367.

– « La philosophie analytique et l'histoire de la philosophie », dans P. Engel (éd.), *Précis de philosophie analytique*, Paris, P.U.F., 2000, p. 325-344.

– « La geste de l'universel et l'insistance des problèmes », dans L. Langlois et J.-M. Narbonne (éd.), *La métaphysique, son histoire, sa critique, ses enjeux*, Paris/Québec, Vrin/PUL, 2000, p. 234-241.

– « Mental Language and Tradition Encounters in Medieval Philosophy : Anselm, Albert and Ockham », *Vivarium* 44, 2007, p. 269-282.

– « Grasping the Philosophical Relevance of Past Philosophies », dans J. Pelletier et M. Roques (éd.), *The Language of Thought in Late Medieval Philosophy*, Dordrecht, Springer, 2017, p. 439-451.

PASSMORE J., « Philosophy, Historiography of », dans P. Edwards (éd.), *The Encyclopedia of Philosophy*, New York, Macmillan, 1967, vol. 6, p. 226-230.

PIAIA G. et G. SANTINELLO (éd.), *Models of the History of Philosophy*, 3 vol. (à ce jour), Dordrecht, Springer, 1993-2015.

PIERCEY R., *The Uses of the Past from Heidegger to Rorty. Doing Philosophy Historically*, Cambridge, Cambridge University Press, 2009.

PINTO L., « Le sociologue face à l'histoire de la philosophie », dans V. Citot (éd.), *Problèmes épistémologiques en histoire de la philosophie*, Montréal, Liber, 2017, p. 103-119.

PITT C. (éd.), *The Role of History in and for Philosophy*, *Synthese* 67, 1986.

RADRIZZANI I., « La méthode prospectiviste en histoire de la philosophie », dans Y. C. Zarka, (éd.), *Comment écrire l'histoire de la philosophie ?,* Paris, P.U.F., 2001, p. 293-307.

RAVETON C., « Pourquoi et comment étudier la philosophie médiévale ? », *Klêsis. Revue philosophique* 11, 2009, p. 42-52.

RECK E. H., « Introduction : Analytic Philosophy and Philosophical History », dans *id.* (éd.), *The Historical Turn in Analytic Philosophy*, New York, Palgrave Macmillan, 2013, p. 1-36.

RÉE J., AYERS M. et A. WESTOBY, *Philosophy and Its Past*, Hassocks, The Harvester Press, 1978.

ROBERT A., « Relativisme et jurisprudence. Un dialogue entre philosophes et historiens », *Tracés. Revue de sciences humaines* 12, 2007, p. 167-180.

ROGERS J., « Les paradigmes et l'historiographie de la philosophie », trad. fr. I. Bore, dans Y. C. Zarka, (éd.), *Comment écrire l'histoire de la philosophie,* Paris, P.U.F., 2001, p. 215-230.

RORTY R., « The Historiography of Philosophy : Four Genres », dans R. Rorty *et al.* (éd.), *Philosophy in History*, Cambridge, Cambridge University Press, 1984, p. 49-75 ; trad. fr. É. Pacherie et B. Puccinelli, « Quatre manières d'écrire l'histoire de la philosophie », dans G. Vattimo (éd.), *Que peut faire la philosophie de son histoire ?,* Paris, Seuil, 1989, p. 58-94.

—, SCHNEEWIND J. B. et Q. SKINNER (éd.), *Philosophy in History*, Cambridge, Cambridge University Press, 1984.

SKINNER Q., « Meaning and Understanding in the History of Ideas », *History and Theory* 8, 1969, p. 3-53 ; repris dans J. Tully (éd.), *Meaning and Context. Quentin Skinner and His Critics*, Princeton (NJ), Princeton University Press, 1988, p. 29-67.

SMITH J. E. H. « The History of Philosophy as Past and as Process », dans M. Laerke *et al.* (éd.), *Philosophy and Its History : Aims and Methods in the Study of Early Modern Philosophy*, Oxford, Oxford University Press, 2013, p. 30-48.

SORELL T., « Pertinence et limites de la caricature en histoire de la philosophie : le cas de Descartes », dans Y. C. Zarka (éd.), *Comment écrire l'histoire de la philosophie ?,* Paris. P.U.F., 2001, p. 113-127.

– « On Saying No to History of Philosophy », dans T. Sorell et G. A. J. Rogers (éd.), *Analytic Philosophy and History of Philosophy*, Oxford, Oxford University Press, 2005, p. 43-59.

SORELL T. et G. A. J. ROGERS (éd.), *Analytic Philosophy and History of Philosophy*, Oxford, Oxford University Press, 2005.

TAURECK B. H. F., « Les apories du métahistoricisme : l'argument présocratique chez Hegel, Nietzsche et Heidegger », dans G. Boss (éd.), *La philosophie et son histoire*, Zurich, Éditions du Grand Midi, 1994, p. 109-138.

TAYLOR C., « Philosophy and its History », dans R. Rorty *et al.* (éd.), *Philosophy in History*, Cambridge, Cambridge University Press, 1984, p. 17-30.

TULLY J., « The Pen is a Mighty Sword. Quentin Skinner's Analysis of Politics », dans J. Tully (éd.), *Meaning and Context. Quentin Skinner and His Critics*, Princeton (NJ), Princeton University Press, 1988, p. 7-28.

VATTIMO G. (éd.), *Que peut faire la philosophie de son histoire ?,* trad. fr. C. Alunni *et al.*, Paris, Seuil, 1989.

VERMEIR K., « Philosophy and Genealogy: Ways of Writing History of Philosophy », dans M. Laerke *et al.* (éd.), *Philosophy and Its History : Aims and Methods in the Study of Early Modern Philosophy*, Oxford, Oxford University Press, 2013, p. 50-70.

VIEILLARD-BARON J.-L., « Méthodologie pour l'étude des problèmes de réception en histoire de la philosophie », dans Y. C. Zarka, (éd.), *Comment écrire l'histoire de la philosophie ?,* Paris, P.U.F., 2001, p. 95-109.

VIENNE J.-M. (éd.), *Philosophie analytique et histoire de la philosophie*, Paris, Vrin, 1997.

WATSON R., « Shadow History in Philosophy », *Journal of the History of Philosophy* 31, 1993, p. 95-109.

WILLIAMS B., *The Sense of the Past. Essays in the History of Philosophy*, éd. M. Burnyeat, Princeton (NJ), Princeton University Press, 2006.

WILSON C., « Is the History of Philosophy Good for Philosophy ? », dans T. Sorell et G. A. J. Rogers (éd.), *Analytic Philosophy and History of Philosophy*, Oxford, Oxford University Press, 2005, p. 61-82.

WILSON M., « History of Philosophy in Philosophy Today; and the Case of the Sensible Qualities », *Philosophical Review* 101/1, 1992, p. 191-243.

ZARKA Y. C. (éd.), *Comment écrire l'histoire de la philosophie ?,* Paris. P.U.F, 2001.

– « Que nous importe l'histoire de la philosophie ? », dans Y. C. Zarka (éd.), *Comment écrire l'histoire de la philosophie ?,* Paris. P.U.F., 2001, p. 19-32.

– « The Ideology of Context : Uses and Abuses of Context in the Historiography of Philosophy », dans T. Sorell et G. A. J. Rogers (éd.), *Analytic Philosophy and History of Philosophy*, Oxford, Oxford University Press, 2005, p. 147-159.

INDEX DES NOMS

INDEX DES NOTIONS

On énumère ici les expressions techniques introduites ou employées dans ce livre pour l'étude de la méthode en histoire de la philosophie.

TABLE DES MATIÈRES

ACHEVÉ D'IMPRIMER
EN JUILLET 2019
SUR LES PRESSES
DE
L'IMPRIMERIE F. PAILLART
À ABBEVILLE

DÉPÔT LÉGAL : 3e TRIMESTRE 2019
No. IMP. 16301